101가지
기도의 힘
이야기

101 INSPIRATIONAL STORIES OF THE POWER OF PRAYER

Sister Patricia Proctor, OSC

Copyright © 2008 by Franciscan Monastery of Saint Clare, Spokane, Washington
Korean translation copyright © 2010 by ST PAULS, Seoul, Korea

ST PAULS
20, Ohyeon-ro 7-gil, Gangbuk-gu, Seoul, Korea
Tel 02-944-8300, 02-986-1361 Fax 02-986-1365

국립중앙도서관 출판시도서목록(CIP)

101가지 기도의 힘 이야기 / 파트리시아 프락터 엮음 ; 강순구 옮김. — 서울 : 성바오로, 2010
  p. ;   cm

원표제: 101 inspirational stories of the power of prayer
원저자명: Patricia Proctor
영어 원작을 한국어로 번역
ISBN 978-89-8015-736-5 03230

기도(종교)[新禱]

238.27-KDC5
282-DDC21   CIP2010000539

101가지 기도의 힘 이야기

파트리시아 프락터 수녀 엮음

강순구 옮김

: **아베 마리아**

이 책은 사랑을 베푸시는 다정한 **복되신 어머니**의 특별한 보살핌과 보호 아래 제작되었습니다.

우리의 소중한 에일린 릴리스 수녀를 추억합니다.

에일린 수녀의 기쁨과 웃음, 용기와 격려의 영은 그녀를 뒤따를 '성녀 클라라의 가난한 자매 수도회'의 모든 이에게 영원한 유산입니다. 그녀는 항상 새로운 것을 시도하고 성령께서 인도하시는 대로 나아갈 태세가 되어 있었습니다. 그녀가 "새로운 생각이 떠올랐어요!"하며 모든 사람이 들도록 큰 소리로 알릴 때 우리는 늘 '투덜대는' 체했지만, 사실 우리는 그녀에게 아주 여러 모로 영감과 용기를 얻었지요!

하늘의 도움이 필요하다면… 기도 한 번만큼의 거리에 그녀가 있습니다!

감사의 기도를 드리며

　이 책을 만들 수 있게 도와준 여러 친구들과 아름다운 이야기를 나누어 주신 분들, 특히 지면 관계로 이야기가 실리지 못한 분들께 여러분의 너그러움과 호의에 깊이 감사합니다. 하느님께서 한 분 한 분께 날마다 되갚아 주시기를 바랍니다.

　훌륭한 공동 편집자인 앤 마리 릴리스와 크리스티나 리스, 마이클 로스케는 내내 유쾌하고 전문적인 도움을 주어 이 책을 더할 나위 없이 훌륭하게 만들어 주었습니다!

　사랑하는 친구 버지니아 슈머크는 교정을 보고 미세 조정을 하며 지금 당장 이야기가 하나 더 필요하다고 말할 때에도 언제나 "그럴게요." 하고 말하는, 아무나 못하는 큰일을 해냈습니다!

　이 한 권 한 권의 책을 위해 멋지게 지면 배열을 해 주었을 뿐만 아니라 내가 봉착한 갖가지 기술적인 문제와 물류상의 문제에 지속적인 도움과 조언, 자문을 해 준 데일 던컨과, 매 책에서 시종일관 함께 작업한 후원자이자 동료인 절친한 친구 바브 리스에게 큰 감사를 드립니다!

케이시 체크와 POS 인쇄소의 헌신적인 전 직원과 그리고 〈Saint Anthony Messenger Press〉의 좋은 친구들, 하느님께서 당신들을 축복하시기를 기도합니다!

그리고 당연히 이 모든 일을 하기 전이나 하는 동안이나 그 후에도, 우리 스포캔 공동체에서 생활하는 기쁨을 나와 함께 누리는 멋진 자매들에게 더없는 고마움과 감사를 드립니다. 고맙습니다!

| 파트리시아 프락터 수녀, '성녀 클라라의 가난한 자매 수도회'

차례

| 감사의 기도를 드리며
| 머리말
| 기도의 힘

다운증후군 기적 | 21
마더 데레사의 생활 방식 | 23
찬양 시편 | 25
괜찮아요 | 27
싱거운 기도 이야기 | 30
나를 들볶으신 분 | 32
기적의 공책 | 37
하느님만이 아신 일 | 41
연약한 연잎성게 | 43
기적의 연속 | 48
신뢰를 향한 도전 | 50
완벽한 화살표 | 54

아낌없는 봉헌 | 61
언니와 마더 데레사 | 63
성령을 잊지 말자 | 68
조시 수녀님, 고맙습니다 | 71
삶이 바뀌는 경험 | 73
무엇을 더 기다리느냐? | 77
내 곁에 계시는 그분 | 81
톰의 약속 | 83
가시덤불에서 장미꽃이 피다 | 86
나에게서 눈을 돌리지 말라 | 90
하느님이 내 기도를 들어주셨다 | 94
억지 핑계 | 99
보비의 기적 | 101
우리가 청하기를 기다리신다 | 103
나를 지켜보고 계셨다 | 106
불행을 향해 가다 | 107
집에 있지 않겠다 | 112

두 천사 | 114
남편의 꿈 | 117
나 자신의 조언에 따르기 | 119
모든 것이 변했다 | 122
나의 부엌 기도 | 125
모욕적인 채권 추심 | 127
위험한 굽이 길 | 132
행운이 아니라 축복 | 133
요셉 성인의 보호 | 135
날마다 내리시는 은총 | 137
기도로 인한 변화 | 138
구원받았습니까? | 143
수학 시험 | 147
경이로우신 하느님! | 149
별안간 차분해지다 | 150
글쓰기 대회 | 151
은밀한 소망 | 157

염려해 주는 친구 | 158
그래, 안 된다, 아직은 안 된다 | 160
한 번 더 포옹을 | 163
믿음이 고개를 내밀다 | 166
하느님, 제발 도와주세요! | 172
천사, 공기, 녹색 신호등 | 174
변호사로서 하느님과 함께 걷기 | 176
고맙습니다, 하느님! | 178
루치아 성녀께서 구해주시다 | 181
톰의 어머니 | 183
톰 신부님의 축복 | 189
하느님의 뜻 받아들이기 | 191
완벽한 집 | 194
나의 기도 후원 | 196
3시 33분 | 199
기도 용사의 명단 | 201
응답 받은 기도 | 205

하느님께서 아빠 엄마를 도우셨다 | 207

급행 9일기도 | 210

빠른 회복 | 213

아들 찾기 | 214

믿음의 도약 | 217

이제 됐다 | 219

나는 그녀를 용서했다 | 224

하느님 사랑의 증거 | 226

하느님의 가라테 수업 | 228

하느님께서 천사를 보내셨다 | 232

사탕 공장 | 234

성모님의 전구 | 239

특별한 표징 | 241

주차 공간 | 244

성녀 안나의 성유 | 246

하느님의 여행 계획 | 251

내 삶을 바꾼 낙방 | 255

혼자 기도하지 않는다 | 257

어머니의 기도 | 261

초록색 스카풀라 | 262

당신에게 아기가 | 266

남은 이들을 위하여 | 267

천사의 마차 | 268

성녀 데레사의 응답 | 272

아무도 그에게 말을 걸지 않았다 | 278

성모송 세 번 | 280

간결한 기도의 힘 | 283

어려운 기도 | 285

보호 장벽 | 288

분실한 예술품 | 290

날마다 감사를 | 295

티나의 상처 | 297

아무 이상 없다 | 300

하느님이 취소시킨 항공편 | 302

완벽한 임시 교사 | 304

벼랑 끝으로 내몰리다 | 312

나 자신을 위해 | 317

하늘나라의 각목 | 320

언제나 그분의 보살핌 아래 | 324

좋은 일이 일어날 것이네 | 329

세례의 은총 | 331

용서로 가는 열쇠 | 333

예기치 않은 축복 | 337

버스 정비 기사 | 340

손을 잡고 하늘나라로 | 341

하늘나라의 보화 | 364

부디 제 기도를 들어주세요 | 367

머리말

내가 다니던 스투벤빌의 프란치스코 대학교의 한 신학 교수님은 수업 시간에 이런 말씀을 하신 적이 있다. "신앙을 잃고 싶거든 기도만 안 하고 살면 됩니다." 그분의 말씀이 처음에 다소 의아했던 것은, 하느님에게서 멀어지려면 단순히 기도를 안 하며 살기보다는 좀 더 많은 애를 써야 할 것이라고 생각했기 때문이다. 알고 보니 그분의 말씀은 그리스도인의 믿음을 한 줄로 요약한 것이나 다름없었다. 실상 우리에게 기도는 주님과의 관계에서 필수 조건이자 핵심 요소이기에, 기도를 드리지 않으면 우리는 정말이지 금세 그분을 생각조차 할 수 없게 된다.

그렇지만 기도를 이렇게 엄격하게 이해하면 기도의 힘과 중요성을 불완전하게 인식하게 될 수도 있다. 만약 우리가 순전히 하느님에 대한 신앙을 잃지 않으려고 기도한다면, 그것은 구원을 얻기 위한 일종의 '공포 조성' 접근법이며, 이따금씩 기도를 툭 던지는 것으로 하늘나라에 가기를 희망하는 일종의 보험 정책에 불과하다. 그러나 하느님께서는 기도가 우리 각자에게 그 이상의 의미를 지니기를 바라신다. 기도는 우리가 성삼위와 사랑의 관계를 정립하는 수단이며, 하느님과 모든 것을 공유하고 그분께서 우리를 위해 마련하신 것을 모두 받는 수단이다.

기도는 쌍방향 대화라는 말을 자주한다. 하지만 우리가 저지르는 가장 흔한 실수는—나도 남들 못지않게 저질렀다—하느님께서 말씀하실 시간을 드리는 것을 잊는다는 점이다. 그럴 만도 한 것이, 우리는 그분을 볼 수 없고 하느님의 특별한 은총이 없으면 그분의 음성을 들을 수도 없기 때문이다. 하지만 그분은 우리에게 하실 말씀이 아주 많다. 또 그분은 우리가 그분 앞에 기도를 바치기를, 그래서 더할 나위 없는 적기에 우리에게 가장 이로운 방향으로 그 기도에 응답해 주기를 열망하신다.

이 책의 특징은 기도의 효능에 관한 경이로운 증거, 즉 하느님께서 사람들의 기도를 들으셨을 뿐만 아니라 놀라우리만치 다양한 방식으로 응답하셨다는 개개인의 이야기를 모아 놓은 고무적인 모음집이라는 점이다. 이런 이야기를 읽으면 우리가 하느님에 대해 더 큰 신뢰를 쌓고 진심어린 지향과 간구로 그분께 다가가려는 열망을 키워 나가는 데 도움이 된다.

인간은 자신과 남의 죄로 상처 입은 취약한 존재이기에, 기도가 열매 맺는 삶에 들어서는 길에 장애물은 얼마든지 있을 수 있다. 아마 당신은 하느님께서 '당신의' 기도에 도저히 응답해 주실 수 없다고 느낄 것이다. 아니 어쩌면 당신의 간구로 그분을 귀찮게 해 드리지 말아야겠다고 생각할 수도 있다. 당신은 예전에 받았던 상처 탓에 하느님에 대해 바람직하지 못한 두려움을 지니고 있는지도 모르겠다. 우리의 기도 생활이 최고조에 도달하려는 길

목에 뭔가가 버티고 서 있는 것 같다.

혹 당신이 기도하는 데 두려움이나 망설임, 장애를 느낀다면, 가장 먼저 해야 할 일은 주님께 그런 장벽을 없애 주시고 주님께서 당신을 지으신 그대로 믿고 맡기는 어린아이가 될 자유를 주십사 청하는 일이다. 하느님께서 무엇보다도 원하시는 것은 당신과 가까이 소통하는 것, 당신이 삶을 속속들이 그분과 함께 나누는 것, 그리고 에페소 신자들에게 보낸 서간 1장에서 말하듯이 '하늘의 온갖 영적인 복'을 당신에게 내리시는 것이다.

오늘날을 사는 우리들 대부분은 기도할 시간을 충분히 내기가 어려울 수도 있다. 그러나 기도는 우리에게 창조적인 사람이 될 기회와, 필요하다면 우리 삶을 적절히 변화시킬 기회를 더 많이 주어서, 주님 앞에서 보낼 충분한 시간을 제공할 것이다. 이 이상 무엇이 필요하며 이 이상 무슨 상이 있겠는가.

파트리시아 수녀가 이 책에 수록한 기도의 힘에 관한 이야기에 당신의 마음이 움직일 때, 당신의 일생이 기도가 되도록 매일 아주 잠깐이라도 하느님과의 대화에 시간을 할애하겠다는 새로운 결심을 '오늘' 하라. 그분은 당신이 기도하기를 기다리시며, 그 응답으로 그분의 축복을 듬뿍 주려고 기다리고 계신다.

| 제리 어셔

www.catholic.com 「생방송 가톨릭의 대답Catholic Answers Live」의 제작자 겸 라디오 진행자이며, 『지명하여 부르시다 : 가톨릭 사제가 된 열두 남자의 이야기Called by Name : The Inspiring Stories of 12 Men Who Became Catholic Priests』의 공동저자

기도의 힘

기도의 의미는 사람들마다 제각기 다르다. 근 50년간 사제로 지내온 나는 그중 몇 해는 교구사목에 종사했고, 나머지는 성직에의 소명을 깨달은 신학생들의 교육과 양성을 담당했다. 나는 영성 지도자로서 다른 훌륭한 분들과 함께하면서 그분들이 하느님과 더 큰 일치를 추구하는 모습을 접하는 분에 넘친 기회를 얻었다. 몇몇 지방에서는 특히 사제들을 대상으로 한 피정을 지도하는 영광을 누리기도 했다.

이러니저러니 해도 이 모든 상황에서 사람들이 명확한 해답을 구하고자 묻는 질문은, '기도란 무엇인가?'이다. 그 질문에는 곧 다음 질문이 수반되며, 그것은 마찬가지로 중요한 '나는 어떻게 기도하는가?' 하는 물음이다. 어찌 보면 이 대답은 지극히 단순하다. 또 어떻게 보면 이 대답은 하느님께서 사람들을 제각기 다르게 창조하신 것만큼이나 다양하다.

기도란 무엇인가?

기도는 관계이다. 그것은 개인과 하느님 간의 관계이자 한 집단의 개인들이 공동체 안에서 다 함께 하느님과의 관계를 모색해 나가면서 맺는, 개인들 서로 간의 관계이다. 우리는 하느님께서 우리와 이런 관계를 맺기 원하신다는 것을 안다. 사람들이 기도하는 법을 여쭈었을 때, 예수님께서는 그 질문을 무시하지 않으셨다. 그분은 그들에게 그리고 우리에게 기도의 모범을 제시해 주셨다. 그것은 친근함과 존경을 불러일으키는 기도, 하느님에 대한 우리의 의존성을 알려 주는 동시에 우리가 아버지라고 부르는 분과 솔직하게 대화하는 기쁨을 표현할 기회를 주는 기도이다.

기도가 관계라면, 우리는 실제로 어떻게 기도하는가?

기도가 우리를 향한 하느님의 초대임을 기억하라. 기도는 그분과 함께 시간을 보내고 우리의 기쁨과 슬픔, 감사와 욕구를 솔직하게 말씀드리라는 초대이다. 기도는 우리로 하여금 손을 내밀어 하느님과 접촉하게 하고 그 응답으로 하느님의 손길을 받게 해 주는 활동이다.

우리가 잊지 말아야 하는 가장 중요한 점은, '기도하려는 노력이 기도'라는 것이다.

사람마다 기도하는 방식이 다 다르다는 것을 명심하라. 우리는 각자 성대를 이용하든 컴퓨터 자판을 이용하든 고유한 목소리로 말한다. 어떤 이들은 사랑과 감사와 소망을 절절히 표현하며 하느님 앞에 열정적으로 자기 자신을 내려놓을 것이다. 제대로 표현하지도 못할 만큼 슬픔으로 가득 찬 마음으로 하느님 앞에 오는 이도 있다. 그들은 하느님 앞에 자신을 내려놓은 채 말로는 풀어놓지 못하는 감정을 봉헌한다.

기도가 반드시 언어일 필요는, 더구나 풍성한 언어일 필요는 없기 때문이다. 때로는 "도와주세요."라고 말하면 충분하며 때로는 "고맙습니다."라고 말하면 족하다. "오, 주님, 주님을 사랑합니다. 주님을 더 많이 사랑하게 해 주십시오."라고 말하면 된다. 기도는 기도를 바치려는 시도이다. 하느님과의 일치를 갈망하여 행동에 옮기는 것, 그것이 기도이다. 사람들마다 기도하는 양식도 다르다. 우리가 묵상을 하든 관상을 하든, 암송을 하든 즉흥기도를 하든, 친구들과 함께 기도하든 혼자 기도하든, 성당에서 기도하든 길모퉁이에서 기도하든 관계없이, 중요한 것은 하느님의 초대를 받아들이는 것이다. 어떤 식으로든 우리가 그 초대를 받아들이는 것, 그것이 기도이다. 그리고 기도는 힘이 있다.

파트리시아 수녀가 이번에는 기도의 힘에 대한 이야기들, 기도가 사람들의 삶을 어떻게 어루만져 주었는지에 관한 이야기들을 모은 책을 냈다. 이 사람들 모두가 기도를 통해 하느님 은총의 힘을 입었다. 당신도 그러리라 믿는다.

| 스포캔 교구 주교 윌리엄 S. 스킬스타드

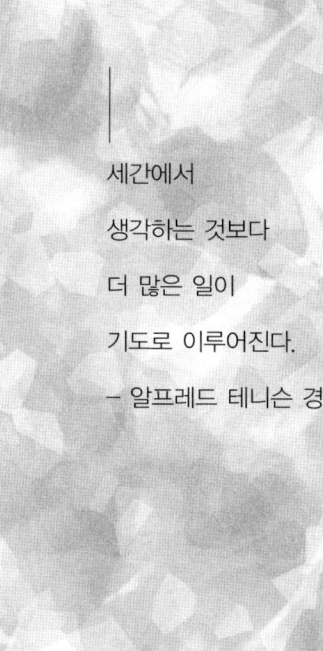

세간에서

생각하는 것보다

더 많은 일이

기도로 이루어진다.

- 알프레드 테니슨 경

다운증후군
기적

어느 날 오후 미시간 주 그랜드래피즈의 호텔 로비를 걷고 있었는데 한쪽 모퉁이에서 소동이 벌어졌다. 나는 호기심을 감춘 채 짐짓 무심한 태도로 그쪽을 향해 걸어갔다. 네 살가량 된 사내아이가 소리를 지르고 바닥에 뒹굴며 발작증상을 보였다. 사람들 몇 명이 부모를 도와 아이를 진정시키려 하고 있었다. 군중이 모여드는 좋지 않은 상황이었다.

그때 주님께서 내게 말씀하셨다. "네가 저 아이의 완전한 치유를 위해 기도하면 좋겠구나." 귀로 들을 수 있는 음성은 아니었다. 그러나 나는 그 어느 때보다도 분명하게 주님의 이 말씀을 '들었고' 깜짝 놀랐다. 내가 보기에 그 아이는 다운증후군 환자 같았다. 다운증후군은 유전자에 결함이 있어서 심각한 정신적 신체적 장애를 일으킬 수밖에 없는 질환이다. 그 아이 몸속의 모든 세포에 과잉 염색체가 있었다. 그 아이 몸속의 몇 십억 개나 되는 세포 하나하나에 다 결함이 있는데, 내가 완전한 치유를 주십사고 기도해야 하는 처지였던 것이다.

나는 불편한 마음에 깊이 숨을 들이쉰 다음, 그 부모에게 가서 댁의 아들을 위해 기도하고 싶다고 말했다. 그 생각이 주님의 뜻이 아닌 내 생각인 양 말한 것은, 내가 기도해도 아무 변화가 없을 경우를 대비해서였다. 나는 그 아이에게 손을 얹고 기도했다. 아이는 이내 잠잠해졌다. 그 순간 주님께서 그 아이를 완전히 회복시키기 시작하셨다는 느낌을 강하게 받았다.

과연 그랬다. 그 일이 있고서 몇 주 몇 달이 지나는 동안 아이의 상태는 급속도로 좋아졌다. 의사들은 그 이유를 밝혀낼 수 없었다. 의사들이 검사했더니 다운증후군의 흔적을 전혀 찾을 수 없었다고 한다. 나는 아직도 그 부모에게서 아이가 잘 지내고 있다는 소식을 듣는다.

| 오하이오 스투벤빌에서 마이클 스캔랜, 성 프란치스코의 정규삼회
이 이야기는 Michael Scanlan, TOR, 『Let the Fire Fall』(Servant Publications, 1986)에서 발췌한 것이다.

+ 나는 기도 훈련을 하는 사람들, 특히 처음으로 기도 훈련을 하는 사람들에게, 같은 훈련을 하고 있는 다른 사람들과 우정과 교제를 가꾸어 나가라고 조언하곤 한다. 이 일이 더없이 중요한 까닭은 우리가 기도로 서로를 도울 수 있기 때문이며, 더욱이 그 일이 우리에게 더 큰 은혜를 가져다줄 것이기 때문이다. 〈아빌라의 성녀 데레사〉

+ 하느님께서 당신에게 주시는 가장 큰 특권은 언제든 그분께 다가갈 자유이다. 당신은 그분께 말할 권한을 받았을 뿐만 아니라 초대를 받았다. 당신은 허가받았을 뿐만 아니라 기대를 받고 있다. 하느님께서는 당신이 그분과 소통하기를 기다리신다. 당신에게는 하느님께 가는 즉각적이고 직접적인 통로가 있다. 하느님께서는 인류를 너무나 사랑하시어, 또 그분의 자녀에 대한 아주 각별한 마음으로, 당신이 언제든지 그분을 만날 수 있도록 그분 자신을 내어놓으셨다. 〈웨슬리 L. 듀웰〉

마더 데레사의
생활 방식

　　콜카타의 모원母院에 사는 300여명의 수련 수녀들이 어느 날 오전에 모두 외출한 상태였다. 주방에서 일하는 수련 수녀 한 명이 마더 데레사에게 와서 말했다. "저희가 계획을 잘못 세우는 바람에 점심에 먹을 차파티를 구울 밀가루가 없습니다." 차파티는 밀가루와 물을 반죽하여 얇게 구운 것이다. 암담한 상황이었다. 300여 명의 사람이 약 1시간 반 후에 식사하러 올 텐데 음식을 만들 재료가 없는 것이다. 먹을 것이 전혀 없었다.

　　"나는 마더 데레사가 수화기를 들고 몇몇 후원자에게 전화를 걸어, 수녀들을 먹일 음식을 구할 길을 찾아 달라고 부탁할 것이라 생각했습니다." 랭포드 신부는 나에게 이렇게 설명했다. "헌데 마더 데레사는 어린 수련 수녀에게 이렇게 말하는 것이었습니다. '자매가 이번 주 주방 담당인가요? 그렇다면 경당에 들어가서 예수님께 먹을 것이 없다고 말씀드리세요. 그 문제는 해결됐군요. 그럼 다음으로 넘어가지요. 다음 문제는 뭐지요?'"

　　그런데 웬걸, 십 분 후 현관 초인종이 울렸고, 마더 데레사는 아래층으로 내려오라는 전갈을 받았다. 처음 보는 어떤 남자가 서류철을 들고 서서 말했다. "데레사 수녀님, 공립학교 교사들이 파업에 돌입했다는 소식이 지금 막 들어왔습니다. 수업이 취소되어서 7,000개의 점심 도시락을 어떻게 해야 할지 모르겠군요. 도시락을 처리하게 도와주시겠습니까?" 하느님께서 그분 자녀의 필요를 채워 주신 것이다.

마더 데레사의 거룩함은 하느님에 대한 깊은 믿음과 신뢰라는 아주 순전한 토대 위에 세워진 것이었다. 마더 데레사는 어려움에 처했을 때뿐만 아니라 아버지의 품 안에 영육을 쉬게 하기 위해서 기도하며 하느님께 의지했다. 그것이 마더 데레사가 평생 동안 매일같이 살아간 방식이다.

| 멕시코 멕시코시티에서 조셉 랭포드 신부, '사랑의 선교회'

파트리시아 수녀의 주 : 내가 랭포드 신부와 인터뷰를 한 것은 그의 책 『마더 데레사—성모님의 가호 하에(Mother Teresa—In the Shadow of Our Lady』와 관련해서였다. Our Sunday Visitor에서 출판된 그 책을 나는 적극 추천한다. 그 책을 읽으면 마더 데레사에 대해 더 잘 알게 될 뿐만 아니라, 무엇보다도 성모님을 통해 하느님과 깊은 기도의 관계를 맺게 된다.
이 이야기는 '사랑의 선교 사제회'의 공동 설립자인 랭포드 신부가 내(파트리시아 수녀)가 맡고 있던 「믿음과 희망과 행동」이라는 라디오 프로그램의 인터뷰 도중 들려준 이야기이다. 나는 그의 이야기에 몹시 감동해서 이 책에 그 이야기를 실어도 될지 허락을 구했고, 그분은 고맙게도 허락했다. 이 이야기는 그 인터뷰를 풀어쓴 것이다.

+ 기도라는 단순한 행동이 악의 세력에게는 끔찍이 싫은 것이어서, 우울과 회의, 좌절 등 온갖 방해가 있음을 당신은 알게 될 것이다. 그런 방해는 대부분 주위에 고약한 유황 연기 냄새를 풍길 것이다. 〈스티브 브라운〉

+ 악마는 우리 인간의 노력이나 자격 요건을 그리 무서워하지 않는다. 그러나 악마는 우리가 하느님께로 마음을 들어 올릴 때에 자기 왕국이 훼손되리라는 것을 알고 있다. 〈짐 심발라〉

찬양 시편

목요일 아침 7시, 나는 새어머니 수지의 전화를 받았다. "시드가 이대로 못 일어날 것 같구나." 새어머니가 불쑥 말했다. "뭐라고요?!" 나는 되물었다. 공포가 엄습했다. "무슨 말씀이세요?" "수술이 잘못 되었단다. 네 아버지가 회복될 수 있을지 의사들이 모르는 것 같구나. 전혀 모르고 있는 것 같아. 의사들이 아직은 너한테 전화하지 않기를 바라는 것 같구나. 24시간이 채 안 지났으니까." "제가 지금 갈까요?" "아니야, 기다리렴. 더 명확해지면 내가 알려 줄 테니."

1시간 후 새어머니는 다시 전화해서 내게 전화한 일을 두고 의사들이 언짢아했다고 말했다. 의사들은 아버지의 상태가 어떤지 전혀 몰랐지만, 아버지가 당장 위험한 상태가 아니니 아직은 오지 말라고 했다. 수술 도중 심장발작을 일으키신(사망하신) 아버지를 의사들이 소생시켰다. 의사들은 아버지의 뇌가 손상되었는지 여부를 알지 못했다. 그들은 아버지의 심장에 제세동기defibrillator를 부착하고는 좋아질 것이라 생각했지만, 아버지는 영구적 빈맥 상태였다. 심장이 심하게 뛰고 있었던 것이다. 아버지는 타액을 들이마신 탓에 폐렴에 걸려 열이 많이 났다. 혈중 산소치도 낮았다. 호흡 보조 장치를 끼고 계셨기에 의학적으로 유도된 무반응 상태에서 강력한 진정제를 맞고 있었다. 새어머니는 더 자세히 알아보고 전화 주겠다고 말했다.

우리가 그날 얼마나 여러 번 통화했는지 기억나지는 않지만,

나는 그 다음 날 비행기로 가야겠다고 마음먹었다. 가능한 한 빨리 서둘러 갔지만 항공편의 제약으로 오후 4시 30분경에야 도착했다. 그때까지 아버지는 48시간이 넘도록 그 상태 그대로였다.

나는 어찌할 바를 몰랐다. 우리 유태인들은 환자의 병상 곁에서 찬양 시편을 읊거나 노래한다. 아버지는 무신론자이시지만 사실 나는 랍비가 되려는 학생이다. 내가 생각해 낼 수 있었던 유일한 일이니 아버지도 용서하실 것이라는 마음이 들었다. 게다가 아버지는 음악가이시니 아마도 음악을 좋아하실 터였다.

나는 시편을 노래했다. 내 마음을 다하여, 내 목숨을 다하여, 내 힘을 다하여 노래했다. 오래지 않아 단 몇 분 만에, 간호사가 무반응 상태(아버지가 깊은 진정 상태여서 주위 상황을 전혀 의식하지 못할 것이라는 뜻이다)라고 말했던 아버지가 내 쪽으로 고개를 돌리시고는 노래를 더 가까이 들으려는 듯 목을 내미셨다. 나는 고무되었다. 중환자실에서 내쫓길 때까지 세 시간 동안 노래했다. 세 시간이 넘도록 병실에 있으면서 아버지의 침대 곁 모니터를 유심히 보았다. 내가 시편을 노래하자 아버지의 열이 39.5도에서 39도로, 38.5도로, 38도로, 37.5도로 내려갔다. 내가 시편을 노래하자 아버지의 혈중 산소치가 80%에서 85%로, 90%로, 95%로 올라갔다. 내가 시편을 노래하자 아버지의 심장박동수가 안정되었다.

다음 날 아침 새어머니와 함께 병실에 갔을 때, 아버지의 체온과 심장박동수, 혈중 산소치 모두 양호한 상태 그대로였다. 나는 노래 부르기를 계속했다. 담당 의사 한 명이 들어왔다. 그는 진정제 용량을 낮추었으니 아버지가 말을 알아들을 수 있으며, 아직 정신이 온전하다면 간단한 질문에 반응을 보일 수도 있다고 설명했다. 의사는 아버지의 몽롱한 상태가 거의 가셨을 즈음 다시 왔다. 아버지가 통증과 굵은 인공호흡기 관으로 불편해 찡그리고 몸을 뒤트는 것을 보고 있으려니 견디기 힘들었다. 그때 의사가 아버지에게 혀를 내밀어 보라고 했다. 나는 숨을 죽였다. 정신이 온전하실까? 어떻게 될까? 아버지의 혀를 보고 그렇게 기쁠 줄은 생각도 못했지만, 내민 혀를 보자 기뻐서 눈물이 났다.

이렇듯 경과가 좋아서 정상 체온과 안정된 심장박동수, 충분한 산소 수치가 나왔지만, 의사들은 아버지가 진정제를 투여받지 않아도 될 만큼 회복되었다고 확신하지 않았다. 그들은 아버지를 열흘이나 더 두고 보았다! 아버지는 퇴원하고 나서도 며칠간은 예견한 대로 약해진 몸에 진정제로 인한 몽롱한 상태로 지냈다. 그 후 아버지의 건강은 수술을 받기 전과 같은 상태로 돌아왔다. 아버지의 심장은 힘을 잃지 않았고 정신은 100% 온전했으며 근육의 힘도 신속히 되찾았다. 아버지는 내가 노래 부른 일을 떠올리지 못하신다. 사실 아버지는 그때 이후로 아무것도 기억하지 못하지만 그때의 이야기 듣기를 좋아하신다.

| 메릴랜드 실버스프링에서 데브라 R. 콜로드니

괜찮아요

어린 딸 카렌 수는 세상에 나온 그 순간부터 고통의 세계에서 살았다. 우리는 뭐가 잘못되었는지 알지 못했다. 추측하건 대 아마도 딸아이는 선천성 심내결손증을 앓았던 것 같다. 그때는 1950년대 초반이라, 그런 질병을 진단할 의료 검사 장비가 없던 시절이었다. 내가 아는 것이라고는 내 어린 딸이 편치 않다는 것 이었다. 아이가 계속 칭얼거렸는데도, 나나 다른 누구라도 도움이 될 만한 일은 해 줄 것이 없는 듯했다. 나는 밤이면 밤마다 낮이면 낮마다 아이를 안고 달래며 통증을 덜어 주려고 애썼다.

우리와 함께한 여덟 달 동안 아이가 극심한 고통을 겪지 않는 것처럼 보였던 날은 고작 며칠이었다. 딸아이의 짧은 삶에서 기쁨 과 즐거움을 경험하는 황금 같은 드문 순간들, 같이 놀던 세 살짜 리 오빠에 대한 소중한 한 줌의 추억, 조금이나마 까르륵거리는 웃음이 있던 때였다. 우리 모두에게 힘든 시기였다. 어린 오빠인 스탠리는 내가 노상 카렌 수를 보살피는 동안 아주 많은 일을 혼 자 힘으로 해야 했다. 딸아이는 기력이 없었고 음식을 소화시키지 못했으며 노상 보챘다.

나는 다른 것은 생각할 겨를도 없이 카렌 수가 죽지 않게 하려 고 안간힘을 쓰며 하루하루를 버텼다. 나는 몸무게가 쑥 줄었고, 고질적인 수면 부족과 극심한 피로로 어지럽고 멍했다. 결국 어느 날 밤, 딸아이가 유난히 상태가 안 좋아 보이자, 나는 눈물을 흘리 며 예수님께 나지막이 고했다. "더 이상은 못하겠습니다."

그날 밤 딸아이를 병원에 데려간 우리는 아이에게 폐렴이 발병 한 것을 알았다. 숨을 몰아쉬고 기침하며 힘겨워하는 딸아이 곁에 서 밤을 새웠다. 다음 날 오전, 나는 병원에서 하룻밤 더 지샐 수 있도록 몇 시간이나마 잠을 자 두려고 집으로 갔다. 완전히 탈진한 나는 침대에 쓰러져 곤한 잠에 빠졌다. 전화 울리는 소리에 깼다. 병원이었다. 카렌 수가 곧 죽을 것 같다는 소식이었다. 나는 서둘러 남편에게 전화했고, 남편이 곧장 직장에서 나를 태우러 와서 우리는 딸아이 곁으로 달려갔다. 우리가 도착했을 때 작은 침대는 비어 있었고 나는 딸아이가 세상을 떠났음을 알았다.

나는 마치 꿈속에서처럼 그 순간을 어렴풋이 기억한다. 어질어질하고 멍한 채로 빈 침대를 보았고 예수님께 나지막이 말했다. "괜찮아요." 하느님께서 나에게 이 상실감을 받아들일 은총을 주셨음을 느꼈다. "괜찮아요." 내 마음이 부서지고 으스러졌지만, '그런대로 괜찮았다.' 나는 딸아이가 계속 고통 받기를 원하지 않았다. 아이가 예수님과 함께 있으니 더 잘된 것이다. 이 상황을 받아들일 은총을 주셔서 내가 견딜 수 있었다는 생각이 든다.

그날 밤인지 그 다음 날 밤인지 이제는 기억나지 않는 밤에, 나는 슬픔에 흠뻑 잠겨 잠이 들었다. 한밤중에 깨어나 뭔가를 보았는데, 그 일에 대해서는 지금까지 남편을 비롯한 몇몇에게만 이야기했다. 아무도 내 말을 믿지 않을 것이라 생각했기 때문이었을 것이다. 나는 침대에 누워 복도를 들여다보았는데, 더할 나위 없이 분명하고 또렷하게 성모님이 두 침실 사이의 복도에서 내 어린 딸을 품에 안고 서 계시는 모습을 보았던 것이다. 나는 큰 위안을 받았다. 나는 다시 누웠고, 베개에 머리를 대고 잠이 들었다. 그런대로 괜찮았다.

| 캔자스 헤이스에서 캐서린 로어

\+ 영성체는 내가 계속 기쁨으로 충만해 있게 해 준다. 보잘것없는 내 경당 안에 거룩하신 우리 주님을 끊임없이 모시지 않았다면, 나는 내 삶을 몰로카이의 나병환자들과 지속적으로 결부시킬 수 없었을 것이다.

〈몰로카이의 성 다미안 드 베스테르〉

싱거운 기도 이야기

우리 부부는 나이가 들어 과학 기술과 온갖 새로운 기계 장치에 익숙하지 못하다. 고맙게도 우리 아이들은 갖가지 놀라운 일을 해내는 기계들을 선물해 주어서 우리가 시대에 뒤떨어지지 않게 하려고 애쓰고 있다. 작년 여름 무척 더운 날, 한 시간가량 전기가 나갔다. 다른 건 다 원상회복되었는데 텔레비전만은 예외였다. 아무것도 없는 파란 화면만 계속 나왔다. 우리는 텔레비전 케이블 회사에 전화했지만 송출에는 아무 이상 없다는 대답만 들었다. 우리와 동일한 통신망을 쓰는 이웃의 텔레비전도 잘 나오고 있었다.

버튼을 이것저것 눌러보았고 사용설명서를 읽고 또 읽었다. 그래도 아무 변화가 없자 우리는 좌절했고 이런 무력함에 화도 좀 났다. 결국 우리는 텔레비전을 잠시 그냥 두었다가 나중에 다시 시도해 보기로 결정했다. 네 시간 후 다시 시도했으나 여전히 파란 화면밖에 볼 수 없었다. 우리는 버튼을 이것저것 더 많이 눌렀고 험한 말을 내뱉고는 서로를 쳐다보았다. 앉아서 파란 화면을 쳐다보는 것 외에 달리 할 수 있는 일이 없었다.

우리는 생각했다. 오, 이런! 이젠 수리공을 불러야 할 텐데 비용이 비싸겠지! 그때 남편과 나는 동시에 멋진 생각을 해냈다! 베네딕토 성인께 도움을 청하면 어떨까(우리는 그분이 이런 종류의 문제를 아주 잘 해결하신다고 어디선가 들었다). 그래서 우리는 묵묵히(그래야 기도 자격이 있다고 생각했다) 도움을 청했다.

그 후 그대로 파란 화면만 바라보고 있었다. 그러자 믿을 수 없게도 화면에 줄과 소용돌이 무늬가 생기더니 1분도 지나지 않아 모든 것이 원상태로 돌아왔다. 기도할 생각이 떠올랐을 때 사실은 예수님의 부활을 믿지 못한 토마스처럼 의심했던 나는 소름이 돋았다. 아직도 믿기지 않지만 이런 일이 일어난 이유를 달리 설명할 길이 없다. 이 이야기가 다소 싱겁다는 것을 알지만 이 이야기는 사실이며, 다른 건 몰라도 그 일은 나로 하여금 기도의 힘을 믿게 만들었다. 이제 나는 하느님이 응답하시기에 너무 작거나 너무 큰 요구란 없다는 것을 의심하지 않는다.

| 캐나다 온타리오 브램튼에서 로리 오비도우스키

+ 사탄은 사실 지극히 높으신 분의 성도들을 해칠 계획을 갖고 있는데, 그 계획은 성도들을 닳게 하는 것이다. 이 구절에서 '닳게 한다'는 것은 무슨 의미일까? 그것은 지금 당장 조금 줄이고 다음 순간 조금 더 줄인다는 뜻을 내포한다. 오늘 조금 줄이고 내일 또 조금 줄이는 것이다. 따라서 닳게 하는 것은 거

의 지각할 수 없지만, 그래도 줄이는 것이다. 닳게 하는 것은 사람이 거의 의식하지 못하는 움직임이지만 그 최종 결과는 아무것도 남지 않는 것이다. 사탄은 당신의 기도 생활을 야금야금 빼앗아 갈 테고, 슬금슬금 당신이 하느님을 덜 신뢰하고 당신 자신을 더 신뢰하게 만들 것이다. 그는 당신이 예전보다 좀 더 영리해졌다고 느끼게 할 것이다. 한 걸음 한 걸음씩 당신은 잘못된 길에 빠져 자신의 재능에 기대게 되고, 유인을 받아 한 걸음 한 걸음씩 주님에게서 마음이 멀어지게 된다. 만약 사탄이 하느님의 자녀를 일시에 큰 힘으로 친다면, 그들은 당장 사탄의 작업을 알아챌 것이기 때문에 원수에게 저항할 방법도 정확히 알 것이다. 사탄은 하느님의 백성을 닳게 하기 위해 점진적인 방식을 사용한다. 〈워치만 니〉

나를 들볶으신 분

나는 기도 생활을 하며 꽤 외롭다고 느끼곤 했다. 매일 아주 독실하게 크나큰 경외심을 품고 기도한다고 여겼음에도 불구하고, 기도가 내 삶에서 큰 변화를 일으키는 것 같지는 않았다. 나는 매주 성체조배와 성경 공부를 했다. 매일 성경 말씀이 수록된 묵주기도서를 보며 기도를 바쳤다. 때맞추어 성무일도 바쳤다. 하지만 성삼위에 가까워질 수 있는 기회가 이렇듯 많았음에도, 나는 하느님께서 내 기도를 흡족해하시지 않거나 아예 알아채시지도 못하고 있다는 느낌을 자주 받았다.

아주 건강하고 활동적으로 지내던 나는 작년에 질병 탓에 느닷

없이 장애인이 되었다. 30년 동안의 내 직업이자 천직이었던 응급구조요원과 응급구조요원 지도자 자리에서 의학적 이유로 퇴직해야 했다. 그 세월 동안 교육과 의료 기술에 대한 공로로 수도 없이 상을 받고 영예를 얻었건만, 이제는 모두 끝났다. '영원히' 말이다! 모든 이에게, 곧 나 자신과 남들에게, 특히 이런 일을 내게 일어나게 하신 하느님께 화가 났다.

나는 성당에 가서 하느님께 '큰 소리로 외치며 열렬히' 기도했다! 그분과 내가 나눈 대화는 '성숙한 신자들만 들어야 하는' 것으로 여길 법한 내용이었다. 나는 하느님께 여쭈었다. "왜 제게 이런 일을 하십니까? 저는 제 일을 훌륭하게 했고, 재난에 처한 사람들을 많이 도와주었습니다! 이제 무슨 일을 해서 가족을 부양합니까? 하느님, 너무하십니다!"

이 기도에 대한 응답으로 내가 '듣거나 느낀' 것은, "나에게 말해 줘서 고맙구나. 내일 다시 와서 얘기해 보자꾸나."가 다였다. "뭐라고요? 내일이라고요? 오, 그러지요" 내가 말했다. 나는 다음 날도, 그 다음 날도 다시 갔다. 가고 또 가기를 거듭했다. 나는 성경을 비롯한 여러 책을 진지하게 읽기 시작했다. 팟캐스트(Podcast, 라디오나 동영상을 받아볼 수 있는 인터넷 방송의 일종-편집자 주)를 듣기 시작했으며 어떻게 해서든 왜 내게 이런 일이 일어나는지 알아내고자 했다. 근 10년 만에 처음으로 고해를 하러 갔다.

나는 지난 한 해를 거치며 서서히 화를 가라앉혔다. 모든 이에게, 특히 하느님께 용서를 청했다. 나는 이제 고통이 예나 지금이나 내 인생의 필수적인 구성 요소임을 깨닫는다. 나는 기도하면서 오만한 태도로 큰 소리를 내기보다는 겸손한 태도를 지녀야 했던 것이다. 하느님께 내 말만 하지 말고 그분의 말씀을 귀담아 들어야 했던 것이다.

나는 여전히 기도하고 예전처럼 교회 활동에 참가하지만, 솔직히 지금 그 어느 때보다도 가톨릭 신자답게 살고 있으며, 어쩌면 예전보다 더 행복하게 살고 있다고도 말할 수 있다. 하느님께서 일하시는 방식은 확실히 신비로우며 통념에 어긋난다. 그분이 나를 '들볶으셨기에', 나는 지금 그 어느 때보다도 그분을 사랑한다.

| 미주리 헤이즐우드에서 다니엘 T. 핼리

+ 기도는 하느님을 향하여 마음을 들어 높이는 것이다. 우리는 항상 이 점을 잊지 말아야 한다. 실제로 무슨 말을 하는가는 그리 중요하지 않다.

〈복자 요한 23세〉

+ 하느님께서 기도에 응답하시는 방식은 네 가지이다.
1) 안 된다. 아직은 안 된다.
2) 안 된다. 나는 너를 너무나 사랑한단다.
3) 그래, 나는 네가 영영 청하지 않는 줄 알았다.
4) 그래, 그리고 더 주마. 〈앤 루이스〉

+ 하느님은 당신에게 기도하라고 분부하시며, 걱정은 하지 말라고 하신다.
〈성 요한 마리아 비안네〉

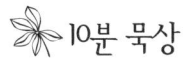 10분 묵상

햇살 좋은 따스한 날, 아름다운 정원에 있다고 상상해 보십시오. 새들이 지저귀고 벌이 이 꽃 저 꽃으로 윙윙거리고 날아다니며, 근처의 개울은 졸졸거리며 흐릅니다. 이 정원에는 의자가 둘 있는데, 비어 있군요. 당신은 그쪽으로 걸어가 한 의자에 앉습니다. 잠시 후에 당신은 예수님께서 오셔서 나머지 의자에 앉으시리라는 것을 알게 됩니다.

당신은 한 번도 이 정원에서 예수님을 만난 적이 없습니다.

이곳은 당신의 기도 정원입니다. 오로지 당신과 예수님이 만나서 함께 시간을 보내는 곳이지요. 당신은 이 첫 만남이 어떨지 정확히는 알지 못합니다. 기다리는 동안, 그분께 드리고 싶은 질문에 대해 생각해 보십시오.

몇 분 후에 예수님께서 오셔서 당신 곁에 있는 의자에 앉으시면, 그분께 질문을 하십시오. 당장 대답을 듣지 못할 수도 있다는 것을 알아두십시오. 그래도 당신이 시간을 내어 예수님께 질문하는 것이 중요합니다.

묵상 마침기도

예수님,
오시어
저와 함께하여 주시니
감사합니다.
틈틈이 더 많은 시간을
당신과 보내기를
고대합니다.
아멘.

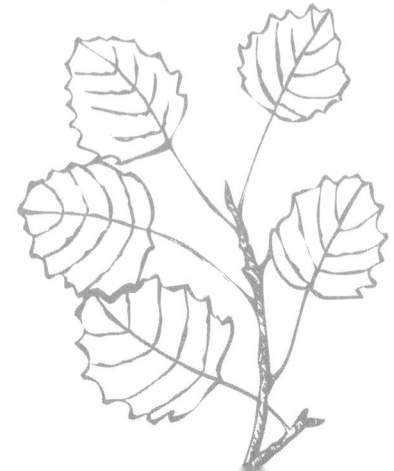

기적의 공책

어느 날 차에 탔는데, 라디오에서 노래 한 곡이 흘러나왔다. 써드 데이Third Day의 「언제나 너를 사랑해 왔음을I've Always Loved You」이라는 곡이었다. 전에도 여러 번 그 노래를 들었지만, 이번에는 가사가 내 영혼에 와 닿았다.

내가 언제나 너를 사랑해 왔음을 너는 알지 못하느냐
시간이 존재하기 전에도
네가 등을 돌려도
네게 해 줄 말이 있으니
내가 언제나 너를 사랑해 왔음을 너는 알지 못하느냐

아직도 주차장에 있으면서 나는 그 노래가 오랫동안 기다려 온 내 기도에 대한 응답임을 깨달았다. 그 기도는 오래전 내가 하느님께 난항을 겪는 관계에 대처할 방안을 보여 주십사 애걸하며 바친 기도였다. 내가 여러 해 동안 감내해야 했던 그 관계는 천천히 그러나 꾸준히 내 자존감을 갉아먹었기 때문이다. 나는 성당에서 영적 지도자인 신부님과 약속한 만남을 마치고 막 출발하려던 참이었고, 내 삶이 가고 있는 방향에 대해 우울해하던 중이었다. 그런데 그 노래의 가사가 이해되기 시작했다. 내가 수시로 그분의 기적과 표징, 이적을 무시하는데 하느님께서 어떻게 그분의 사랑을 말로 설명하실 수 있었겠는가? 다시 말해, 그런 기적들이 나를 향한 하느님의 사랑을 입증하는 데에 충분하지 못하다면, 대체 무엇으로 입증되겠는가?

바로 그때, 촉촉한 비가 자동차 앞 유리창 위에서 춤추기 시작했다. 나는 빗방울이 유리창에 닿아 흘러내리는 것을 보면서 울었다. 알코올 중독자와의 사랑 없는 결혼이라는 나만의 아픔에 빠져, 비 같은 일상생활의 소소한 경이로움을 깨닫지 못했다.

불과 1시간 전, 나는 내 영혼에 전혀 득이 되지 않는 관계를 여러 해 동안 유지하면서 느낀 점들과, 그 과정에서 나 자신과 나에게 중요한 것들을 잃어버렸다는 것을 신부님께 말씀드리고 있었다. 신부님은 측은히 여기며 귀담아듣고 난 후 온화하게 물었다. "하느님께서 지금 당장 무엇이든 당신에게 주신다면, 무엇을 청하겠습니까?" 나는 주저하지 않고 대답했다. "하느님께서 제게 기적을 내려 주시기를 바랍니다."

내 소망은 하느님이 마법 지팡이 같은 것을 흔들어서 '펑' 하며 내 문제를 해결해 주시고 남편의 중독증을 없애 고쳐 주시는 것이었다. 나는 어릴 때 기대했듯이 '그 후로 오래도록 행복하게' 살기를 원했다. 건강한 관계에서 사랑하고 사랑받고 싶었다. 남편이 하느님을 찾기를, 아니면 최소한 하느님께서 남편을 찾기를 원했다. 내가 그 모든 일을 하지 않아도 만사가 완벽하기를 원했다.

신부님은 미소를 지으며 내게 기적이 일어나는지 잘 지켜보라고 당부했다. 하루하루 만나게 되는 기적을 모두 적은 목록을 만들고, 필요한 것을 하느님께 꾸준히 기도하라고 당부했다. 우리는 함께 기도했으며, 헤어질 때 신부님은 "우리 하느님은 기적의 하느님이십니다." 하고 나에게 일깨워 주었다. 나는 성당 주차장에 있었는데, 기적 목록을 만들라는 신부님의 제안은 아직도 내 머리에 생생했고 라디오에서는 노래가 흐르고 있었다. 노래는 이렇게 이어졌다. "어떻게 설명해야 할지 모르지만, 기적과 표징과 이적으로도 너에게 나를 증명하지 못한다면, 말로는 거의 불가능하다는 것을 알고 있노라."

비가 줄기차게 내리고 있었다. 혹시 작은 기적이 일어난 걸까? 내 영혼을 깨끗이 씻어 내려는 하느님의 방식인 걸까? 만약 내가 주변 어디에나 있는 작은 기적이나 소소한 이적을 찾아내는 데 집중한다면, 약간의 교훈을 얻어 내 삶과 인간관계를 바꿀 수도 있겠다는 생각이 퍼뜩 들었다. 그래서 나는 종이를 찾아 '촉촉한 비바람과 더없이 좋은 노래'라고 적었다.

나는 매일 딱 한 가지 하늘이 주신 작은 선물을 식별해서 몇 분간 그 선물에 대해 하느님께 감사를 드리겠다고 결심했다. 공책에 작은 기적들을 기록했다. 각각의 기록에는 날짜와 함께 '나비를 보았다' 또는 '딸아이의 눈이 아주 아름다운 푸른색이다'와 같은 문구를 적었다. 오래지 않아 내가 깨달은 바는, 나를 향한 하느님 사랑의 작은 표징들을 찾아보았더니 다 세지도 못할 만큼 많이 찾아냈으며, 대부분의 표징은 그리 작지도 않다는 점이었다. 내 기적의 공책은 금세 꽉 찼다.

하느님은 남편을 '고치거나' 나를 대신해 내 문제를 해결해 주지는 않으셨지만, 나를 변화시켜 주셨다. 그분은 지난 몇 년간 나에게 힘을 미치시어 나를 다시 세우셨기에, 이제 나는 인간관계에 다르게 대처할 수 있다. 나는 기적을 얻었다. 내가 주십사 기도하며 청한 기적이 아닌, 내게 필요했던 기적을 말이다. 나는 하느님이 나를 향한 그분의 사랑을 언제나 드러내고 계시다는 것을 알게 되었다. 그분은 결코 우리를 향한 사랑을 멈추지 않으시며 지치지도 않고 깊디깊은 그분의 사랑을 우리에게 보여 주신다. 노랫말에서처럼 "내가 언제나 너를 사랑해 왔고 언제까지나 너를 사랑하리라는 것을 너는 모르느냐?"

| 일리노이 휠링에서 수잔 M. 워커

+ 우리의 기도와 신뢰의 크기가 비슷해지는 것, 이것이 우리 주님의 뜻이다. 우리가 기도하는 만큼 신뢰하지 않는다면, 기도하면서 우리 주님께 온전한 경배를 드릴 수 없으며 또한 스스로를 방해하여 해친다. 그 이유는 주님이야말로 우리의 기도가 샘솟는 토양임을 우리가 진실로 알지 못하고, 기도가 그분의 은총과 사랑으로 우리에게 주어진 것임도 알지 못하기 때문이다. 우리가 이 사실을 안다면, 우리 주님의 선물을 받는 것이 우리가 바라는 전부임을 믿게 될 것이다. 나는 자비와 은총이 먼저 그에게 주어지지 않고서는 아무도 진정으로 자비와 은총을 청하지 못한다는 것을 확신한다. 〈노리치의 율리아나〉

+ 기도란 마음이 하느님을 향하여 길 떠나는 것을 뜻한다. 그것은 그저 가만히 하늘을 향해 눈을 높이 들어 올리는 것, 기쁨의 절정이나 절망의 골짜기에서 소리치는 고마운 사랑의 외침을 의미한다. 그것은 내 마음을 열고 예수님 가까이에 나를 묶어 주는 거대하고 초자연적인 힘이다. 〈리지외의 성녀 데레사〉

하느님만이
아신 일

브라질로 여행할 준비를 하는 동안 내가 만나게 될 모든 사람들을 위해 기도하면서, 나는 '더 많이'라는 단어가 줄곧 머리에 떠올랐다. "더 많이?" 하고 나는 생각했다. "나는 내가 가진 모든 것을 주었고 지속적으로 주고 있어…. 더 많이 줄 것은 없어." 조금은 자기연민에 빠졌던 나는 뉘우치고 주님께 말했다. "좋습니다. 정말로 제게서 더 많은 것을 원하신다면, 원하시는 것을 제게 보여 주세요. 그러면 당신을 믿겠습니다."

여행 초부터, 나는 사람들이 내게 후한 배려를 베푸는 것에 놀랐다. 며칠 동안 그것이 단지 우연의 일치라고 잘못 생각했다. 그때, 내 필요와 소원이 힘들이지 않아도 계속 이루어지자, 나와 함께 다니던 수녀가 눈이 휘둥그레져서 나를 쳐다보며 물었다. "하느님께서 무슨 일을 하시는 걸까요?" 그 질문을 듣자 나는 불현듯 깨닫는 바가 있었다. 어쩌면 이것이 하느님이 하신 일이었을지도 모르는구나. 아마도 내가 기도하면서 줄곧 들었던 '더 많이'라는 말은, 우리가 상상하는 것보다 '더 많은' 축복을 우리를 위해 마련하셨다고 하느님이 내게 가르쳐 주신 말씀이었나 보다. 내가 그분의 온갖 축복에 감사하고는 있었지만, 이제 내 마음은 명실상부한 찬미가를 부르며 부풀어 올랐다.

이 깨달음 직후에, 젊은 아기 엄마가 10개월 된 사내아이를 안고 내게 걸어와서 말했다. "수녀님, 호아오 파울로가 수녀님께 드리고 싶은 게 있답니다." 아이는 잠시 나를 진지하게 쳐다보더니, 손을 올려 자기의 턱받이를 벗었다. 알고 보니 그 아이가 가장 좋아하는 턱받이라고 한다. 아이는 자기 이름과 작은 동물들이 곱게 수놓아져 있는 그 턱받이를 내게 내밀었다. "아, 이건 받지 못하겠구나." 하고 내가 말했다. 그러나 아기 엄마는 빙그레 웃으며 말했다. "수녀님, 우리는 누구나 베풀 줄 알아야 하잖아요. 베풀 줄 알려면 다른 이의 필요를 미리 헤아리려는 노력을 해야 하지요. 하느님이 우리가 주기를 바라실 거라고 생각되는 그것을 미리 헤아리는 것입니다. 별 거 아닐 때가 많지만, 진심을 담아 베풀면 그분 백성을 향한 하느님의 사랑을 드러내는 표징이 되지요."

하느님과 그분의 백성을 섬기는 그 너그러운 태도는 내가 며칠 동안 받아온 것이었다. 내가 턱받이를 받자 아이는 팔을 내밀어 나를 껴안았다. 마치 아기 예수님이 나를 찾아오신 것 같은 기분이 들었다! 나는 의심이 많은 사람이기에, 이것이 진정 그분이 내게 전하는 말씀이라는 표징을 보여 주십사 주님께 청했다. "이 모든 친절과 너그러움이 정말 주님에게서 온 것이라면, 또 주님께서 저희가 크고 작게 필요로 하는 바에 대해 제가 생각했던 것보다 더 많이 신경 쓰신다는 것을 제가 직접 보고 경험하기를 원하신다면, 그렇다면 주님, 제게 이런 표징을 내려 주십시오. 제가 미시간 본원의 작은 성체 제대를 덮을 수놓인 제대포를 누군가에게 받게 해 주십시오." 나는 몇 달간 제대포를 사고 싶었지만 염두에 둔 것을 찾지 못했던 것이다.

그 다음날 아침, 이웃에 사는 몹시 가난한 여성이 선물을 들고 나에게 왔다. 열어 보니, 제대포가 있는 것이다! 내가 찾던 바로 그 제대포였다. 오로지 하느님만이 내가 이런 제대포를 원한다는 것을 아셨다. 나는 그런 것을 찾고 있다고 아무에게도 말한 적이 없었다. 그 여성의 얼굴을 바라보았더니, 내가 깜짝 놀라 기뻐하는 모습을 보고 그녀도 기뻐하고 있었다. 참으로 경이로운 순간이 아닐 수 없었다.

이 경험을 통해 나는 주님께서는 우리가 상상할 수 있는 것보다 '더 많은' 축복을 우리를 위해 마련해 두셨다는 것을 알게 되었다. 그분이 내게 이렇게 말씀하시는 것 같았다. "네 인생에서 내가 알지 못하고 지나가는 일은 아무것도 없다. 내가 이렇게 한 까닭은, '어떠한 눈도 본 적이 없고 어떠한 귀도 들은 적이 없으며 사람의 마음에도 떠오른 적이 없는 것들을 하느님께서는 당신을 사랑하는 이들을 위하여 마련해 두셨다.'는 것이 사실임을 네가 내 백성에게 알리기를 바라기 때문이다. 내가 너를 위해 하늘나라에 마련해 둔 것은 네가 상상하는 것 이상이니, 나를 믿어라!"

| 미시간 앤하버에서 앤 쉴즈 수녀

연약한
연잎성게

나는 아무런 신앙 없이 자라서 그리스도교인도 다른 교인도 아니었고, 하느님께서 나와 우리 모두를 얼마나 많이 사랑하고 보살피시는지 전혀 몰랐기에, 그 일이 일어나자 깜짝 놀랐다. 나는 살아오면서 하는 일마다 족족 실패한 듯했다. 학습장애로 고등학교를 중퇴했고, 감정적으로 격분하며 조절하지 못했던 탓에 직장을 오래 다닐 수도 없었다. 내면에 정서적 아픔이 꽉 들어차서 벗어날 길이 보이지 않았다.

그때 나는 마약에 손대는 무시무시한 결정을 했다. 크랙 코카인이었다. 한 녀석이 나에게 그것을 주며 말했다. "이건 헤로인 같지 않아서 중독되지 않을 거야." 어리석게도 나는 그 말을 믿었다. 나는 이틀이 못되어 중독되었고 크랙 코카인을 피우지 않으면 몹시 아팠다. 욱하며 화를 내는 버릇은 호전되는 게 아니라 악화되었다. 잠을 잘 수 없었다. 오래지 않아 나는 해고되었고 집을 잃었으며 범죄에 연루되었다. 늘 얼어붙을 듯이 추웠고 굶주렸으며 목말랐다. 해마다 폐렴에 걸렸다. 툭하면 지저분한 감옥에 수감되거나 폭행을 당해 응급실을 들락거렸다. 아주 비참했다. 그야말로 제정신을 잃고 있었다. 세상 사람들이 그런 상태에 있는 사람을 혐오하지만, 내가 느꼈던 자기혐오에 비할 바는 아니었다.

크랙 코카인이 내 삶을 좌지우지할 정도로 온통 거기에 빠져 있었다. 마약 없이는 3분도 견딜 수 없었다. 나는 마약으로 허파가 타버린 탓에 한쪽 폐엽肺葉을 제거하는 수술을 받고 나서도 여전히 마약을 갈망했다. 퇴원하자마자 곧장 마약을 구하러 갔다. 절망에 빠진 나는 세상에서 고립되어 정상적인 삶을 살 기회가 막혀 있는 것 같았다. 날마다 거리에서 폭력과 증오, 비열함을 체험했다. 나는 이런 상황에서 누군들 희망이 있을까 생각했다.

내게 처음으로 희망의 빛이 든 것은 1999년 11월, 우편물을 받을 수 있는 집에 실제로 거주하는 친구를 두었을 때였다. 이 사실이 내게 몹시 중요했던 까닭은, 드물기는 하지만 누군가가 나에게 연락할 필요가 있을 때 그 친구의 주소를 이용하여 내게 연락을 취할 수 있었기 때문이다.

나는 여러 해 동안 테네시 주로 이사한 일란성 쌍둥이 언니의 소식을 거의 듣지 못했다. 그런데 난데없이 언니가 소화 데레사 성녀의 그림이 있는 미사 카드를 보내왔다. 그 카드에는 내 치유를 기원하는 미사가 여러 차례 봉헌된다고 했다. 나는 언니가 예비신자 교육 과정을 마치고 가톨릭 신자가 되었다는 것을 알게 되었다. 그 카드는 나를 염려하고 사랑해 주는 사람이 있다는 표징이었기에 나는 그 카드가 좋았다. 친구에게 나 대신 그 카드를 가지고 있으라고 했다. 그렇지만 카드를 받아서 좋고 카드가 아주 멋지다고 생각했으면서도, 치유 미사가 무엇인지는 전혀 몰랐다.

언니의 카드를 받은 날로부터 꼭 넉 달 후(이때는 마약에 중독되어 집도 없고 희망도 없이 감옥과 병원을 줄곧 들락날락한 지 6년이 지난 시점이었다), 나는 심각한 폐렴에 걸렸다. 열이 42도까지 오르고 산소농도가 너무나 떨어져 거리에서 정신을 잃었다. 깨어나 보니 구급차 안이었고, 다시 한 번 응급실로 가는 길이었다. 나는 몇 주 동안 입원했으며 너무나 아프고 기운이 없어서 거의 움직이지도 못했다. 입원해 있던 어느 날, 마더 데레사의 '사랑의 선교회' 수녀 몇 분이 병원을 돌아보고 있었다. 수녀 두 분이 나를 보러 들렀다. 두 분이 내게 보인 연민에 나는 행복해서 울고 말았다. 그분들은 아주 친절했으며, 유머 감각까지 있어서 나를 놀라게 했다.

나중에 나는 몸조리를 위해 전문요양시설로 이관되었다. 그곳 의사는 내가 몹시 허약한 상태라고 말했다. 나는 정말 기운이 없었지만, 하루는 두 시간의 외출 허가를 받아서 친구와 함께 사회보장국과 자동차 관리국에 가서 장애인 지원 서류를 받을 수 있었다. 외출한 김에 바다에 데려가 달라고 친구에게 부탁했다. 언제나 바다를 좋아했는데 두 번 다시 살아서 바다를 보지 못할까 봐 두려웠던 것이다.

바다에 도착했더니, 바람이 불고 추운 데다가 잔뜩 흐렸다. 내가 혼자 힘으로 서 있거나 걸을 수 없었기 때문에 친구가 나를 단단히 붙잡아야 했다. 해변을 따라 걸으면서 나는 연잎성게를 찾기 시작했다. 내가 찾아낸 것은 죄다 바위에 부딪치는 파도로 깨져서 갈라지고 조각난 것들이었다. 나는 별 가망이 없다는 것을 알면서도, 혹시나 온전한 것을 발견할 수 있을까 해서 거의 필사적으로 찾아다녔다. 그때, 세상에나, 내 발치에 자그마하고 속이 거의 다 비치며 연약해 보이는 연잎성게가 있는 것이다! 갈라진 곳 하나 없고 옆면에도 이 빠진 곳이 없었다. 둥글고 매끈한 완벽한 모양이었다. 이 작은 연잎성게는 두껍고 큰 것들이 살아남지 못할 때 살아남았던 것이다! 나는 그것을 가지고 병원으로 돌아와서 소소한 보물로 조심스럽게 간직했다. 이 작고 고운 바다의 선물은 나 자신의 상황에 대한 새로운 희망을 주었다.

나는 퇴원했지만 결국 다시 응급실로 가게 되었다. 가슴에 감염된 혈전이 있었고 뇌졸중이 진행되고 있어서 다시 병원에 입원하도록 조치되었다. 이번에는 사제를 뵙기 청했다. 언니가 들어간 가톨릭교회에 동참하고 싶었던 것이다. 예수님께 가까이 있고 싶었고 더는 혼자이기 싫었다. 다음 날 비테일 신부님이 나를 보러 오셨다. 신부님이 하신 많은 질문에 나는 되도록 신중하고 진실하게 대답했다. 그런 후 바로 그 병원에서 성사를 받을 수 있었다. 첫영성체를 포함해서 말이다!

나는 정말 기뻤다! 그 기쁨은 말로 표현할 수 없을 정도였다! 몸은 통증과 메스꺼움으로 고달팠지만 나는 깊은 평화로 충만했다. 신부님은 아주 인정스럽고 빛으로 가득한 분이셨다. 나는 바로 그 자리에서 내가 고향에 왔음을 알았다. 이제 더는 길 잃은 사람이 아니었다. 나는 하느님께서 나를 사랑하신다는 것을 알았다. 근 8년이 지난 지금, 나는 미사를 거르는 법이 없고 묵주기도를 즐겨 바치며, 그 특별한 미사 카드와 연잎성게를 아직도 지니고 있다. 나는 하느님께서 그 작은 연잎성게를 통해서 나에게 말씀하고 계셨음을 믿는다. 또한 이만큼 세월이 흘렀어도 여전히 그 깊은 평화로움을 느낀다.

이제 나는 마약에 중독되어 있지 않다! 나에게는 멋진 아파트가 있고 좋은 친구이신 소화 데레사 성녀가 있다. 나는 우리가 어떤 상태에 있든지 우리를 사랑하시는 예수님과 성인들의 권능, 그토록 속속들이 치유하시는 그분의 권능을 아직도 경외한다. 기도는 확실히 응답받는다. 내 마음에는 추호의 의심도 없다.

| 캘리포니아 샌프란시스코에서 사론 R. 프리엘

기적의 연속

　　　　나는 살아오면서 하도 많은 기적을 겪었기에 당신을 앞혀 놓고 며칠이고 그 얘기를 할 수도 있다. 실로 기적의 연속이었다. 그저 우연의 일치라고 말하는 사람도 있지만 내 생각은 그렇지 않다. 그 중 당신에게 들려주려는 두 가지 기적은 모두 가정용 난방 기름과 관계가 있다.

　재정 상태가 최악이던 어느 날 저녁, 나는 무척 낙담했고 어찌할 바를 몰랐다. 그날 밤 기도 모임에 갔는데 밥 신부님이 내게 다가오셨다. 내 기분이 얼마나 저조한지 알아채신 것이다. "릴, 어떻게 지냅니까?" 신부님이 물었다. 나는 기어들어가는 목소리로 기운 없이 대답했다. "기름이 필요한데 어떻게 구할지 모르겠네요." 몇 마디 위로의 말을 해 주실 줄 알았는데 신부님은 오히려 웃으셨다! 큰 소리로 웃기만 하셨다. 그래서 나는 화가 났다. 전혀 웃기는 일이 아니었던 것이다. 그때 신부님이 내게 희소식을 알려주었다. 바로 그날 오후에 어떤 신사가 신부님께 와서는 기름 100갤런(1gal=3.785ℓ)을 어려운 처지에 있는 사람에게 주고 싶다고 말했다는 것이다. 신부님은 "릴, 그 기름은 당신 거예요."라고 말씀하셨다.

　또 한 번은 심장 수술을 받은 직후로, 재정과 영혼이 전례 없이 최악의 상태였던 때였다. 남편은 음주 탓에 직장에서 막 해고되었고, 나는 심장 수술 때문에 직장을 그만두어야 했다. 우리는 수입이 없었다. 그 추운 겨울밤, 나는 식탁에 앉아 수표책을 놓고 전기 요금을 어떻게 낼지, 기름은 어떻게 구해야 할지 궁리하고 있었다. 다음 날이면 전기가 끊긴다는 통보를 받았고, 난방할 기름도 없었다. 내가 가진 돈으로는 어느 한 쪽에만 값을 치를 수 있었다. 모든 정황이 온통 짓누르는 듯했다. 우리 집에는 어린 두 아이가 있어서 난방하지 않으면 아이들이 꽁꽁 얼어붙을 터였다. 그러나 설사 기름을 얻는다 해도 보일러를 돌리려면 전기가 필요해서 어차피 기름을 사용하지는 못할 터였다. 전기가 있어야 했다. 나는 몇 시간 동안 앉아서 어찌 해야 할까 머리를 쥐어짜고 있었다.

그날 밤 11시 경, 결국 포기했다. 수표책을 집어 들어 서랍 속에 던져 넣고, "주님께서 저희를 돌보겠다고 하셨으니, 돌보아 주세요!"라고 주님께 소리치고는 잠자리에 들었다. 다음날 아침 8시 30분 경, 예전의 직장 상사에게서 전화가 왔다. 나에게 줄 수표가 있으니 와서 가져가라는 것이었다. 그 돈은 초과 이익 분배금으로, 나는 1월에 근무했기 때문에 받을 자격이 있었다. 그 금액은 1,777.68달러였다. 너무나 흥분되어 믿을 수 없을 정도였다! 나는 그것이 기적임을 알았다. 기적은 그렇게 신속하고 빠르게 일어났다. 한편으로는 하느님께 화를 내어 마음이 불편했지만, 그분께서 우리를 그토록 기민하게 돌보아 주셨다는 기쁨이 더 컸다!

나는 몇 달 동안 날아갈 듯했다. 하느님이 그토록 가까이에서 그만큼 보살펴 주신다고 느꼈던 적이 없었다. 그 일은 몸을 추스르는 몇 주간을 맞는 내 태도에 놀라운 변화를 일으켜서, 몹시 힘든 시기에 아이들을 돌보고 남편 곁을 지키게 해 주었다. 내가 화를 냈는데도 주님은 나를 구하셨고, 내가 필요로 했던 것보다 더 많은 것을 내게 주셨다. 나는 전기 요금을 내고 기름을 사고도 돈이 남아 식료품을 살 수 있었다.

이렇듯 하느님께 내 어려움을 맡기자 그분은 그것들을 해결해 주셨다. 나는 그 기적들을 잊은 적이 없으며, 하느님께서 늘 우리를 위하신다는 것을 안다. 상황이 좋지 않은 시기가 없었던 것은 아니지만(그 얘기들도 당신에게 많이 해 줄 수 있다), 나는 삶의 고비를 넘기게 해 주는 크고 작은 기적들을 꾸준히 번번이 받고 있다.

| 로드아일랜드 이스트프로비던스에서 릴리안 J. 데올리베이라

+ **하느님의 말씀은 지성의 빛이요 의지의 불이어서, 사람이 주님을 알고 사랑하게 해 줍니다.** 〈브린디시의 성 라우렌시오〉

신뢰를 향한 도전

간호사에서 교사로 봉직이 바뀌는 과도기에 나는 성령의 독려를 경험하고 정말 깜짝 놀랐다. 그때 나는 허리를 다쳐서 집중 치료를 받는 중이었기 때문에 근무를 하지 않고 있었다. 몸의 통증과 피로 탓에 일정이 정해져 있는 일을 맡을 수 없었기에, 이 기간에 나에 대한 뜻이 무엇인지를 보여 주십사 하느님께 기도했다. 곧 나는 이웃 교구의 오래된 폐교 지하에 있는 무료 급식소에서 봉사를 시작했다. 거기에 있으면서 봉사자가 부족해서 문 닫았던 무료 옷가게를 다시 열기로 마음먹었다. 옷에 대한 수요가 아주 커서 나는 날마다 더 많은 시간을 일하게 되었다.

어느 금요일 오후, 관장이 내게 와서 옷가게 옆방에 가족자원센터를 열어 보겠냐고 물었다. 그렇지만 이 일에 일체 예산 지원은 없을 것이라고 했다. 공사는 물론 운영이나 교육 과정, 경비까지 말이다. 내가 어떻게 이렇게 큰일을 하겠다고 대답할 생각을 할 수 있었는지 모르겠다. 한편으로는 이 일을 하고 싶은 마음이 간절했지만, 일을 시작해 놓고는 허리가 아파서 계속해 나갈 수 없을까 봐 주저했다. 나는 관장에게 주말 동안 기도하며 그 제안을 고려해 보겠다고 말했다.

나는 수녀원으로 돌아오자마자 경당으로 가서 하느님께 어찌해야 할지 분명하게 알려 주십사 청했다. 공동기도와 성무일도를 제외하면, 나는 보통 침묵한 채 앉아서 관상하며 기도한다. 그렇지만 잠시라도 앉아 있으면 허리 통증이 더욱 심해지는 탓에 점점 기도하기가 어려워지고 있었다. 나는 기도하면서 내 통증을 그리스도의 수난과 결부시켰고 통증을 기도로 받아들여 주십사 청했다. 성 요한 본당에 있는 어려운 처지의 여러 사람들에게 정신을 쏟자 통증에 대한 생각도 무뎌졌다.

하느님의 대답은 이 도심 본당에 가족자원센터를 개관하라는 것이었다. 센터에서는 주거와 취업, 알코올과 마약 문제에 대한 정보와 알선 업무를 제공할 계획이었다. 비상시 원조와 보건 혜택은 물론, 가정 폭력과 여성의 자존감, 상담 영역에서는 동질 집단의 지원이 이루어질 것이었다. 센터에서는 영양 교육과 육아, 스트레스 감소, 영적 자원에 대한 특별한 교육 과정도 제공할 생각이었다.

그러나 나는 하느님께서 이 일을 통솔할 사람으로 나를 부르고 계시다는 것을 여전히 확신하지 못했다. 나는 하느님께 그분의 계획에 대한 분명한 표징, 내가 오해할 여지가 없는 표징을 보여 주십사 청했다. 그때 자원센터가 들어설 곳과 옷가게를 가르는 벽에 드나들 문이 있어야겠다는 생각이 떠올랐다. 더불어서 비공개적으로 상담을 하려면 작은 사무실을 만들 필요가 있었다. 이 모든 일에는 돈이 들 터였다. 드나들 문이 필요하다는 생각이 내 머리에 떠오른 바로 그 순간 전화벨이 울렸다. 수화기 저쪽의 목소리가 말했다.

"안녕하세요, 저는 프랭크라고 합니다. 수녀님은 저를 모르시겠지만, 성 요한 무료 급식소의 관장님과 얘기하다가 수녀님이 그곳에 가족자원센터를 여는 문제를 고려하신다고 들었습니다."
"프랭크 씨, 그 문제를 생각 중이지만 아직 결정된 것은 아닙니다." 하고 내가 말했다. "저, 수녀님이 그 자리를 수락하기로 마음먹으신다면 우선 그 두 방 사이에 문을 내어야 할 것 같습니다." 내 귀를 믿을 수가 없었다! 이는 분명 내가 하느님께 응답받은 것이다! "프랭크 씨, 좋은 생각이긴 하지만 공사 같은 일에 쓸 돈은 없군요."

그러자 프랭크 씨는 자신이 은퇴한 건축 노동자이며 문을 기꺼이 설치하겠으며 공사가 필요한 일은 무엇이든 맡겠다고 말했다.

모든 물품은 기부받을 수 있으니 비용을 들이지 않고도 그 일을 다 하겠다는 것이었다. "프랭크 씨, 한 시간 후에 센터에서 만나 뵐 수 있을까요?" "물론이죠."

이렇게 우리는 미래의 자원센터 설계를 함께 계획했다. 돈이 없다는 것을 상기시킬 때마다 그는, "걱정하지 마세요, 필요한 것을 모두 받게 될 테니까요."라고 말하곤 했다. 우리는 2주가 못되어 개소할 준비를 마쳤다.

다음으로 필요했던 것은 봉사자들과 그 봉사자들을 통솔할 사람이었다. 우리에게 필요한 모든 봉사자들을 통솔할 봉사자를 어디에서 찾을까 생각하던 바로 그날, 하느님은 프리실라를 나에게 보내셨다. 프리실라는 이 역할에 필요한 모든 은사를 갖추고 있었고, 기쁘게도 매주 나흘을 함께 일했다.

시작은 보잘것없었지만 이 가난한 도심 지역에서 벌인 하느님의 사업은 번창했다. 특별한 일 때문에 물품이나 설비가 필요할 때마다 필요한 것이 마련되었고, 청하기도 전에 마련된 적도 자주 있었다. 하느님의 섭리를 신뢰하기만 하면 필요한 자원이 부족한 일은 없었다. 어린이 가구와 장난감을 기부받은 것은 우리가 어린이 놀이방과 독서실을 열어 볼까 생각하던 바로 그 주였다. '여성의 권리 강화 모임'을 확장할 때도 다시 한 번 우리에게 필요한 것을 모두 비용을 들이지 않고 제공받았다.

이 이야기는 하느님이 우리가 청하거나 상상하는 이상의 것을 만들어 내실 수 있음을 보여 주는 여러 일화 중 하나에 불과하다. 하느님의 뜻에 단 한 번 '예'라고 대답한 결과, 일자리를 잃은 이들이 고용되었고 어떤 이들은 학업을 계속하게 되었으며 여성들의 권리가 강화되었다. 모두가 희망을 얻은 것이다! 하느님께서 당신을 어떤 길로 인도하시든지 기도하고 기도하며 또 기도하라. 하지만 주의하라. 다음번에 전화가 울릴 때에는 특별한 도전이 당신을 기다리고 있을지도 모른다!

| 플로리다 탬파에서 마르셀라 T. 키이셀

+   체포되어 수난을 받기 전 마지막 시간에 우리 주님께서 하신 일이 무엇입니까? 주님은 홀로 떨어져 기도하러 가셨습니다. 그러니 우리도 감내해야 할 중대한 시련이나 맞닥뜨려야 할 위험, 고통이 있을 때에는 마지막 순간, 마지막 시간에 그 문제에서 떨어져서 홀로 기도해야 합니다. 〈복자 샤를 드 푸코〉

완벽한 화살표

나의 스물한 번째 생일은 인생 최악의 날이었다. 내가 어린 아들 크레이그를 검진 차 소아과 의사에게 데려간 그날 아침, 아들은 이제 겨우 생후 3개월이었다. 의사는 아들을 검진해 보고 썩 좋은 기색이 아니더니 다른 의사에게 도움을 청했다. 그들은 아들을 훑어보고는 고개를 젓고 몇 가지 검사를 더 했다. 마침내 그들은 매우 침울하게, 어린 아들의 머리가 너무 빠른 속도로 자라고 있다고 말했다.

나는 이 말이 무슨 뜻인지 몰랐지만 그들의 태도로 미루어 좋은 소식이 아니라는 것을 알았다. 온 세상이 뒤집히기 시작했다. 이 말의 뜻을 이해하려 애쓰는 동안 나는 숨 쉬는 것조차 힘들었다. 그때 의사들이 당장 아들을 시카고대학병원으로 데리고 가서 정밀검사를 받으라고 말했다.

바짝 긴장한 여행이었다. 250km 거리의 긴 여행에 시부모님이 동행하셨다. 우리는 충격에 빠진 채 고속도로를 달리면서 기적을 바라는 기도를, 의사들이 틀렸고 모든 일이 다 잘되기를 바라는 기도를 바쳤다.

그러나 그곳에서 우리가 들은 소식은 훨씬 더 안 좋은 것이었다. 의사들이 나지막이 우리에게 말했다. "크레이그는 앞으로 1년을 채 못 살 것 같습니다." 우리는 믿기지 않아 그들을 쳐다보았고, 믿을 수 없어 서로를 바라보았다. 우리는 의사들이 넣어 둔 그대로 인큐베이터 안에 있는 너무나 작은 어린 아들을 쳐다보았다. "여기에 두고 가시는 편이 아드님에게 가장 좋을 듯합니다." 그들은 계속해서 말했다. "아드님은 특별 간호가 필요합니다. 저희에게는 아드님을 편안하고 통증 없이 지내게 할 장비와 기술, 지식이 있습니다. 댁에서는 아드님을 적절히 돌보실 수 없을 겁니다."

이것은 우리가 예상한 일이 아니었다. 우리는 그런 가혹한 소식을 들을 대비를 하지 않았다. 우리 아이를 병원에 두고 가라고? 죽을 때까지? 어찌할 바를 몰랐다. 결국 우리는 어떻게 할 것인지 집에 가서 결정하겠다고 그들에게 말했다. 그동안 크레이그는 그들 곁에 두기로 했다.

어떻게 차가 있는 곳까지 갔는지 모르겠다. 남편이 어떻게 운전대를 단단히 붙잡고서 시카고의 미로 같은 도로와 자동차들을 뚫고 집으로 향하는 고속도로를 다시 타게 되었는지 나는 모른다. 마치 길고 어스레한 악몽을 꾸고 있는 듯해서, 꿈속에서는 각자 괴로워서 소리 지르고 있지만 입 밖으로는 찍소리도 내지 못하는 것과 같았다.

나는 시어머니와 자동차 뒷좌석에 앉아서 인도를 청하는 온갖 기도를 생각나는 대로 하느님께 바치고 있었다. 눈을 꼭 감고 두 손을 깍지 끼고 기도하며 고통과 눈물로 얼굴을 온통 일그러뜨린 채, 어찌해야 할지 알려 주십사 하느님께 애원했다. 무엇인가가 눈을 뜨고 위를 보라고 내게 말했다. 하늘을 올려다보았다. 작고 흰 구름 하나가 완벽한 화살표 모양을 만들었다. 마치 칼로 새긴 것처럼 곧고 뾰족했다. 화살은 뒤쪽 시카고를 가리키고 있었다. 나는 몇 초간 그 화살표를 응시하며 의미를 알아내려 했다.

그리고는 남편에게 길 한쪽에 차를 대고 세우라고 말했다. 남편이 차를 세웠다. 나는 남편과 시부모님께 하늘을 올려다보라고 했다. 그 구름은 여전히 더할 나위 없이 선명했고 화살표 모양이었다. 그 화살은 뒤쪽 시카고를 가리키고 있었다. 우리는 그 구름을 쳐다보았고 서로를 쳐다보았다. 우리는 모두 이것이 하느님의 표징임을 알았다. 의문의 여지가 없었다. 크레이그가 일 년밖에 못 산다면, 하느님은 우리가 아들을 집에 데리고 있으면서 아낌없이 사랑하고 보살피기를 원하신 것이다. 우리가 그렇게 결정한 순간 그 구름은 사라졌다.

남편은 눈물을 흘리면서도 희망을 품고 차를 돌렸다. 의사들은 우리를 보자 언짢아했다. 우리가 아들의 짐을 꾸려서 다시 집으로 데려가려 하자 의사들은 불쾌해했다. 집이야말로 아이가 부모와 할머니, 할아버지, 사랑하는 가족에게서 온갖 정성을 다해 사랑받고 보살핌 받을 곳이었다.

우리는 집으로 왔고, 크레이그는 집에서 그 해와 다음 해, 또 그 다음 해가 지나 열네 살 생일을 맞을 때까지 살았다. 수월하지 않은 세월이었지만 크레이그는 투덜거린 적이 없다. 의사들은 아들이 정신적 손상을 입어 식물인간이 될 것이라고 했지만 아니었다. 아이는 매우 영리해서 돌 무렵에는 문장을 만들어 말을 했다. 그리고 일곱 살 무렵에는 자기에게 기도를 청하는 사람들을 위해 기도했고, 많은 기도가 응답받았다.

크레이그는 믿기지 않을 만큼 하느님께 가까웠다. 아들이 여섯 살 때 카리타스 수녀님이 첫영성체를 준비시키러 오신 적이 있다. 수녀님은 크레이그와 같이 있을 때만큼 그리스도께 가까이 있다고 느낀 적이 없다고 우리에게 말씀하셨다. 크레이그가 꾸준히 많은 이들에게 영향을 주었기에, 사람들은 그에게 와서 특별한 관심을 부탁했다. 아들은 휠체어에 얽매여 있었지만 정신적으로나 영적으로는 얽매여 있지 않았다.

아들의 장례식에서 블래키 몬시뇰은 아름다운 추도사 끝에 이렇게 말씀하셨다. "크레이그는 하늘나라로 가는 제트기였습니다. 그를 위해 기도하지 마시고 그에게 기도하십시오." 우리는 정말 그렇다는 것을 알았다. 완벽한 화살표 구름이 시카고로 되돌아가라고 우리에게 가리켰듯이 크레이그는 하느님의 품 안으로 곧장 빠르게 날아갔다.

| 일리노이 몰린에서 엘리노어 T. 웨이애트

+ 우리의 문제는 기도가 수학의 대수 이론이나 자동차 정비 기술을 숙달하듯이 숙달해야 하는 것이라고 여긴다는 점이다. 그런 생각대로라면 우리는 '꼭대기'에서 능력을 발휘하며 주도권을 잡아야 한다. 하지만 기도할 때 우리는 '바닥으로' 내려와서, 가만히 신중하게 주도권을 내어 주고 무능한 사람이 된다. … 사실 우리는 누구나 이타적이면서도 이기적이고, 자비로우면서도 증오하며, 사랑하면서도 쓰라린, 복잡하게 얽혀 있는 동기로 기도한다. 솔직히 영원의 이편에서 우리는 결코 선과 악, 순수와 불순을 분간해 내지 못한다. 그런데 하느님께서는 이렇듯 뒤죽박죽인 우리를 받아들이실 만큼 크신 분이다. 그것이 은총의 의미이다. 우리는 은총으로 구원받을 뿐만 아니라 은총으로 산다. 우리가 기도하는 것도 은총 덕이다. 〈리처드 J. 포스터〉

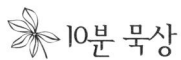 10분 묵상

햇살 좋은 따스한 날, 아름다운 정원에 있다고 상상해 보십시오. 새들이 지저귀고 벌이 이 꽃 저 꽃으로 윙윙거리고 날아다니며, 근처의 개울은 졸졸거리며 흐릅니다.

이 정원에는 의자가 둘 있는데, 비어 있군요. 당신은 그쪽으로 걸어가 한 의자에 앉습니다.

잠시 후에 당신은 예수님께서 오셔서 나머지 의자에 앉으시리라는 것을 알게 됩니다.

오늘 당신은 예수님이 먼저 말씀하시게 해 드릴 것입니다. 그분이 무슨 말씀을 하실지 당신은 모릅니다. 어쩌면 그분은 아무 말씀도 않으시고 그저 당신 곁에 조용히 앉아 있는 것으로 만족하실 수도 있습니다. 당신은 조용히 앉아 기다립니다.

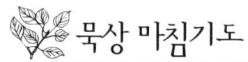
묵상 마침기도

사랑하는 예수님,

때로는 믿기 힘듭니다.

당신이 진정

제게 하실 말씀이 있다는 것을.

당신이 진정

저와 함께 시간을 보내고자 하신다는 것도.

때로는 믿기 힘듭니다.

당신이 진정

저를 사랑하시며,

제가 저 자신을 사랑하지 않는 날에

저를 더욱 사랑하신다는 것을.

예수님, 당신의 사랑에

제가 열려 있도록 도와주십시오.

아멘.

아낌없는 봉헌

몇 해 전, 스물다섯 살이던 아들이 대단히 심각한 4기 암 진단을 받았다. 진단받기 전부터 몹시 허약하고 말랐던 탓에, 화학치료를 받기 시작할 무렵 아들의 상태는 비관적이었다. 아들이 결혼한 지 고작 6개월 되었을 때 이런 일이 생겼기에, 며느리는 제정신이 아니었다. 우리는 의사들이 슬기롭게 올바른 처방을 내리기를, 또 그 처방이 아들의 몸에 잘 듣기를 매일같이 기도했다.

12개월가량 지나자 아들의 증상이 완화되어 몹시 감사했다. 아들 부부는 콜로라도 주에 있는 산속으로 이사했다. 아들은 늘 눈이 많은 지방에서 살고 싶어했는데, 암이 그 일을 실행에 옮기도록 재촉한 것이다. 유감스럽게도 아들은 엉덩이 쪽에 암이 재발했고, 일 년 남짓 더 많은 치료를 받았다. 이번에도 아들은 증상이 완화되었지만, 암은 맹렬한 기세로 다시 재발했다. 우리에게 당장 콜로라도로 오라는 연락이 온 적도 몇 번 있었다. 아들이 며칠 더 못 산다고 여겼기 때문이다.

덴버에서 아들의 침대 곁에 앉아 있는데, 의사가 아들과 우리를 번갈아 보더니 말했다. "지금 투입하려는 화학치료제 링거액은 증세를 호전시킬 수도 있지만 오히려 악화시킬 수도 있는 약입니다. 하지만 저로서는 다른 대안이 없군요."

아들이 앞서 두 차례에 걸쳐 암과 전쟁을 치르는 동안, 역시 암과 싸우고 있는 신부님 한 분이 우리 신부님과 함께 사제관에 임시로 머물고 계셨다. 그분은 암이 점차 악화되자 우리 본당을 떠나 캘리포니아에 있는 은퇴 시설로 가셔야 했다. 나는 매주 그분께 어떻게 지내시는지 안부 전화를 드렸는데, 그때마다 그분은 이렇게 말씀하시곤 했다. "저는 자매님 아드님의 치유를 위해 제 고통을 봉헌하고 있습니다. 아드님은 젊지만 저는 그렇지 않지요." 그분을 생각하면 나는 마음이 아팠고, 그분이 정말 진심으로 봉헌하고 계시다는 것을 알았기에 더할 나위 없이 고마웠다. 이 특별한 신부님은 그 시설에 있는 모든 분은 물론 인도에 있는 가족에게까지 이런 봉헌을 하고 있다는 것을 알렸다. 아들은 암과 싸우기를 계속했고, 희망이 아주 희미해 보일 때도 있었지만 우리는 기도를 계속했다. 마음 한 편으로 나는 늘 신부님의 봉헌을 기억하고 있었다.

아주 여러 달이 지난 후 어느 날 아침, 나는 아들에게서 "엄마, 암이 완치되었어요!" 하는 전화를 받았다. 내 마음은 다시 한 번 기쁨으로 뛰었다. 그 다음 날 본당 신부님이 내게 전화하셔서, 사랑하는 친구 신부님이 시력까지 잃는 극심한 고통을 여러 달 받으신 끝에 그날 아침 돌아가셨다는 소식을 전했다.

나는 그 신부님의 봉헌을 하느님께서 기쁘게 받아 주셨을 것이라고 진심으로 믿는다. 6년이 지난 지금 아들은 여전히 건강하니, 하느님은 찬양받으소서! 나는 우리 아들의 치유를 위해 고통도 달게 받으신 이 신부님께 날마다 감사한다. 하느님은 그분의 봉헌에 응답하셨다. 고통의 기도가 지닌 힘을 과소평가하지 말기를!

| 텍사스 템플에서 조 앤 메이슨

+ 　하늘나라에는 아무도 감히 청하지 못한 기도에 대한 응답들이 가득하다.
〈빌리 그레이엄〉

+ 　기도할 시간을 내어라. "승객과 화물을 가득 실은 기차는 아무리 바빠도 멈춰서 연료를 채우는 법이다. 조차장(操車場)이 아무리 혼잡하더라도, 일정이 아무리 빠듯하더라도, 승무원이 신경 쓸 일이 아무리 많더라도, 기차는 언제나 연료를 채우기 위해 멈춘다." 〈M. E. 안드로스〉

언니와 마더 테레사

　　　조앤 언니와 나는 평생 가깝게 지내는 사이였다. 우리는 다섯 형제 중 가장 손위였고 나이는 물론 기질도 비슷했기에 깊은 우애를 쌓아 나갔다. 어른이 되어 서로 나라 반대편에 살아도 우리의 우애는 지속되었다. 조앤 언니와 형부, 열두 명의 아이들은 남부 캘리포니아에 살고, 우리 가족은 북동부 플로리다에 자리 잡고 있었다. 우리는 시간과 재정, 집안 사정이 허락하는 한 자주 서로를 방문했다.

　우리가 함께 지낸 귀한 시간 중 하나로, 2주 동안 캘리포니아의 여러 관광지를 돌아다니며 정신없이 보낸 때가 있다. 나는 성인이 되었거나 거의 성년에 이른 조카들도 포함해서 여러 조카들과 함께 다니는 즐거움에 행복했다. 우리는 서로의 삶과 꿈, 포부를 듣고 들려주며 여러 시간을 보냈다. 그러다 보니 금세 시간이 다 지났고, 다시 일상생활과 맡은 일로 돌아갔다. 함께 지내는 동안 재앙이 숨어 있다는 생각은 털끝만큼도 못했다.

집에 돌아온 지 일주일 정도 되었을 때, 나는 내 대녀이기도 한 조카 레베카에게서 온 다급한 전화를 받았다. "엄마가 방금 병원으로 가셨는데 몹시 편찮으세요!" 레베카가 조앤 언니에게 나타난 증상을 설명하는 동안 나는 충격에 빠졌다. 레베카는 흉부울혈과 기침에 대해 뭐라고 얘기하면서 언니가 숨 쉬기 힘들어한다고 했다. 우리가 통화하는 동안 형부가 언니를 병원에 데려가는 중이라고도 말했다.

나중에야 알았지만 언니는 그날 밤 잠들 수 없었고 누워 있을 수도 없었는데, 가족들을 불편하게 하지 않으려고 아침이 올 때까지 기도하고 기다리면서 되도록 침착하게 있었다는 것이다. 언니는 그런 사람이었다. 힐튼 형부는 늘 아침 일찍 일어나는 사람이어서, 잠에서 깨자 당장 언니의 상태를 알아챘다. 형부가 가장 먼저 한 말은 "병원에 갈까?"였다. 언니는 너무 기운이 없어서 간신히 고개만 끄덕였다. 형부는 즉시 언니를 데리고 문을 열었을 만한 가장 가까운 응급 센터로 갔다.

언니는 신속히 진찰받고 피를 뽑았으며, 산소가 주입되고 응급 약물이 정맥 혈관에 주사되었다. 검사 결과가 금세 나왔는데, 혈중 산소치가 0에 가깝다고 나타났다. 의사는 당장 가장 가까운 병원에 입원 허가를 구하는 전화를 했고, 그동안 다른 의료진은 생명유지 장치가 완비된 구급차를 불렀다. 환자를 자기네 시설로 보내라고 요구하는 보험회사와 통상적인 실랑이가 벌어졌다. 의사가 단호히 말했다. "환자는 당신네 시설로 갈 때까지 살아 있지 못합니다. 되도록 빨리 가장 가까운 시설로 보내야 해요." 의사가 전화를 끊을 때 조앤 언니는 구급차로 옮겨지고 있었다.

언니는 병원 응급실에서 최대한 안정을 찾은 다음 중환자실로 이송되었다. 형부가 동의서를 작성하는 동안 나머지 가족이 언니 곁에 모였다. 곧이어 이웃들이 소식을 듣고 왔으며, 친구들과 성당 교우들도 많이 왔다. 병원 복도는 언니를 걱정하며 기도하는 사람들로 넘쳐 났다.

조앤 언니는 자신이 생사의 기로에서 씨름하고 있다는 것을 잘 알고 있었다. 병원 의료진의 처치로도 언니의 상태는 호전되지 않는 듯 보였고, 언니는 계속 숨 쉬기 힘들어했다. 그날이 다 지나고 밤이 되어서도 아무 변화가 없었다. 언니가 좋아하던 신부님 한 분이 오셔서 잠시 계시면서 언니에게 성유를 바르며 병자성사를 주었다. 그분의 사려 깊은 인품은 언니에게 계속 싸울 영적 기운을 주었다. 그분은 상당한 시간을 들여 오랫동안 알고 지낸 언니 가족을 위로했다. 그래도 정작 자신의 걱정과 염려를 감출 수는 없었다.

잠 못 이루는 긴 밤이 지나고, 이른 아침 병상을 돌던 원목사제는 다시 한 번 조앤 언니에게 성유를 바르며 병자성사를 주었다. 병자성사는 예전에 종부성사로 알려진 것이다. 그래도 아무 변화가 없었고, 언니는 오전 내내 숨 쉴 때마다 힘겨워했다. 정오에는 언니 가족을 여러 해 동안 알고 지낸 다른 신부님이 오셨고, 언니는 세 번째로 병자성사를 받았다.

나는 수천 킬로미터 밖에서 한 번도 기도한 적이 없는 사람처럼 기도했다. 거실 바닥에 무릎을 꿇고, 늘 그랬듯이 하느님께서 바로 내 앞에 계신 것처럼 기도했다. 울면서 언니가 없는 것은 상상할 수 없다고 그분께 말씀드렸다. 설사 그것이 그분의 뜻이더라도 부디 언니를 살려 주시어 나에게서 앗아가지 말아 달라고 간청하고 애걸했다. 나는 "너희가 내 이름으로 청하면 내가 다 이루어 주겠다."고 하신 약속에 기대를 걸었다. 나는 눈물을 흘리며 이 말씀에 매달렸고, 이 말씀을 염두에 두고서 하느님과 대화를 계속하면서 언니의 상태에 대한 후속 소식을 기다렸다.

저녁식사 무렵이 되자 조앤 언니는 기운이 다 빠진 나머지 포기할 지경에 이르렀다. 언니는 하느님께서 언니에게 원하시는 것이 무엇이든, 설사 언니의 목숨을 거두시는 것이라 해도 받아들이게 해 달라고 기도했다. 언니는 전적으로 순명하며 두 눈을 감았다. 그때 마더 데레사의 모습이 언니의 머리에 떠올랐고, 언니는 정신적으로 그것에 매달리면서 마지막 남은 육신의 힘을 다해 기도했다. "수녀님, 당신의 마지막 말씀은 '숨을 못 쉬겠다.'는 것이었지요. 수녀님, 제가 숨을 못 쉬겠으니, 도와주십시오!" 순식간에 언니의 숨이 느리고 깊은 자연스러운 주기로 바뀌었다.

그날 밤 전화했을 때 나는 언니가 회복되었다는 것을 이미 알고 있었다. 마음이 평화로워지며 언니가 무사할 것이라는 예감이 들었기 때문이다. 나중에 언니 가족이 사실을 확인해 주었다. 나는 기도를 계속했지만, 이제는 사랑하는 언니를 내게 돌려주신 데

대한 찬양과 감사의 기도였다.

나중에 조앤 언니는 우리에게 고통을 겪는 와중에도 사방에서 수천 명이 기도드리는 것을 느낄 수 있었다고 말했다. 펜실베이니아, 애리조나, 오하이오, 플로리다 등등, 성 루카 성당 기도 모임의 연락이 닿아서 공동청원 안에 한마음이 될 수 있는 곳이면 어디에서건 그 기도는 계속되었다.

조앤 언니는 이제 더는 혼자 힘으로 숨 쉴 수 없겠구나 생각해서 마더 데레사께 도와주십사 전구를 청했더니, 그 순간 누군가 부드러운 손을 언니의 가슴에 얹어서 허파가 제 구실을 하게 해주었다고 말했다. 언니는 온몸의 기운이 다 빠져서 자신이 할 수 있는 일이 아무것도 없다는 것을 알았기에, 완전히 포기한 채 "도와주세요!"라고 기도하는 수밖에 없었다.

하느님의 은총으로 언니는 목숨을 구했다. 조앤 언니와 나는 그 이후 복되게도 특별한 시간을 함께 보냈고, 기도의 힘과 두 번째 기회의 소중함을 절감하고 있다. 우리는 무엇보다도 우리가 자비와 사랑을 통해 하느님의 놀라우신 손길을 받았음을 알고 있다.

| 플로리다 오렌지파크에서 메리 L. 파머

+ 기도하면서 우리는 하느님께 그분 자신에 대해(찬양), 또는 그분의 선물에 대해(감사), 또는 다른 사람들에 대해(전구), 또는 우리의 죄에 대해(고해와 참회), 또는 우리의 필요에 대해(청원) 말씀드려야 한다. 기도는 다섯 손가락을 지녔는데, 각 손가락이 번갈아 가며 하느님을 향하고 있어야 우리의 기도가 충만하고

완전해진다. 〈F. W. 케이츠〉

+ 당신이 기도를 많이 할수록 기도는 쉬워진다. 기도가 쉬워질수록 당신은 더 많이 기도할 것이다. 〈콜카타의 복녀 데레사〉

성령을 잊지 말자

내 나이 20대 후반과 30대 초반에, 나는 근처의 대학에서 시간제로 학생들을 가르쳤다. 내 수업은 남편이 네 명의 어린 자녀를 돌보아 줄 수 있는 늦은 오후에 있었다. 아이들 걱정은 없었지만 정신적으로나 정서적으로 벅찬 나는, 복잡하고 세속적인 환경에서 너무 많은 시간을 보내는 것이 점점 불편해지고 있었다. 차에서 내리기 전 기도를 하고 교정을 걸어가는데도 평화로운 마음은 오래가지 못했고, 교정에 발이 닿기만 하면 하느님을 기억하는 것조차 어렵다는 것을 알았다.

가을 학기 초반 어느 토요일에 나는 동네 성당으로 갔다. 거기 신부님께 영적 지도를 받을 수 있을 거라고 생각했던 것이다. 줄을 서서 기다린 끝에 방에 들어갔더니 그레이스 신부님이 탁자 앞에 앉아 계셨다. 신부님은 맞은편에 앉으라는 손짓을 하셨고, 나는 근심을 털어놓기 시작했다. 나는 근무시간 중에 주님을 떠올릴 수 없어 얼마나 슬픈지, 넓은 교정을 가로질러 걷고 가르치는 동안 혼자라고 느껴 얼마나 맥 빠지는지, 또 하느님에 대해 잠시나

마 생각하더라도 어떤 학생이 내 눈길을 끌거나 잡담하는 순간 하느님 생각이 어떻게 싹 달아나 버렸는지를 그분께 말했다. 나는 내 학생들이 교수의 신앙심 결여로 괴롭고 내 아이들이 내가 집에서까지 마음의 평화를 잃은 탓에 괴롭다는 것을 알고 있었다.

그레이스 신부님은 참을성 있게 듣고 나서 몇 가지 조언을 해주셨는데, 그것이 내 삶을 완전히 바꾸어 놓았다. 신부님은 성령께 바치는 기도를 하나 골라서 외운 다음 날마다 그 기도를 바치라고 내게 말했다. 사람들은 복되신 삼위 중 세 번째 위격이신 성령을 잊을 때가 많다는 게 그분의 말씀이었다. 사람들이 성령을 모르는 탓에 기도할 때나 살아가면서 성령을 공경하지 않는다고 신부님은 생각했다. 그분은 어떤 기도를 하느냐가 중요한 게 아니라 매일 아침 사랑을 담아 헌신적으로 성령을 공경하는 것이 중요하다고 말했다.

나는 집으로 가서 기도를 하나 골라 외우기 시작했다. 월요일 아침이 돌아오자, 나는 아침기도를 드리면서 성령께 드리는 새 기도를 덧붙였다. 그날 학교 주차장에 차를 주차하고 시동을 끈 다음, 눈을 감고 마음을 모아 성령께 기도했다. 그 순간 하느님의 현존을 강하게 느꼈다. 하느님께서 때때로 은총을 내리시어 사람들에게 힘을 북돋아 주신다는 것을 알고 있었지만, 교정을 걷고 가르치며 학생들과 이야기하고 다시 차로 돌아오는 동안 그 느낌이 사라지지 않자 놀랐다. 하느님의 찬란하신 현존으로 힘을 얻자 학생들을 가르치고 상담하기가 얼마나 쉽던지. 나는 날마다 성령께 기도하기를 계속했다. 그해 나머지 기간에 나는 대학 교정을 걸을 때마다 하느님의 현존을 강하게 느꼈다. 하느님의 현존이 어찌나 강렬했는지, 나는 애쓰지 않아도 하느님에 대해 깊이 생각하면서 동시에 교수로서 해야 할 책무를 다할 수 있었다. 또한 집에서 아이들과 있을 때에도 평화로운 마음을 유지할 수 있었고 다른 이들에게, 특히 학생들에게 더 훌륭한 신앙의 증거자 역할을 했다고 생각한다. 학생들이 종종 수업 후에 내게 다가와 내 종교에 대해 질문을 하곤 했던 것이다.

내 기도 체험은 세상을 뒤흔든 대단한 것은 아니어도 영혼을 뒤흔든 체험이었다. 하느님에 대한 내 믿음과 성당에서 배운 진리는 굳건해졌다. 기도 생활이 깊어짐에 따라 나는 성경과 성인전 읽기를 점점 더 좋아하게 되었다. 나는 또한 아내와 어머니로서의 내 소명을 더욱 사랑하게 되어 지금은 집에 있으면서 온종일 아이들을 돌본다. 나는 아직도 하느님의 현존 안에 머물러 있으려고 노력해야 하지만 성령께서 내게 주신 은사에 감사하며, 다른 이들도 그들의 삶 속에서 성령을 공경하기를 기도한다.

| 뉴욕 빙엄턴에서 익명의 독자

+ 여러분은 늘 성령 안에서 온갖 기도와 간구를 올려 간청하십시오. 그렇게 할 수 있도록 인내를 다하고 모든 성도들을 위하여 간구하며 늘 깨어 있으십시오. 〈에페 6,18〉

조시 수녀님,
고맙습니다

여러 해 전 내 인생에 크나큰 영향을 미친 여성을 만나는 특권을 누렸다. 그분은 성삼위 전교회 아기 예수의 조세파 맥너트 수녀님이었다. 수녀님은 앨라배마에 있는 성삼위 피정의 집에 상주하며 활동했다. 이 훌륭한 수녀님은 삶에 대한 사랑과 다른 이들에 대한 사랑으로 충만한 분이어서 보고 있으면 경이로웠다. 수녀님 곁에 있기만 해도 영성이 고취되었다. 조세파 수녀님은 결국 내 영적 조언자가 되었다. 나는 한 달에 한 번 수녀님을 만났고 수녀님을 몹시 좋아하게 되었다.

그 후 몇 해 동안 조세파 수녀님은 내가 어려운 시기를 헤쳐 나가게 도와주셨고 행복한 때에는 함께 기뻐해 주셨다. 수녀님의 존재와 인도는 내 삶의 중요한 부분이 되었다. 수녀님이 격려해 주시면 나는 무엇이든 할 수 있을 것 같아서, 얼마 후에는 전교사도회의 평신도 회원이 되기로 결심했다.

어느 날 교외로 나갔다가 집에 돌아와 보니 자동응답기의 불이 깜박이며 어마어마한 수의 메시지가 있다는 것을 알리고 있었다. 재생 버튼을 눌러보니 메시지는 온통 전교회와 관계있는 사람들이 자기에게 전화해 달라는 내용이었다! 좋은 일일 리가 없다는 것을 직감했다. 전화를 걸어 답하기 전에 이메일을 확인했다. 사랑하는 조세파 수녀님이 자동차 사고로 돌아가셨다는 비극적인 소식을 읽었다. 통나무를 가득 실은 큰 트럭이 피정의 집 근처 도로로 돌아 나오는 수녀님의 차와 맞부딪쳤고 수녀님은 즉사했다.

사랑하는 친구의 죽음을 애도하던 나는 기도를 통해 수녀님의 도움을 계속 받을 수 있으리라는 것을 알았다. 나는 조세파 수녀님께 나와 내 가족을 위해 하느님께 전구해 주기를 청했고, 나 자신을 수녀님의 보호 하에 두고서 수녀님이 하늘나라에 계시면서도 어떻게든 계속 나를 인도해 주기를 청했다. 그렇지만 수녀님이 어떻게 그 일을 해내실지는 잘 몰랐다!

수녀님이 돌아가시고 일 년이 채 안 된 어느 날, 나는 동네 가게의 주차장에서 운전 중이었다. 주차장은 신호등이 있는 교차로를 거쳐 간선고속도로로 나가게 되어 있었다. 생각에 잠겨 있던 나는 신호등이 초록불로 바뀌자마자 좌우를 살피지도 않고 교차로로 진입했다. 불현듯 나는 어깨 왼쪽에 뭔가가 있는 것이 느껴졌으며 마음속에서 누가 말하는 목소리를 들었다. '멈춰 봐요! 멈춰 봐요!' 고개를 왼쪽으로 돌렸다. 재목을 잔뜩 실은 커다란 트럭 두 대가 빨간불인데도 달려오고 있었다. 심장이 멎을 것 같은 공포를 느끼며 브레이크를 밟았다. 아슬아슬하게 충돌을 면했다.

그런데 이상한 점은 그 당시 내가 그 일을 아무렇지도 않게 생각했다는 것이다. 나는 고속도로로 나와서 세상에서 가장 자연스러운 일인 양 큰 소리로, "고맙습니다. 조시 수녀님." 하고 말했다. 길을 따라 조금 더 멀리 가고 나서야 나는 그 일을 온전히 깨닫게 되었다. 그 목소리에 귀를 기울이지 않았더라면 나는 분명 죽었을 것이다. 조세파 수녀님은 여전히 활동 중이시다.

| 앨라배마 데이드빌에서 에밀리 A. 휘틀리

\+   그리스도에게 마음을 빼앗기십시오. 그분은 눈으로 보아서 본받을 수 있는 모습으로 여러분 가운데에 나타나신 무한한 존재이십니다. 예수 그리스도와 사랑에 빠져 그분이 사신 대로 사십시오. 그리하여 이 세상이 복음의 빛 안에서 생기를 지니게 하십시오. 〈교황 요한 바오로 2세〉

\+   날마다 하느님을 알현하며 보내는 시간이 하루 중 가장 귀중한 때이다.
〈콜카타의 복녀 데레사〉

삶이 바뀌는 경험

　　　　　암흑 속에서 22년을 살아온 내가 기도의 힘으로 자유를 얻게 된 경위를 털어놓으려 한다. 나는 여러 해 동안 마약과 술을 남용한데다 몹시도 무분별한 삶을 영위한 탓에, 1997년 1월 죽음에 내몰렸다. 그때는 깨닫지 못했지만 이 어려운 힘든 시기에도 하느님께서는 결코 나에게서 멀리 계시지 않았다. 나는 기도하며 하느님께 내 삶을 내어 드리고 싶은 걷잡을 수 없는 충동에 불현듯 휩싸인 적이 여러 번 있었지만, 엄두가 나지 않았다. 기도할 말을 생각해 볼 엄두조차 내지 못했다. 내 마음과는 달리 내 안의 무언가가 나를 막는 것 같았다.

　더 이상 떨어질 수 없는 바닥으로 떨어진 어느 날, 내 결혼 생활은 엉망이었다. 남편은 도색물에 심하게 중독되어 있었고, 가계는 파탄 났으며, 큰 아이들은 끊임없이 경찰과 마찰을 일으키며 마약에 손댔다. 너무나 지긋지긋했고 이렇게 된 나 자신이 부끄러워 어느 날 아침 나는 무릎을 꿇고 자책과 회개로 흐느껴 울면서 그 모든 것을 하느님께 내어 드렸다. 그야말로 그분의 손에 그 모든 것을 맡겼더니, 바로 그 순간 어둠이 나에게서 떠나가는 듯했다.

삶이 바뀌는 그 체험 이후, 마약과 술을 하고 싶은 생각이 싹 사라졌다. 나는 단칼에 끊었고 어떤 식의 금단 증상이나 갈망으로 인한 괴로움을 겪지도 않았다. 유감스럽게도 그 결혼은 지속되지 못했지만, 나는 재혼해서 행복하게 살고 있으며 예전의 무분별한 행동을 되풀이하고 싶은 적이 단 한 번도 없음을 자랑스레 말할 수 있다.

기도로 인해 내 인생에서 그런 기적이 일어나 나는 몹시 행복하다. 우리에 대한 하느님의 자비와 사랑은 정말 믿을 수 없을 만큼 크다. 그 자비와 사랑 덕에 나는 암흑의 삶을 벗어나 하느님의 빛 안에 있게 되었다.

| 아칸소 메나에서 도나 L. 스키퍼

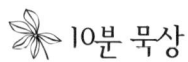 10분 묵상

지금이 이른 아침이라고 상상해 보세요. 태양이 이제 막 지평선 너머로 떠오르고 있습니다. 새 한 마리가 지저귀기 시작합니다. 정원 안 특별한 장소로 간 당신은 깜짝 놀랍니다. 벌써 의자에 앉아서 당신을 기다리는 분이 있군요.

바로 예수님이십니다. 예수님은 빙그레 웃으시면서 당신이 그분께 얼마나 큰 의미가 있는지를 알려 주고 싶어하십니다. 그분이 당신에게 걸고 있는 특별한 희망과 꿈에 대해 알려 주고 싶은 것입니다.

당신이 지금껏 그분에게서 얼마나 멀리 있었는지는 상관없습니다. 당신이 그분께 말하는 법이나 그분 현존 안에 머무는 법을 몰라도 상관없습니다. 예수님은 그런 것에 개의치 않으십니다. 그분은 그저 당신이 그분께 얼마나 특별한 사람인가 하는 멋진 사실을 당신에게 말해 주고 싶은 것입니다. 예수님은 그분이 당신을 지금의 당신이 되게 창조하셨다는 것, 당신이 온전히 아버지의 손길 안에 있으면서 사랑받는 아주 특별한 존재라는 것을 알려 주고자 하십니다.

오늘은 당신을 위한 멋진 날입니다. 10분 동안 예수님께서 당신을 보며 빙그레 웃으시게 해 드리세요.

묵상 마침기도

예수님,
저를 사랑하신다니 믿기지 않습니다.
고맙습니다.
당신의 사랑을 받아들이고 싶습니다.
저를 향한 당신의 사랑을
생각하고 아는 가운데
평화를 얻는 길을 보여 주십시오.
모든 일이 잘될 것입니다.
아멘.

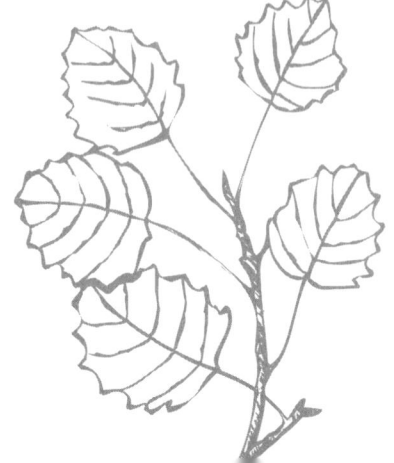

무엇을 더
기다리느냐?

친구 사라와 나는 여러 가지 지향을 두고 날마다 묵주기도를 꼬박꼬박 바쳐 왔다. 그런데 이상하게도 우리 자신이나 가족을 위해 기도한 적은 거의 없었다. 사라의 딸은 여러 해 전 개신교 신자와 결혼했는데, 결혼 당시 이 문제를 두고 모녀간에는 크나큰 의견 차이가 생겼다. 사라는 딸이 성당에서 결혼할 수 없는 이유를 이해할 수 없었지만 사위가 될 사람은 가톨릭 신자가 되려고 하지 않았고, 많은 논의와 팽팽한 긴장 끝에 결국 딸이 라스베이거스에서 결혼식을 올리기로 결정하여 상황은 일단락되었다.

여러 해가 흘렀다. 친구와 나의 신앙심은 날마다 묵주기도를 바치면서 계속 자라났다. 어느 날 밤 친구는, 좀 전에 말한 딸에게서 얻은 손자들이 자신의 침대 기둥에 걸려 있던 묵주를 꺼내어 만지작거렸다고 말하면서 개구쟁이처럼 좋아했다. 사라는 손자들에게 묵주를 사 주어야 할지, 아니면 이런 행동이 분란을 일으킬지 나에게 물었다. 나는 잠시 생각해 보고는, 사라가 손자들 각자에게 줄 묵주를 사되 그 묵주를 사라의 집에 두라고 제안했다. 그러는 편이 양쪽 모두에게 가장 좋은 길일 듯했다.

어느 날 밤 사라는 손자들이 신앙의 울타리 밖에서 양육되는데다가 설상가상 이제는 교회에 가는 것조차 그만두어서 정말 괴롭다고 말했다. 아직 묵주기도를 바치기 전이었기에, 나는 우리가 그들의 회개를 위해 기도해야 한다고 말했다. 성모님의 손길에 맡기자는 것이다.

　나는 최근에 고비 신부님이 쓴, 『성모님의 사랑하는 아들인 사제들에게To the Priests, Our Lady's Beloved Sons』라는 책을 받았다. 그 책에는 많은 어머니들이 자녀가 교회에서 멀어지는 것을 걱정한다는 구절이 있었다. 어머니들은 어떻게 해야 할지 성모님께 여쭈어 달라고 고비 신부님께 부탁했다. 성모님이 고비 신부에게 응답하신 말씀은, 어머니들이 매일 묵주기도를 바치면서 "이 묵주로 제 자녀를 티 없이 깨끗하신 성모 성심께 동여매니 그들을 인도하고 보호해 주십시오."라고 말해야 한다는 것이었다. 성모님은 그들이 회개하게 조치하겠다고 고비 신부에게 약속하셨다.

　그래서 나는 친구에게 말했다. "오늘밤 그들의 회개를 위해 묵주기도를 바치면서 복되신 어머니께서 알려 주신 말씀대로 기도하자!" 사라도 좋은 생각이라고 생각했고 우리는 그렇게 기도했다. 바로 그 다음 날 아침, 사라의 딸이 몹시 격앙되어 전화했다. 자녀를 집 근처 학교가 아닌 다른 학교에 보내는 것에 대해 앞으로는 매우 엄격해질 것이라고 교육청에서 공표한 상태였다. 사라의 딸은 집 근처 학교가 지금 아이들이 다니는 학교만 못하다고 생각했기에 아이들을 가톨릭 학교에 보내기로 결정했다.

　우리는 몹시 들떴다! 벌써 효과가 나타나는구나! 우리는 매일의 묵주기도에 계속 이 특별한 지향을 두고, 늘 그들을 티 없이 깨끗하신 성모 성심에 동여매어 주시기를 청하는 특별 기도를 바쳤다. 사라의 세 손자가 새 학교에 다니기 시작했다. 두어 주 후에 사라의 딸이 다시 전화했다. 사라에게 큰 아이에게 줄 만한 여분의 묵주가 있는지 알고 싶어서였다. 큰 아이가 자기만 빼고 학교 친구들이 모두 묵주가 있다고 불평한다는 것이다! 물론 사라는 기꺼이 주마고 했다. 사라는 큰 아이뿐만 아니라 아이들 하나하나에게 묵주를 주었다(우리는 십자가의 성 요한이 말한 회심의 '영적 탐식' 단계를 겪고 있었기에, 매번 묵주기도 30단을 힘든 줄 모르고 바쳤다).

우리는 날마다 사라의 가족을 지향에 두고 그들이 티 없이 깨끗하신 성모 성심에 동여매어 있도록 꾸준히 묵주기도를 바쳤다. 얼마 지나지 않아 사라의 딸이 사라에게 아이들을 미사에 데려가 달라고 부탁했다. 딸과 사위는 그들이 다니던 교회에 나가 예배를 보는 것도 그만둔 지 오래되었기 때문이다. 또 하나의 난국이 복되신 성모님 덕에 타개되었다!

우리는 계속 기도했다. 곧 아이들이 첫영성체 문제를 꺼냈다. 약간의 논의 끝에, 손자들이 성당에서 성사를 받기로 했다. 알고 보니 그러려면 본당 사제의 인가 서신이 필요했다. 신부님은 인가를 받으려면 딸 부부가 제대 위 하느님 앞에서 혼인 서약을 거룩하게 해야 한다고 말했다. 사위는 처음에 그러겠다고 했지만, 시간이 가까워지자 딴 마음이 들기 시작했다. 그는 약속한 전날 밤까지도 줄곧 의혹을 품고 있었다. 그렇지만 결국에는 뜻을 굽혔고, 딸 부부는 그것이 그저 간단히 약식으로 혼인 서약을 교환하는 것이 아니라 정식 혼배미사여서 내 친구의 가족이 모두 참석한 것을 알고는 깜짝 놀랐다!

사라는 사위가 성당에서 혼인 서약을 주고받았다는 소식을 그의 가족들이 어떻게 받아들일지 모르기 때문에 그가 주저했다고 생각했다. 그런데 혼배미사를 올리고 이삼일 후에 그 어머니가 방문했다. 사위가 어머니에게 혼인 서약식에 대해 말했더니, 어머니는 개종을 생각하고 있느냐고 물었다. 사위가 머뭇거리며 "그럴 것 같아요."라고 대답했더니 어머니가 응수했다. "무엇을 더 기다리느냐?"

알고 보니 사위의 홀어머니는 가톨릭 신자인 멋진 신사와 만나고 있어서 그분과 함께 자주 미사에 참례하셨던 것이다. 그 후 사라의 사위는 서둘러 개종했다. 사실 그는 얼마나 마음이 급했는지 교리 수업을 들어야 한다는 것도 성가셔 할 정도였다.

| 텍사스 러레이도에서 토니 T. 텔란더

+ 우리가 기도해야 하는 가장 큰 이유는, 기도하면 기분이 좋아서 혹은 기도가 도움이 되어서가 아니라, 하느님이 우리를 사랑하시며 우리가 경청하기를 원하시기 때문이다. 〈헨리 나웬〉

+ 주님을 찬송함이 좋기도 합니다.
지극히 높으신 분이시여,
당신 이름에 찬미 노래 부름이 좋기도 합니다.
아침에는 당신의 자애를,
밤에는 당신의 성실을 알림이 좋기도 합니다. 〈시편 92,1-2〉

내 곁에
계시는 그분

내 질녀에게는 재커리와 코디라는 두 아들이 있었는데, 둘 다 산필리포 A형이라는 유전 질환으로 고생하다가 세상을 떴다. 이 질환을 앓는 이들은 기대 수명이 10대 초반에 불과하다. 1987년 3월 재커리는 열세 살에 접어들고 있었다. 동생인 코디는 여섯 살 어렸다. 아들들의 건강이 점차 쇠약해지는 것을 지켜보며 질녀는 심장을 쥐어짜는 듯 가슴 아팠고, 의학적으로 그들을 도울 길이 전혀 없다는 것을 알기에 더욱 마음 아팠다. 의학의 발달로도 이 질환을 치료할 가능성은 전혀 높아지지 않았다. 산필리포증후군은 대중의 관심을 많이 받은 질환이 아니었기에 치료를 위한 연구에 기금이 거의 할당되지 않았던 것이다.

1987년 3월 15일, 큰아들인 재커리를 위한 미사가 봉헌되었다. 그 전날이 재커리의 열세 번째 생일이었다. 10대에 들어섰다는 것은 죽음이 가까웠다는 경고임을 너무나 잘 알고 있었기에, 나는 재커리를 위한 미사를 준비하면서 그의 목숨을 살려 줄 기적을 희망하고 기도했다.

나는 브리지 매케나 수녀의 『기적은 일어난다Miracles Do Happen』를 읽었다. 그 책에서 브리지 수녀는 주님께 부탁을 드리기 가장 좋은 때는 영성체를 할 때라고 밝힌다. 나는 그날 성체를 영하고 자리에 돌아오자마자 무릎을 꿇고 청했다. "주님, 재커리를 치유해 주십시오." 그런 다음, 대부분의 사람들처럼 나는 주님께서 내게 어떻게 응답하실지 기다려 보아야 한다고 확신했다. 물론 당장 치유해 주시기를 바랐지만, 정말로 그럴 것이라고 기대하지는 않았다. 그런데 숨이 멎을 것 같은 일이 일어났다. "하지만 그는 내게 아주 가까이 있다. 네가 재커리에게서 그것을 앗아가려느냐?" 하는 아름다운 바리톤 음성을 들었던 것이다.

이는 주님께서 몸소 나에게 하시는 말씀이었다. 나는 숨을 깊이 들이쉬고 대답했다. "아니오, 그러지 않겠습니다. 하지만 코디는요?" 이번에는 아무 대답이 없었다. 나는 재커리가 우리 곁에 오래 있지 않을 것을 알았지만, 그를 주님 곁에 두겠다는 예수님의 보증을 받았다. 누군들 그 이상의 것을 청할 수 있었을까? 이 일은 20년도 더 전에 일어났지만 나에게는 어제 일어난 일만 같다. 아브라함의 하느님, 우주의 창조주, 십자가의 예수님께서 시간을 내어 잠시 나와 함께 보내신 일을 누가 잊을 수 있겠는가? 마음이 부풀어 오르는 동시에 겸허해지는 일이었다.

하느님이 계시다는 믿음을 한평생 굳게 지킨 사람들이 많지만, 하느님은 없다고 단정하는 사람들도 많다. 하느님께서 당신에게 말씀하시며 그분의 말씀이 확실할 때, 당신은 그분이 정말로 계시다는 것을 굳이 신앙의 힘으로 믿으려 할 필요가 없다. 당신은 그렇다는 것을 그냥 아는 것이다. 모든 사람이 그분의 현존을 체험할 수 있다면 얼마나 좋을까. 정말 다른 세상이 될 텐데.

기도는 결실을 맺을 수 있고 반드시 결실을 맺는다. 재커리의 경우 내 기도에 대한 응답은 즉각적이었다. 나는 다른 청이 있어 여러 해 동안 기도했지만 뚜렷한 응답을 받지 못했다. 그러나 주님께서 내 기도를 들으시고 그분의 방식으로 그분의 때에 응답하시리라는 것을 전혀 의심하지 않는다. 나는 참고 기다려야 하는 것이다.

| 인디애나 호바트에서 앤 M. 사보칙

+   말을 많이 하거나 거창하게 할 필요가 없다. 그저 "주님, 주님께서 가장 잘 아시니 제게 당신의 자비를 베풀어 주십시오."라거나, "하느님, 저를 도우러 와 주십시오."라고 자주 되뇌면 된다. 〈알렉산드리아의 성 마카리오〉

+   슬기로워라, 내 영혼아, 오로지 하느님을 신뢰하고 오로지 그분께 매달리며 오로지 그분께 네 모든 근심을 내어 드려라. 〈성 로베르토 벨라르미노〉

톰의 약속

이 이야기는 아들 톰에 관한 것이다. 나는 여러 해 동안 톰을 위해 기도했다. 톰은 늘 훌륭하고 행복한 아이였지만, 아이가 아홉 살 때 우리 부부는 결혼 생활을 끝내기로 결정했다. 우리의 이혼은 톰에게 깊은 영향을 미쳤다. 어렵게 한 이혼이었고 톰에게 깊은 상처와 아픔이 된 이혼이었다. 톰은 여전히 외향적이고 학교에서 인기가 있었지만, 내면에는 많은 아픔을 지니고 있음이 분명했다.

술이 그의 친구이자 의지처가 되었다. 톰은 고등학교에 진학했고, 스무 살이 못 되어 처음으로 체포되었는데 음주 운전 탓이었다. 아들은 계속 술을 마셨고 점점 더 많은 말썽을 일으켰다. 그 뒤 10년 동안 톰은 법원의 명령으로 교정 시설에 세 번 보내졌고, 그 가운데에는 주정부의 병영훈련 교정과정도 있었다. 성인이 되어서도 음주 운전으로 세 번 더 체포되었다. 톰은 일단 술을 한 모금 입에 대면 정신을 잃을 때까지 멈출 수가 없다고 말했다. 톰은 결국 살고 있던 주의 연방 교도소로 이송되었다.

이 기간 동안 내내 나는 하느님과 함께하는 길을 걸었다. 이 여정에서 나는 여러 교회와 예배 장소를 돌아다녔다. 이혼 후 나는 로스앤젤레스 지역으로 이사해서 가톨릭 학교인 캘리포니아 주 파라마운트에 있는 묵주기도의 성모 학교에서 학생들을 가르쳤다. 나는 사촌들과 성당에 다녔고, 수녀님들이 입교하라고 늘 권했지만 결심이 서지 않았다.

얼마 후 나는 캘리포니아 주의 프레즈노로 이사 와 공립학교에서 일하게 되었다. 그곳의 한 친구가 성 안토니오 성당에 예비신자 교육과정에 대해 문의해 보라고 권했다. 최종적으로 성령께 힘입어 결국 전화를 걸었다. 나는 곧 성 안토니오 성당에서 교육을 받기 시작했고 부활절에는 세례를 받았다. 얼마 후 성 안토니오 성당에서 예비신자 교육을 하신 분이 우리 소모임을 이끌고 미사에 참례하게 했다. 나는 강론 시간에 성 안토니오가 일생 동안 행한 놀라운 기적들에 대해 들었다.

강론에 몹시 감동받은 나는 아들을 위한 내 기도를 하느님께서 꼭 들어주실 것 같은 느낌이 들었다. 인솔자는 우리 각자에게 제대에 불을 밝힐 초를 주었다. 초에 불을 붙이면서 안토니오 성인께 톰을 위해 전구해 주시기를 기도했다. 아들의 인생에 기적을 내려 주시기를 하느님께 여쭈어 주십사 안토니오 성인께 부탁했다. 몇 해만에 한결 가벼워진 마음으로 성당을 나섰다.

2주가 못 되어 교도소에 있는 톰에게서 전화를 받았다. 톰은 내게 하느님께 인생을 내어 드렸다고 말했다. 그날 이후로는 하느님을 섬기는 일에 열성적으로 애쓸 것이라고 했다. 나는 너무나 흥분했기에 전화를 끊으면서 웃다 울다 했다. 톰은 약속을 지켰다. 감옥에 있으면서도 다른 이들에게 하느님에 대해 알리기 시작했던 것이다. 한 해 가량 지나서 마침내 출소하자 그는 당장 성당을 찾았고, 꾸준히 성경을 공부하며 곤경에 처한 젊은이들을 도왔다. 톰은 이제 결혼했고 예쁜 세 자녀가 있다. 그의 굳건한 성가정은 하느님을 사랑하고 섬기는 가운데 일치를 이룬다.

| 캘리포니아 프레즈노에서 마릴린 L. 라슨

+ 우주의 주님께서는 태양과 별들보다도 더 밝게 빛나시네. 그분은 결코 나를 떠나지 않으시리! 〈성녀 아녜스〉

+ 기도를 할 수 없을 때에도 나는 그분께 사랑한다고 계속 말씀드리고 싶다. 그것은 어려운 일이 아닐 뿐더러 신앙의 불이 계속 타오르게 해 준다.
〈리지외의 성녀 데레사〉

가시덤불에서
장미꽃이 피다

　　나는 스물세 살에 아주 친절하고 다정한 남자와 결혼했다. 우리는 함께 대화하고 웃고 즐거워했지만, 그가 알코올 중독자라는 사실을 까맣게 몰랐다. 이 사실을 안 것은 결혼한 지 3주째, 남편이 퇴근 후 으레 술집에 갔다가 취한 채로 귀가해서 소란을 피운다는 것을 깨닫고서였다. 매일 밤 이런 일이 일어나자, 내가 어쩌다 이 지경이 되었을까 하는 생각이 들었다. 나는 남편이 달라지리라고 줄곧 생각했지만, 그는 절대로 달라지지 않았다. 남편은 지킬 박사와 하이드 같았다. 맨 정신일 때는 세상에 둘도 없는 멋진 남자였지만, 술에 취했을 때는 끔찍했다. 그래도 이혼할 엄두를 못 낸 것은 좋을 때나 나쁠 때나 남편 곁에 있겠다고 하느님께 서약을 했기 때문이었다. 나는 최선을 다해 살겠다고 스스로에게 다짐했다.

　　여러 해가 흘러 우리는 네 자녀를 두었다. 나는 재정 문제를 해결하고 양식이 떨어지지 않게 하고, 집에 난방을 하기 위해 고군분투했다. 남편이 나를 직장을 다니지 못하게 했기 때문이다. 남편이 새벽 두세 시에 취한 채 집에 와서 소리 지르고 주위의 물건들을 집어던질 때면 가정생활은 악몽이었고, 그 영향은 나뿐만 아니라 아이들에게도 미쳤다. 큰딸은 열아홉 살에 결혼했고, 아들은 열여덟 살에 마약에 손대기 시작했다. 나는 열 살과 다섯 살밖에 되지 않은 어린 두 딸이 너무나 걱정스러웠다. 아들이 마약에 취해 있을 때 우리 집은 공포영화나 다름없었다. 남편과 아들이 함께 있을 때면 더 심했다. 문과 창문을 부수고 벽을 때려 구멍을 냈으며 사방으로 물건을 던졌다. 그리고 꼭 제 아버지처럼 아들은 나에게 소리 지르고 저주를 퍼부으며 온갖 입에 담지 못할 소리를 해댔다.

나는 정신적으로나 육체적으로나 완전히 탈진했다. 내가 무슨 잘못을 했고 왜 이런 대접을 받는지 알지 못해 괴로웠기에 잠을 이루지 못했다. 나는 이런 문제들이 정말 내 탓이라고 철석같이 믿었다. 남편과 아들이 나를 두고 똑같이 심한 말을 했기 때문이다. 그때 나는 깊은 절망에 빠졌다. 늘 커튼을 쳐놓고 꼭 해야 하는 일만 했으며, 넋을 잃고 텔레비전 방송을 보았다. 가정이 풍비박산 나고 있었지만 개의치 않았다. 어린 딸들을 방과 후와 주말 내내 집 안에 있게 했다. 나는 어린 딸들이 학교에 가 있는 동안에만 전화를 받았다. 혹시 아이들이 내가 필요해서 전화했을지도 모르기 때문이었다. 다른 사람이 전화했을 경우에는, 그 사람이 여동생이건 친구건 큰딸이건 간에 전화를 끊었다. 그들이 집에 찾아와도 나는 그들을 집에 들이지 않았다. 내가 아는 사람 모두가 나를 도우려 했지만, 나는 그들을 밀어냈다.

어느 날 밤, 나는 이런 결혼과 가정생활이 사랑의 실체라면 더 이상 지속하고 싶지 않다는 생각을 했다. 용기를 내어 자살하려고 면도날을 구했지만, 죽으려고 할 때마다 어린 딸들이 생각났다. 내가 없을 때 아이들에게 일어날 일이 걱정되었고, 딸들이 좀 더 클 때까지 보살피는 것이 내 책임임을 깨달아 면도날을 치웠다.

나는 여전히 생활에 꼭 필요한 일만 했으며 아이들에게 거의 말을 하지 않았다. 내 아픔이 너무 컸기에 내가 상처를 주고 있는 사람들에게까지 신경을 쓰지 못했다. 나는 그들을 사랑하지 않기로 마음먹었다. 내 생각에 사랑은 너무나 많은 상처를 주고, 나는 이미 아픔이 많기 때문이었다. 남편이나 아들이 고함치고 소리 지르기 시작하면, 나는 그저 가만히 앉아서 나에게 불똥이 튀지 않기만을 바랐다. 소동이 끝나면 잠자리에 들었다. 더 이상 내게 중요한 일은 아무것도 없는 듯했다.

평소 속이 불편했는데 더 이상 참을 수 없어서 결국 나는 병원에 가야 했다. 의사는 나를 검진하고 나서 진료실로 오라고 말했다. 의자에 앉았더니 의사가 말했다. "좋아요, 릴리안, 무슨 일이지요?" 아무 문제없다고 말했지만 의사는 계속 캐물었고, 나도 모르게 그에게 모든 것을 털어놓았다. 의사는 내가 아픔을 다스리는 방식이 잘못되었다는 것을 깨닫도록 도와주었다. 내 마음이 아프다고 해서 남에게, 특히 내 아이들에게 상처를 주는 것은 공평하지 않으며, 내가 그들을 위해 강인해져야 한다고 말했다. 나는 내 행동이 잘못이었으며 내 아이들뿐만 아니라 내가 아는 모든 이에게 잘못을 저지르고 있었음을 깨달았다. 드디어 나를 설득한 사람이 생긴 것이다. 그 의사는 그날 나에게 아주 큰 도움을 주었고, 나는 내 인생을 제 궤도에 다시 올려놓도록 도와준 그에게 늘 감사하고 있다.

바로 그날, 집에 와서 커튼을 걷고 집안을 청소했다. 딸들이 학교에서 돌아와서는 정상적인 엄마의 모습을 보고 깜짝 놀라 했다.

나는 내가 아는 모든 사람들에게 전화해서 사과했다. 나에게 진정한 친구들이 있다는 것도 알았다. 내가 그토록 많은 상처를 주었는데도 그들은 기도하며 내 곁에 있어 주었다. 남편이나 아들의 상황은 변하지는 않았지만, 내 태도가 변했다. 나는 다시 한 번 내 삶을 잘 꾸려나갈 수 있었다.

결국 아들은 도움을 청해 와서 삶을 정상적으로 되돌렸지만, 남편은 도움 받기를 거부하고 여전히 술을 마셨다. 이렇게 26년을 산 다음, 나는 함께 성령기도회에 가자고 권하는 여동생 도트의 전화를 받았다. 도트는 기도회 참석자들의 행동과 말에서 용기와 평화를 많이 얻었다고 말했다. 이상한 소리라고 생각했지만, 호기심이 생긴 나는 가겠다고 말했다.

두 사람이 입구에서 우리를 맞았다. 그들은 몹시 친절했고 어딘가 좀 달랐는데, 그게 뭔지는 알 수 없었다. 기도회가 끝난 후 그들은 질문이 있는 사람은 누구든 옆방으로 오라고 했다. 나는 산더미 같은 의문이 있었고, 그 모든 의문에 해답을 얻었다. 내가 보기에 모두 타당한 해답이었기에, 나는 어쨌거나 성령 운동에는 뭔가가 있나 보다고 생각했다.

나는 매주 성령기도회에 갔고, 거기서 내가 알고 있던 것과는 다른 종류의 사랑에 대해 알게 되었다. 그곳 사람들은 있는 그대로의 나를 받아들였고, 나는 나 자신이 좋아지기 시작했다! 나는 그들의 사랑을 통해 하느님이 진정 어떤 분이신지를 알게 되었고 그분의 사랑은 상처 주지 않는다는 것을 알게 되었다. 그분의 사랑은 진실하고 영원하며, 그분은 나의 여러 결점에도 불구하고 나를 사랑하신다.

나는 진심으로 기도하는 법, 예수님께서 주신 온갖 축복에 감사하며 친구이신 예수님께 기도하는 법을 배웠다. 예수님께서는 내게 정말 가까운 친구가 되셨다. 나는 마침내 내가 소중한 사람이며 결코 혼자가 아니라는 것을 실감했다. 그분은 내 아픔을 온전히 이해하셨으며, 내 짐을 덜고 평화와 위안을 주셨다. 내 삶은 바뀌었다.

나는 이제 일흔여섯 살이고 53년째 결혼 생활을 하고 있다. 남편은 술을 끊었고 내가 반해 결혼한 그 남자로 돌아왔다. 험난한 여정이었다. 하지만 당신은 아는가? 내 인생에서 장미꽃이 피어난 것은 가시덤불 속이었음을 내가 깨닫게 되었으며, 지금처럼만 된다면 나는 그 모든 일을 또 다시 겪겠다는 것을.

| 로드아일랜드 이스트프로비던스에서 릴리안 J. 드올리베이라

나에게서 눈을 돌리지 말라

1995년 셋째 아이를 임신하고 15주가 되었을 때 이번 임신은 뭔가 다르다는 느낌이 들었다. 담당의사에게 가서 뭔가 잘못된 것 같다고 말했지만, 의사는 아기의 심장박동이 들리자 괜찮다며 나를 안심시켰다. 의사는 다른 날에 초음파 정기 검사받을 일정을 잡아주었는데, 약속한 날 우리가 도착했을 때 초음파 기사는 기계

고장으로 애먹고 있었다. 기사가 의사에게 연락했더니, 의사는 더 좋은 기계가 있는 다른 시설을 권했다. 우리는 그곳에 가서 아주 짧게 초음파 검사를 받았다. 그리고 진료실로 갔더니, 의사는 태아가 살아 있지 않다고 알려 주었다. 그 다음 날에 분만을 유도하기로 약속을 잡으면서 우리의 마음은 찢어질 듯했다.

나는 사산된 딸을 분만한 후 산후합병증이 있어서 결국은 수술실에서 자궁경관확장과 소파수술을 받았다. 입원하기를 거부한 나는 새벽 1시경에 퇴원했다. 그 다음 며칠간은 내 인생에서 최악의 날들이었다. 아무런 의욕이 없었다. 내가 기도하기 시작한 것은 그때였다. 사실 나는 공식 기도문으로 기도하지 않았다. 그저 하느님께 이런저런 말을 계속 되풀이하며 기도했다. 아주 두서없는 기도였다. 그렇게 몇 주가 지나자 기분이 좀 나아졌다. 두 달이 지나자 의사가 한 달 후에는 다시 임신을 시도해도 좋다고 말했다. 그는 딸을 부검해 보아도 명확한 사인을 찾을 수 없었기 때문에, 우리가 다시 임신할 경우 비슷한 결과를 맞이할 가능성이 있다고 경고했다. 나는 다시 기도하고 또 기도했다. 공식 기도문을 바치기도 했지만 대부분은 하느님과의 끊임없는 대화였다. 이때 하느님께서 내게 응답하셨다.

그분은 내가 아이를 또 임신할 텐데, 사태가 험난해 보일지라도 내가 그분에게서 눈을 떼지 않고 그분의 분부를 따른다면 아기는 괜찮을 것이라고 말씀하셨다. 나는 한 달 후 임신했고 그 임신은 정말로 험난했다. 5주째에 접어들면서 합병증이 있었다. 의사에게 전화를 걸었더니 그는 내가 유산할 것으로 확신했다. 의사는 사흘 안에 유산되지 않으면 초음파 검사를 받아 봐야 한다고 했다. 나는 하느님의 약속을 기억했고, 그 사흘 동안 그전과 똑같이 줄곧 두서없는 기도를 드렸다.

　남편과 내가 초음파 검사를 받으러 갔을 때, 지난번 나를 검사했던 초음파 기사가 또 우리를 돌봐 주었다. 그녀는 나보다 더 긴장한 것 같았다! 그녀에게 뭐가 보이든 솔직하게 말해 주겠다고 약속해 달라고 부탁했다. 그녀는 말하면 안 된다고 했지만, 프로브(탐촉자)를 내 배 위에 올려놓자 아기의 심장박동이 방 안에 울렸다. 기사가 소리쳤다. "됐어요!" 나는 눈물을 흘리며 하느님께 감사를 드렸고 태아의 생명을 위해 기도를 계속했다. 의사는 나를 고위험군에 놓고 매달 초음파 검사를 하며 아무 이상이 없는지 확인했다. 나는 줄곧 기도했고 34주가 채 못 되어 분만에 들어갔으며, 내 작은 기적이 제왕절개로 태어났다.

　이 달콤한 시간은 아들이 숨을 못 쉬자 험악하게 바뀌었다. 아들을 신생아 중환자실로 옮겨 엑스레이를 찍었는데 폐는 온전했다. 그 좋은 소식에도 불구하고 아들은 여전히 호흡 곤란을 일으켰다. 남편과 나는 기도하고 또 기도했다. 의사들은 아이가 숨을 못 쉬는 이유를 알아내지 못했고, 아기의 죽음을 각오하라고 우리에게 말했다. 남편과 나는 끊임없이 기도하며 하느님께서 나에게 하신 약속을 믿었다.

　사흘이 지나도 의사들은 아기의 호흡 장애의 원인을 찾지 못했고, 나는 아들을 데리고 퇴원했다. 생후 3주가 되자 아들의 호흡은 고르게 변하기 시작했으나, 모유나 이유식을 소화시키지 못했고, 몸무게가 급속히 줄고 있었다. 의사는 우리를 전문가에게 보내어 검사를 받아 보게 했다. 이번에도 원인도 찾지 못했고, 양쪽 의사 모두 아들이 죽을 것이라고 생각했다.

나는 아기를 입원시켜서 튜브(영양 공급관)를 꽂는 데에 동의하라는 권유를 받았다. 이 문제를 두고 기도한 나는 아기를 입원시키지 않기로 했다. 아들은 위소장반사로 진단되었고, 어느 날 밤 아들의 상태에 대한 해결책이 내 꿈에 나타났다. '아기의 젖병에 곡물을 좀 타서 걸쭉하게 하라.'는 것이 내가 얻은 해답이었다. 의사에게 전화를 걸어 좋은 생각인지 물어보았다. "안 됩니다. 더 악화될 것입니다." 하고 의사가 말했다. 이 문제를 두고 기도했다. 의사의 의견을 거스르고 하느님의 말씀대로 하느님만을 바라보아야 할까? 나는 대답을 알았고 곡물을 젖병에 타기 시작했다. 유감스럽게도 그것은 별 도움이 되지 못해서 나는 실망하고 두려웠다.

며칠 동안 기도하여 얻은 응답은 "나에게서 눈을 돌리지 말라."는 말씀뿐이었다. 그러던 어느 날 한 가지 생각이 떠올랐다. 이유식은 그만두고 아기 음식에 곡물을 타거나 아예 과일을 주자. 그쪽이 열량이 더 많으니까. 이 방법은 효과가 있었다. 생후 두 달이 갓 지났을 때 약 1.8kg으로 줄었던 아들의 몸무게가 100g 가까이 늘었다. 시간이 지나면서 몸무게는 더 늘었다. 위장병 전문의는 깜짝 놀랐고 소아과 의사는 어떻게 했느냐고 내게 물었다. 의사들에게 사실대로 말하자, 그들은 고개를 저으며 말도 안 된다고 했다. 나는 그들에게 하느님이 함께하시면 말이 안 되는 일은 없다고 말해 주었다.

나는 지금껏 해 온 대로 계속하라는 지시를 받았고, 아기는 무럭무럭 자랐다. 언어 문제와 호흡 장애 같은 다른 문제들이 생겼지만, 그때마다 우리는 기도하고 또 기도했으며 지시받고 또 지시받았다. 아들은 지금 열한 살로 더할 나위 없이 건강하다. 나는 하느님께서 내 기도에 응답하셨으며 그분 덕에 어린 아들이 여태 살아 있다고 진심으로 믿고 있다.

| 오하이오 보드먼에서 다이앤 파크허스트

+ 그리스도인들이 다른 그리스도인들과의 친교를 피할 때 악마는 빙그레 웃는다. 그리스도인이 성경 공부를 그만둘 때 악마는 소리 내어 웃는다. 그리스도인이 기도하기를 그만둘 때 악마는 기뻐 소리친다. 〈코리 텐 붐〉

하느님이
내 기도를 들어주셨다

내가 일곱 살 무렵 어머니가 폐질환으로 심하게 앓으셨다. 나는 정확한 병명을 몰랐지만 몹시 위중한 병이라는 것은 알았다. 어느 날 오후 아버지가 남동생 둘을 데리고 장에 가셨기 때문에 침대에 누워 계신 어머니 곁에는 나 혼자였다. 좀 있다 보니 어머니가 아주 창백해지셨고 숨을 못 쉬겠다고 간신히 내게 말씀하셨다. 어머니는 숨을 헐떡거리더니 공황에 빠졌다. 나는 당장 침착한 목소리로 긴장을 풀고 아주 천천히 고르게 숨을 쉬라고 말하면서 어머니를 진정시키려 했고, 어머니는 그렇게 하기 시작했다.

그러자 내가 뭔가를 더 해서 어머니를 편하게 해 드려야 한다는 생각이 들었다. 하지만 무엇을 하나? 나는 혼자였고 무력했다. 어머니 침대 곁을 떠나 내 방으로 얼른 걸어오면서 이런 생각이 순간적으로 떠올랐다. 나는 방 한가운데 서서 두 눈을 꼭 감고 주먹을 꼭 쥔 채 두 팔을 양옆에 붙였다. 그리고는 너무 힘을 준 나머지 머리부터 발끝까지 부들부들 떨며 온 마음을 다해 말없이 기도했다. "사랑하는 하느님, 제발 어머니를 도와주세요!" 바로 그때 전화가 울려서 어머니 방으로 뛰어가 전화를 받았다. 마치 기다리기라도 한 것처럼 우리 가족의 주치의 목소리가 들렸다.

"림즈 박사입니다. 어머니가 어떠신지 궁금해서 전화드렸습니다." "어머니가 편찮으세요!"라고 말하고 나서 어머니께 전화기를 건넸다.

나머지 일이 잘 기억나지 않는 것은, 하느님께서 내 기도를 들으시고 그토록 빨리 응답하셨음에 내가 열렬히 감사를 드리는 데 빠져 있었기 때문이다. 어머니는 의사와 조용히 통화하면서 안정을 찾았고, 나는 다 잘될 거라고 안심했다. 아버지와 남동생들이 집에 올 때까지 의사는 전화를 끊지 않았다.

의사는 그 전에 집에 전화한 적이 없었고 그 후에도 없었다. 나는 이 글을 쓰면서 또 한 번 사랑을 베푸시는 하느님께 감사를 드린다. 어머니는 얼마 후 건강을 회복하셨다.

| 캘리포니아 우드랜드힐즈에서 메리 루이스 노로스키

\+   독서도 좋고 경청도 좋으며, 대화와 묵상도 좋다. 하지만 그것들은 때와 경우에 따라 어느 정도 좋을 따름이어서, 우리는 먹고 마시고 휴식을 취할 때처럼 그것들을 주의 깊게 사용하고 제어해야 하니, 그렇지 않으면 그것들은 우리 안에서 과용이라는 열매를 맺을 것이기 때문이다. 그러나 기도의 영은 모든 때와 경우에 적합하다. 그것은 항상 타오르는 등불이며 영원히 빛나는 빛이다. 모든 것이 그것을 갈구한다. 모든 것이 그 안에서 이루어지고 그것으로 제어된다. 왜냐하면 그것은 다름 아닌 하느님이 흡족해하시는 장소와 행동과 방식이 되도록 그분께 한두 가지 행동이 아닌 전부를 … 내어 드린 총체적인 영혼이며, 그런 영혼을 의미하며 그런 영혼이 되게 하기 때문이다. 〈윌리엄 로우〉

\+   우리가 어떤 기도 형식을 취하는지 또는 우리가 얼마나 많은 단어를 사용하는지는 그다지 중요하지 않다. 중요한 것은, 하느님께서는 우리가 청하기도 전에 우리의 필요를 알고 계신다는 것을 알고서 하느님께 매달리는 믿음이다. 그것이 그리스도인의 기도에 무한한 확신과 기쁨에 찬 확실성을 부여한다.

〈디트리히 본회퍼〉

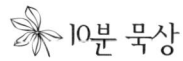 10분 묵상

오늘 당신은 당신의 집, 당신 영의 집을 방문할 것입니다. 그 집은 어떻게 생겼습니까? 큽니까, 아니면 작습니까? 문과 창문이 많습니까? 밝습니까, 아니면 어둡습니까? 예수님을 초대해서 함께 집 안으로 걸어 들어가십시오. 함께 둘러보십시오. 당신이 들어가고 싶지 않은 방이 있습니까? 괜찮습니다. 오늘은 당신의 집에서 당신이 가고 싶은 곳을 가고, 하고 싶은 일을 하십시오.

어떤 기분이 듭니까?

행복합니까, 아니면 슬픕니까?

흥분됩니까, 아니면 염려됩니까?

어떤 기분을 느끼더라도 괜찮으니, 당신의 집에 예수님을 모시십시오.

묵상 마침기도

예수님,
저의 집에 와 주셔서 감사합니다.
아무런 말씀이나 생각,
판단을 하지 않으시고
저와 함께 시간을 보내 주시니
감사합니다.
예수님,
있는 그대로의 저의 집에 와 주셔서
감사합니다.
아멘.

억지 핑계

어느 날 문득 내 생각과는 다른 삶을 살고 있다는 것을 깨달았다. 마약을 끊었지만 술이 내 생활에 남아 있었다. 물론 술을 마신다고 해서 내 인생이 잘못된 것은 아니라고 스스로를 합리화시켰다. 어쨌든 술은 합법적인 것이고 모두들 마시잖아, 안 그래? 나는 친구를 갱생시설에 데려간 적도 있어서 나 자신은 그 정도의 처방까지는 필요하지 않다고 생각했다. 어찌되었건 그 친구는 항상 나보다 마약도 더 많이 했고 술도 더 많이 마셨으니까.

아, 나는 그렇게 억지 핑계를 대며 한사코 부인했다. 그러나 내가 휩쓸려 들어간 중독의 강은 더디지만 확실하게 운하 쪽으로 방향을 틀어나갔고, 나는 내가 아는 사람 중에 마약과 알코올 의존성을 극복하고 있는 사람들을 살펴보기 시작했다. 그들은 눈에 띄게 상태가 좋아졌고, 나는 그들이 웃으며 훨씬 더 행복하게 살아가는 모습을 지켜보았다. 몹시 샘이 났다.

나는 친구들이 가진 행복을 원했지만, 알코올 중독자도 아닌 내가 어떻게 알코올 중독자 모임에 갈 수 있단 말인가? 지금 당장 중독자가 될 것도 아닌데, 그렇지 않은가? 형부는 내가 공개 모임에 가서 사람들이 하는 이야기를 듣고 나서 내 생각을 알아보자고 제안했다. 그렇게 참석한 모임에서 그들의 이야기는 하나같이 무시무시했다. 그들은 모든 것을 잃었지만 나는 아니었다. 그러니 어떻게 내가 알코올 중독자일 수 있겠는가?

그때 한 사람이 말하길, 기도를 하면 하느님께서 내가 알코올 중독자인지 아닌지에 대한 의문에 해답을 주실지도 모른다고 했다. 나는 알코올 중독자 모임에 계속 나가면서 날마다 하느님께 내가 옳은 길을 가고 있는 건지 여쭙는 기도를 드렸다. 나는 부인할 수 없는 확실한 해답을 주십사고 하느님께 빌었다. 머지않아 나는 기도를 했으면 기도한 것이 이루어지는지 지켜봐야 한다는 것을 알게 되었다! 응답을 받을지도 모르니까!

내가 응답을 받은 것은 어느 날 저녁 언니와 함께 저녁을 먹고 있던 때였다. 우리 둘은 천상의 노래와도 같은 에냐(아일랜드 출신의 가수)의 신곡을 듣고 있었는데, 언니가 주방에서 할 일이 있어 잠시 방에서 나갔다. 나 혼자 식탁에서 식사하고 있었는데, 그때 갑자기 방 안의 모든 것이 사라졌다. 나는 아름다운 꽃들이 핀 들판에 있었고, 영롱한 빛을 향해 난 길을 따라 가고 있었다. 그 빛은 내가 꿈꾸던 모든 것, 누구나 바라는 무조건적인 사랑과 포용이었다. 형용할 수 없는 느낌이었다.

그 환영은 순식간에 일어났고 환영이 사라지자 울음이 터졌다. 언니가 와서 무슨 일이 있냐고 물었고, 나는 언니와 함께 있을 때 이런 일을 경험해서 무척 감사했다. 언니는 이해했다. 우리는 내 기도가 응답받았으며 내가 하느님 뜻에 합당한 사람이 되기 위해 그분이 원하시는 길을 가고 있다는 것을 깨달았다. 하느님은 내 영혼이 죽어 가는 것을 아셨고, 내 기도에 대한 응답으로 빛의 선물을 주셨다. 술을 끊은 지 15년이 된 나는 영원토록 감사하고 행복하며 자유롭다.

| 델라웨어 조지타운에서 리 앤 M. 우딘

\+ 　해와 달과 별을 보며 나는 혼잣말한다. "이 아름다운 것들의 주님은 대체 어떤 분일까?" 나는 그분을 뵙고 싶고 그분을 알고 싶고 그분께 경의를 표하고 싶은 크나큰 열망을 느낀다. 〈성녀 요세피나 바키타〉

\+ 　영혼과 하느님 간의 대화는 모두 기도이다. 따라서 기도는 영혼이 말없이 하느님을 바라보고, 오로지 그분을 관상하는 데 몰두해서, 마음속으로도 아무런 말을 내뱉지 않으면서, 눈길로 그분께 사랑한다고 말하는 상태이다.

〈복자 샤를 드 푸코〉

보비의 기적

우리의 사랑을 듬뿍 받는 여덟 살 난 골든 리트리버종 보비는 지난 2월 수술이 불가능한 암으로 판정되어 생존할 희망이 거의 없다는 진단을 받았다. 우리는 보비를 당장 안락사시키라는 권유를 받았지만 거부하고, 집에서 멀리 떨어진 전문 동물 병원에 문의했다. 도착한 날 우리는 실험적인 전기화학요법을 사용한 암 연구 과정이 막 개설되어, 대형 종합병원의 의사들이 그 심층 연구를 하고 싶어한다는 것을 알았다. 우리 개는 그 실험을 담당할 스무 마리 개 중에서 다섯 번째 개였다.

화학치료는 넉 달 동안 지속되었다. 나는 매일 밤 아픈 개에게 성수를 뿌려 주었고 작은 십자가와 성 비오 신부님의 유물로 개를 축복했다. 화학치료를 마친 후 의사들은 치료가 성공을 거두지 못했으며 우리 개가 며칠이나 몇 주밖에 못 살 거라는 소식을 전했다. 그들은 무척 실망스러워했다. 나는 포기하지 않고 2주 후에 우리 개를 다시 한 번 검사해 달라고 부탁했다. 그들은 오로지 나를 달래기 위해 그러마했고 우리는 개를 데리고 집에 왔다. 재검사를 받으려고 기다리는 2주 동안 우리는 사랑하는 개를 위해 기도했고 여러 번 눈물을 흘리며 울었다.

재검사 후 수의사와 의사들은 우리에게 2주 후에 다시 개를 데려오라고 말했다. 그 이후 우리는 그 연구 병원에 여러 번 검사받으러 갔는데, 8월 30일에 간 것이 마지막이었다. 규모가 큰 마지막 검사였고 나는 결과가 좋을 것이라고 확신했다. 의사들의 말을 빌리자면, 그들은 결과를 보고 당황했다. 종양이 지난 5월 이후 휴지기에 들어갔다는 것이다.

요즘 보비는 더할 나위 없이 건강하다. 우리는 날마다 세 번씩 산책하기 때문에 보비는 내 건강까지 돌보고 있는 셈이다. 내가 매일 아침저녁으로 보비를 위해 꾸준히 기도했더니, 내가 "보비, 기도하자!"라고 말하면 보비는 기도하려고 앉기까지 한다. 보비는 11월 30일이나 되어야 수의사에게 검진받으러 갈 텐데, 나는 보비의 치료가 성공한 것이 기도의 힘과 하느님에 대한 믿음의 힘을 증명한다고 생각한다.

| 아일랜드 먼스터에서 헬렌 M. 오레리

+ "아버지의 나라가 오시며"라고 우리는 기도한다. 그런 일이 갑자기 일어

나면 어떻게 될까? 무엇이 우뚝 서고 무엇이 쓰러질까? 누가 환영받고 누가 지옥으로 내던져질까? 혹 하느님에 대한 그리고 인간에 대한 아주 귀한 전망이 있다면, 그것들 중에서 어느 것이 얼마간 적중한 것으로 입증되고, 어느 것이 새빨간 거짓말이라고 드러날까? 실로 대담하기 짝이 없다. 그런 말을 지껄이는 것은 호랑이를 우리 밖으로 나오게 하는 것, 원자력을 만드는 엄청난 힘을 따사로운 산들바람처럼 보이게 풀어놓는 것이다. 〈프레드릭 뷰크너〉

+ 우리가 보기에 가장 형편없는 기도가 사실 하느님이 보시기에는 가장 훌륭한 기도일지 모른다. 내 말은, 그런 기도를 경건하게 바치는 법은 거의 없다는 말이다. 왜냐하면 이런 기도는 느낌보다 더 깊숙한 내면에서 터져 나오는 것일지도 모르기 때문이다. 하느님이 이따금 우리에게 더없이 친밀하게 말씀하시는 것처럼 보일 때는, 말하자면 우리의 빈틈을 잡아내셨을 때이다.
〈C. S. 루이스〉

우리가 청하기를 기다리신다

내가 성장하는 동안 부모님은 매일 밤 침대 곁에 무릎을 꿇고 기도하셨다. 연세가 드시자 무릎 꿇고 있기가 어려웠는데도 부모님은 계속 이런 식으로 기도하셨다. 내가 어린아이일 적에 부모님은 내게 주님의 기도와 성모송을 가르쳐 주셨고, 자유롭게 하느님께 말씀드리는 기도의 중요성도 가르치셨다. 나는 하느님이 진심으로 바치는 기도를 특히 좋아하신다고 배웠다.

내가 4학년 정도 되었을 때, 오빠의 친한 친구이자 오빠가 다니던 신학교 급우였던 분이 무시무시한 자동차 사고를 당해서 생명이 위험할 정도로 크게 머리의 부상을 입었다. 오빠는 정신없이 집에 전화해서 우리 가족에게 열심히 기도해 달라고 부탁했다. 사람들은 그가 살아나지 못할 거라고 생각했다.

우리 학교에서는 수업 시작 전에 아침 미사에 참례하는 것이 관례였다. 그날 아침 오빠 친구의 사고 소식을 들은 후 내가 몹시 안절부절못했던 것이 기억난다. 나는 이 젊은 신학생을 몇 번 만난 적이 있었는데, 그는 아주 잘 생기고 친절한 사람으로 재주도 많았다. 그가 죽을지도 모른다는 생각을 하자 견딜 수 없었다. 나는 미사 시간 내내 이 청년에게 온 정신을 쏟으며, 자비를 베푸시어 그의 목숨을 살려 주십사 하느님께 간청했다. 제대 뒤 십자가에서 눈을 떼지 않은 채 내내 예수님과 줄기찬 대화를 나누었다. 우리가 대화하던 중에 어떤 순간에는 예수님께서 십자가에서 살아 움직이는 것 같은 생각이 들기도 했다. 나는 그분이 내 기도를 들으신다는 것을 마음 깊이 알았고, 성당을 나서면서 오빠 친구가 살아날 거라고 확신했다.

며칠 후 우리는 그 청년이 이제는 위험한 고비를 넘겼다는 소식을 들었다. 그의 상태가 호전된 것은 기적이나 다름없다고들 했다. 나 혼자만 그를 위해 기도한 것이 아니었다. 신앙심 깊은 그의 가족과 그 신학교 학생 모두가 하느님께 수많은 청원기도를 바쳤던 것이다. 그의 앞에는 길고 힘든 회복 기간이 남아 있었지만, 그는 하느님의 은총으로 목숨을 구했다.

　어린 나이에 그런 잊지 못할 체험을 한 덕에 나는 기도의 힘을 더욱 확신하게 되었다. 그 후로 인생의 굴곡을 겪으면서도 나는 하느님께서 우리의 기도를 하나하나 남김없이 듣고 응답하신다는 것을 의심한 적이 없다. 청소년기에 있는 내 딸이 최근에 한 말과 같다. "하느님은 우리가 무엇을 원하고 필요로 하는지 이미 알고 계셔요. 하느님이시니까요. 그분은 그저 우리가 있는 그대로 솔직하게 그분께 청하기를 기다리고 계시는 거예요."

| 일리노이 오크론에서 레지나 M. 사바도사

+　친구여, 잘 들으십시오! 무력함이 우리의 가장 훌륭한 기도입니다. 그것은 당신의 마음에서 하느님의 마음을 부르는 것으로, 당신이 소리 내어 바치는 온갖 청원보다 훨씬 더 큰 효과가 있습니다. 그분은 당신이 무력함에 빠지는 바로 그 순간 그 기도를 들으시며, 당신의 무력함이라는 그 기도를 듣고 응답하는 일에 당장 적극적으로 나서십시오. 〈올레 크리스티안 O. 할레스비〉

+　얼마나 탁월한가, 기도의 효능이란. 그것은 왕비처럼 언제든지 임금님 앞에 나아가서, 청하는 것은 무엇이든 얻을 수 있다. 〈리지외의 성녀 데레사〉

나를
지켜보고
계셨다

몇 해 전 여덟 살 무렵, 나는 첫영성체를 준비하며 교리 수업을 듣고 있던 중이었다. 첫영성체 교리 수업은 몇 주 동안 하느님께 더욱 가까워지게 해 주어 첫영성체를 받도록 이끌어 주는 수업이다. 그날은 내가 첫영성체를 하는 날이었기에 이날 내가 받던 수업은 유난히 특별한 수업이었다.

친구들과 나는 성 로베르토 성당(우리 본당)에 앉아 첫 고해를 하려던 참이었는데, 다들 몹시 긴장해 있었다. 두 번째 친구가 고해실로 들어갔을 무렵, 나는 성당 뒤편에서 아주 커다란 발자국 소리가 나는 것을 들었다. 다들 쳐다보았고 고개를 돌린 나는 진짜로 살아 계신 예수님의 모습을 보았다! 그분의 모습은 아주 생생했고 붉은색과 흰색의 옷을 입고 거기에 서 계시는데, 마치 나를 지켜보고 계시는 것 같았다. 다들 다시 고개를 돌려 성당 앞쪽을 바라보기에, 나는 다른 사람들은 그분을 못 보았나 보다고 짐작했다. 내가 계속 지켜보았더니 잠시 후 그분은 위로 떠올라서 스르르 성당에서 사라졌다. 나는 다시 앞을 보았고 신자석에 앉아서 그 일에 대해 생각했다.

드디어 나의 차례가 왔다. 나는 몹시 긴장했지만 고해실로 들어가면서는 정말 확신에 찼으며, 고해도 아주 잘한 것 같다. 첫영성체 수업이 끝나자 친구들 모두에게 내가 본 것을 얘기했는데,

다들 내 말을 믿지 않았다. 친구들이 내 말이 사실이 아니라고 생각한 것은, 뒤돌아보았을 때 그들은 아무것도 보지 못했기 때문이다. 그렇지만 나는 그것이 사실이었음을 알고 있다. 이제 나는 열두 살이며, 긴장할 때마다 항상 그날 일어난 일을 생각한다.

| 잉글랜드 노섬벌랜드 모르페스에서 브리지트 A. M. 도널드슨

불행을 향해 가다

나의 기도 생활 이야기는 오래전 내가 아이였을 때로 거슬러 올라간다. 나는 지금도 아버지가 침대 곁에 무릎을 꿇고 기도하신 일과, 하느님은 늘 우리의 기도를 들어주신다는 것을 가르쳐 주신 어머니의 말과 행동을 기억한다. 부모님은 조용하고 사려 깊은 분이어서 오빠와 언니와 나를 크나큰 사랑과 존중으로 대하셨다. 부모님은 유머와 신앙과 사랑이 아름답게 조화를 이룬 양심적인 삶을 사셨다.

굳건한 가톨릭식 가정 교육에도 불구하고, 나는 이혼 후 교회와 하느님과 기도에서 멀어졌다. 나는 여러 모로 하느님을 거부했으며, 그분이 없는 길을 가면서 거기서 모험과 재미와 진정한 행복을 찾겠다고 생각했다. 불행을 향해 가고 있는 줄 깨닫지 못했다니 내가 얼마나 어리석었는지 믿을 수 없을 정도이다. 나는 나 자신의 인생을 위험에 빠뜨렸을 뿐만 아니라, 아무 잘못 없는 한 살 박이 딸에게도 같은 짓을 저질렀다.

이 어수선한 시기에 나는 대학에 등록했고 어떤 때는 부업을 하면서까지 열심히 일했다. 딸을 돌봐 줄 훌륭한 탁아소를 찾아냈고, 친구들이 있었으며, 열심히 일한만큼 행복이 따를 것이라고 믿었다. 나는 하느님이 우리의 기도를 귀담아 들으시며 우리를 정말 염려하신다는 것을 믿지 않게 되었다. 그래서인지 딸을 사랑했지만 가장 값진 선물인 신앙을 딸에게 주지 않았다.

내 딸은 어릴 때 늘 상냥하고 사려 깊고 말 잘 듣는 아이였지만, 10대가 되자 변하기 시작했다. 말을 듣지 않고 파티에 가서 놀며 술을 마시기 시작했다. 그것은 나를 깨우는 경종이었다. 나는 딸이 이대로 가면 떨어질 것이 분명한 절벽 위로 향하고 있음을 절실히 깨달았고, 내가 딸을 구할 수 없다는 것도 알았다. 딸의 인생이 걱정된 바로 그 순간, 나는 어두운 방 안 딸의 침대 곁에 무릎을 꿇고 하느님께 기도하면서 소중한 딸 제니퍼와 나를 도와주십사 빌었다. 그분이 도와주실 것이라 믿었다.

바로 그 다음 날, 본당 사제관으로 가서 내 고해를 들어 줄 신부님을 찾았다. 신부님께 내 죄를 말하고 그동안의 태도와 행동이 딸에게 미친 영향을 말하려는데, 말문을 열자마자 난 흐느껴 울기 시작했다. 하느님 없이 살아보려 한 것은 결국 내 삶을 분노와 오만, 증오, 후회, 시기로 가득 채운 것에 불과했다. 인자한 신부님은 내 고해를 한 시간가량 들으신 다음, 내게 결코 잊지 못할 말을 들려주셨다. "성도가 되었을 때 당신은 오늘을 돌아보며 모퉁이를 돌아서 바른길로 들어선 날로 기억할 것입니다."

나는 속으로 생각했다. 성도라고? 내가? 농담이시겠지? 하지만 그때 나는 어릴 때 내가 몹시 사랑했던 성경 속의 예수님이 기억났다. 그분은 죄인들을 치유하고 용서하셨고 죽은 이들을 다시 살리셨으니, 진심어린 기도의 힘으로 내 딸과 나를 위해서도 그렇게 해 주실 것이다.

그날 밤이 참된 사랑과 행복으로 가는 길로 이끈 여정의 첫 단계였음을 나는 이제 안다. 결코 쉽지 않은 길이었지만 딸과 함께 노력해 나가면서, 나는 여러 양식의 기도를 체득하게 되었다. 내게 가장 유용했던 기도 도구는 아마 기도 일지일 것이다. 나는 기도 일지에서 어떤 생각이나 근심도 남김없이 내 마음속 모든 것을 하느님께 털어놓곤 했다. 하느님은 나의 새롭고 믿음직한 최고의 친구였다. 나는 아무것도 감추지 않았고, 그 보답으로 다름 아닌 그분의 평화를 느끼게 되었다.

하느님께 필사적으로 되돌아가기 시작한 이후, 제니퍼와 나는 차츰 변하기 시작했고 하느님의 치유의 은총을 느꼈다. 나는 좋은 상담치료사를 찾았고, 그 사람은 딸이 문제를 극복하고 일하도록 도와주었고 인생에서 좋은 선택을 하도록 격려해 주었다. 고등학교를 졸업할 때 제니퍼는 성적이 가장 향상된 학생으로 뽑혀서 상금 500달러를 받았다. 기도는 큰 힘이 있으며 그분의 평화는 사람의 모든 이해를 뛰어넘는다는 말은 정말 사실이다.

| 메릴랜드 포트워싱턴에서 재키 M. 패럴

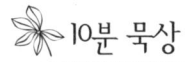 10분 묵상

우리는 예수님이 우리 개개인의 행복에 정말로 관심을 갖고 계시다는 것을 완전히 믿지 못할 때가 많습니다. 그 가운데 서도 예수님을 따르는 일은 힘들고 외로우며 고통스럽다고 기분 나쁜 느낌이 속닥거리도록 내버려 두지요.

사실은 예수님이 '없는' 삶이 바로 그런 삶이기에, 그것은 우리를 헷갈리게 하려는 악마의 속임수입니다!

진실은 이렇습니다. 예수님과 함께라면 더할 수 없는 고난도 기쁨이 될 수 있고, 예수님과 함께하지 않는다면 이 세상의 온갖 돈과 명예와 재물도 아무것도 아닌 게 됩니다!

그러니 … 오늘 … 당신의 정원 안 특별한 장소로 가서, 예수 님께 신앙인의 행보에 대해 당신이 품은 부정적인 생각을 말 씀드리십시오.

그런 생각을 공개적으로 꺼내어 놓으십시오. 예수님께 당신 의 두려움과 회의, 궁금한 점을 알려 드리십시오.

묵상 마침기도

예수님,
무엇이든지
당신과 의논하게 해 주시니
감사합니다.
주님은 사랑이시며
주님이 제게 바라시는 것도
사랑과 선善뿐임을
알고 있습니다.
당신의 사랑을 제 삶에
더욱 완전하게 받아들이도록
도와주십시오.
아멘.

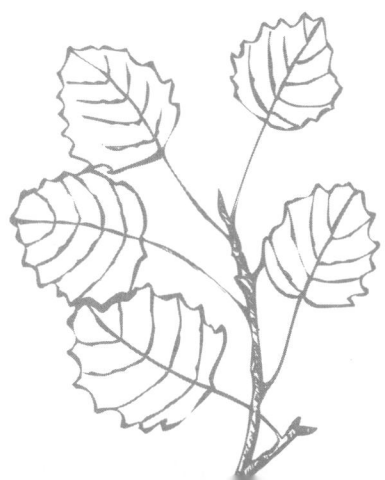

집에 있지 않겠다

어린 수련 수녀일 때, 나는 우리 주님께서 파우스티나 성녀에게 내려 주신 '주님의 자비를 구하는 기도'에 친숙해졌다. 그 기도를 날마다 바쳤고 주님께서 파우스티나 성녀에게 계시하신 말씀의 깊은 뜻을 직접 깨닫게 되었다. 우리 주님께서는 누구든지 성금요일에 시작하여 부활 후 첫 일요일에 끝나는 9일기도를 바치면, 그의 청을 들어주시겠다고 약속하셨다. 그 청이 그 사람의 삶에 대한 하느님의 뜻에 합당하다면 말이다. 언젠가 부활 시기에 나에게는 간절히 바라는 아주 큰 청이 있었다.

그 청은 모두 여러 해 동안 교회를 떠나 있었던 아버지와 관련된 것이었다. 나는 엄마께 들어서 두 분이 결혼할 당시에나 내가 어렸을 때에는 아버지가 아주 신앙심 깊은 분이었다는 것을 알고 있었다. 곧이곧대로 말씀하시는 성격으로 자존심 강하고 솔직한 분이셨던 아버지는 어떤 식의 위선도 용납하지 못했기에, 일부 교인에게 상처를 받자 신앙생활까지 완전히 접으셨다.

엄마와 나는 아버지가 신앙으로 되돌아오는 날이 오기를 늘 기도했다. 열다섯이라는 어린 나이에 수도 생활을 시작했을 때, 나는 아버지가 교회로 돌아오시도록 기도하기를 내 사명으로 삼았다. 주님의 자비를 구하는 기도가 내가 주로 바치는 기도가 되기는 했지만, 시간이 흐르고 달이 지나 해가 바뀌자, 하느님께서 정말로 듣고 계시는 걸까 하는 생각이 들기 시작했다.

그 해 부활 시기에 위스콘신 주의 학교에 배속되어 있던 나는,

주님의 자비를 구하는 9일기도와 관련한 우리 주님의 약속을 다시 한 번 곰곰이 생각해 보았다. 그리고는 성금요일부터 부활 후 첫 일요일까지 내리 9일 동안, 매일 주님의 자비를 구하는 9일기도를 성심껏 바치면서 그분께 간절히 청했다. "엄마와 저는 오랫동안 기도해 왔으며, 주님만이 기적을 일으키실 수 있습니다. 부디 저희 아빠가 믿음의 가정으로 돌아오게 해 주십시오." 9일기도의 마지막 날, 지금 공식적으로 '하느님의 자비 주일'로 불리는 이 날에 나는 마음이 평화로워졌다. 며칠이 지나도 희망에 찬 상태가 계속되었다.

3주 후에 나는 펜실베이니아 주 피츠버그의 고향을 방문했다. 엄마와 나는 낮에 외출했다가 저녁 늦게 집에 돌아왔다. 우리가 집에 아주 늦게 왔기 때문에, 나는 아버지가 걱정했으리라는 것을 알고 있었다. 문을 열고 들어서자, 아버지가 "나는 이제부터 집에 있지 않겠다!" 하시는 말씀이 들렸다. 아버지의 말씀을 낮에 집에 남아 있었던 것을 후회하며 우리와 함께 나갔으면 좋았을 것이라는 뜻으로 생각한 나는, 우리와 같이 나가시자고 말했다.

아버지는 다시 한 번 힘주어 말씀하셨다. "나는 이제부터 집에 있지 않겠다. 성당으로 돌아가겠다!" 와, 우리가 잘못 들었나 싶어 엄마와 나는 서로를 쳐다보았다. 그때 내가 소리쳤다. "주님은 찬미받으소서!" 실로 기쁨에 넘친 저녁시간이었!

아버지는 그 다음 주일에 성당으로 돌아오셨고, 2주 후에 부모님은 35년 전 두 분이 결혼하셨던 바로 그 성당에서, 두 분의 혼배성사를 집전하신 바로 그 신부님 앞에서 혼인갱신서약을 하셨다.

나는 "끊임없이 기도하십시오!"라는 복음 말씀에 수반되는 열매를 직접 알게 되어 형언할 수 없는 행복과 기쁨을 느꼈다.

| 오하이오 애크런에서 조진 M. 골록 수녀

+ 하느님께 청한 것을 당장 받지 못하더라도 근심하지 말라. 당신이 기도하며 그분께 매달리는 동안, 그분은 당신에게 훨씬 더 좋은 것을 해 주고자 하시기 때문이다. 〈에바그리우스 폰티쿠스〉

두 천사

2007년 6월 어느 주말에 나는 친구 두 명과 함께 미시간 주 앤아버에 피정을 하러 갔다. 그 피정은 '성체의 성모 도미니코 수녀회'에서 주관한 것이었다. 일요일 오후 클리블랜드로 되돌아오려고 앤아버를 떠날 준비를 하던 우리는 집으로 가는 길을 모른다는 것을 깨달았다. 정확한 출구와 고속도로를 애써 추측하는 대신, 우리는 어머니의 강요로 가져온 GPS(위성항법장치, 세계 어느 곳에서든지 인공위성을 이용하여 자신의 위치를 정확히 알 수 있는 시스템)를 이용하기로 했다. GPS는 굳이 고속도로를 고수하지 않고 시골 지역을 거쳐서 집에 가도록 안내했고, 우리는 최소한 길을 잃지는 않겠다고 생각했다.

앤아버를 출발해서 30분, 그리고 고속도로를 빠져 나와서 몇 분 후에, 나는 계기판의 축전지 표시등에 불이 들어온 것을 보았다. 그 표시를 한 번도 본 적이 없어서, 앞좌석에 앉아 있던 친구에게 조수석 서랍에서 사용설명서를 꺼내 무슨 표시인지 알아봐 달라고 했다. 그리고 다른 친구에게는 차를 축성하도록 내 가방에서 성수를 꺼내 달라고 말했다. 우리는 무사히 집에 갈 수 있게 되기를 기도하기 시작했다.

사용설명서를 보고 나서야 그 표시가 자동차의 발전기 벨트가 망가졌거나 찢어졌다는 뜻이며, 당장 차를 길가에 대고 엔진 과열을 막아야 한다는 것을 알게 되었다. 사방에 주유소 하나 없는 시골 한복판에서 2차선 도로의 길 한 편에 멈추어 서는 것이 좀 불안했지만, 엔진이 과열되는 것도 결코 원하지 않았다. 1.5km 남짓 더 간 곳에 비포장 노견대피소가 있는 것이 보였는데, 그곳은 점멸등이 있는 교차로를 막 지난 곳에 있었다. 우리는 길가보다는 노견대피소가 더 안전할 것 같아 그곳에 차를 세우기로 했다.

나는 성장기에 가이드포스트의 「지상의 천사Angels on Earth」라는 잡지를 많이 읽었고, 그 잡지 기사 중에서 곤경에 처한 사람들에게 정체를 알 수 없는 낯선 이가 한두 명 나타나서 그들을 도와주고는 흔적도 없이 사라졌다는 이야기들을 좋아했다. 그래서 나는 자동차에서 내리면서, 제발 우리가 지금 정말로 천사 두 분의 도움을 받을 수 있게 되기를 주님께 기도했다.

우리는 자동차 엔진 덮개를 열고 안쪽을 들여다보았지만, 발전기 벨트가 어디에 있는지도 몰랐고 별 이상도 없어 보였다. 하지만 다시 출발하려고 해 보니, 뭔가 잘못된 게 분명했다. 젊은 여자

셋이 고장 난 차의 엔진 덮개 아래를 하릴없이 바라보고 있었으니, 틀림없이 애처로운 광경이었을 것이다. 이때 반대편 차선에서 차 두 대가 속도를 늦추었다. 각 차에는 남자가 한 명씩 타고 있었다. 남자들은 우리에게 무슨 일인지 묻고, 연락해서 도와줄 사람이 있는지 물었다. 나는 그들이 우리를 해치려는 게 아니라 좋은 뜻으로 도우려는 것임을 내심 알았다.

우리가 클리블랜드에서 왔고 발전기 벨트 위치도 모른다고 하자, 그들은 길을 건너서 우리를 도와주었다. 그들은 우리에게 망가진 발전기 벨트를 보여 주었고, 견인회사가 우리 차를 견인해 갈 차를 보내는 데 지극히 비협조적이자, 자진해서 내 차를 견인해 가서 직접 고쳐 주었다.

우리 차가 고장 난 곳은 그 남자들 부모 소유의 땅에서 1km도 안 되는 거리였고, 그곳에서 그들 가족은 주말에 캠핑을 하고 있었다. 그래서 그들은 남자들이 쓰는 온갖 연장을 갖춘 그들 아버지의 헛간에서 내 발전기 벨트를 교체해 주었다. 사마리아 로드(미시간 주의 도로 이름)의 길 한 편에 나타난 이 두 청년은 간곡한 내 기도에 대한 응답이었고, 진정한 선한 사마리아인이었다.

하느님께서는 차를 고쳐 달라는 내 기도에 응답하셨을 뿐만 아니라, 이 체험을 통해 또 하나의 교훈을 나에게 가르쳐 주셨다. 앤아버에서 피정을 하는 동안, 참가자들은 각자 주머니에 담긴 호칭기도 한 구절을 뽑아서 하느님이 우리에게 하시는 말씀에 대해 기도하게 되어 있었다. 나는 주말 내내 내가 뽑은 말씀에 대해 기도했지만, 피정이 끝날 때까지 별다른 큰 통찰을 얻지 못했다.

다시 집으로 운전해 가면서, 나는 드디어 내가 뽑은 호칭기도 안에서 하느님이 내게 하시는 말씀을 알아들었고 그것은 차가 고장 난 경험을 통해서였노라고 친구들에게 말했다. 나는 진정으로 하느님을 신뢰하는 경험을 했던 것이다. 내 호칭기도 구절은, "예수 성심이여, 당신을 신뢰합니다."였다. 하느님은 주신다. 그분은 항상 주신다. 그리 빨리 주시지 않을 때도 간혹 있겠지만, 그분은 언제나 우리와 함께하며 우리를 돕고 계신다.

| 오하이오 브로드뷰하이츠에서 캐서린 M. 코마르

남편의 꿈

우리 가족은 작년에 호주로 이주했는데, 성공적으로 이민할 수 있었던 것이 성모님 덕이라고 생각한다. 이민 서류의 기한이 만료되기 6주 전, 현지 대리인은 영주 비자가 한 달 안에 나오지 않으면 우리 서류의 기한이 만료되어서 보다 최근의 서류를 제출해야 한다고 알려 왔다. 우리의 처지가 좀 걱정스러웠던 것은, 당시 현지 대행사에 의해 비자 발급이 지연되는 일을 이미 겪었던 탓이다. 우리 가족은 걱정스러운 마음으로 이 상황을 타개할 인도와 지침을 내려 주십사 청하는 기도를 바쳤다.

그날 밤 남편은 어떤 사람이 우리 가족에게 묵주기도를 드리라고 알려 주는 꿈을 꾸었다. 묵주 한 알 한 알을 이민 신청서 처리를 담당한 이민국 직원을 생각하며 기도하라는 것이었다. 우리는 사흘 동안 온 가족이 모여서 남편의 꿈에서 일러 준 대로 묵주기도의 네 가지 신비를 묵상하며 기도했다. 사흘째 되던 날 저녁 무렵, 기도의 대상이었던 이민국 직원에게서 연락을 받았는데, 우리 가족의 비자를 그 주 안에 발급해 주겠다는 게 아닌가!

묵주기도의 힘은 그게 다가 아니었다. 우리는 당장 호주의 시드니로 짧은 여행을 떠났고, 그곳에 영주하기 전에 미리 아이들이 다닐 학교를 알아보고 우리가 살 새 집을 직접 찾아보았다. 친구들은 자기네 아이들이 다니는 학교를 추천했지만, 유감스럽게도 정원이 다 차서 그 학교들은 우리 아이들을 받아 줄 수 없었다. 우리는 다시 한 번 남편의 꿈에서 지시받은 대로 묵주기도를 드렸는데, 이번에는 묵주 한 알 한 알을 성모님께 바치면서 우리 가족에게 가장 잘 맞을 동네와 학교를 보여 주시기를 청했다.

그 다음 날, 예전의 직장 동료가 우리에게 자기가 사는 동네 주변을 보여 주면서 근처에 가톨릭 학교들이 있다고 알려 주었다. 잘 됐다 싶어 이 학교들에 문의했더니, 그 학교에서는 우리의 온갖 질문에 상냥하게 답해 주었을 뿐만 아니라 우리의 신청서를 받아서 아이들을 등록해 주었다.

그날 저녁에 우리는 기도에 응답해 주신 성모님께 감사를 드렸다. 우리 아이들이 성모 초등학교와 마리아 고등학교에 다니게 되었고, 우리의 새 본당이 될 곳이 성모 마리아 성당이라는 것이 밝혀졌을 때도 우리는 그리 많이 놀라지 않았다.

| 호주 뉴사우스웨일스 캐머레이에서 그레이스 R. 베가

+ 하느님께서 자신의 기도를 빨리 들어주시기를 바란다면 다른 것을 위해, 심지어 자신의 영혼을 위하여 기도하기 전에, 하느님을 향하여 서서 두 손을 뻗어 온 마음을 다하여 원수를 위해 기도해야 한다. 이런 행동을 거쳐야 하느님께서는 그가 청하는 것을 무엇이나 들어주실 것이다. 〈교부 제논〉

+ 명확한 응답을 얻으려면 명확히 열렬하게 요청하라. 막연한 기도 탓에 그토록 많은 기도가 응답을 받지 못한 것처럼 보이는 것이다. 명확하게 간구하라. 용도가 명확한 곳에 수표를 기입하고 하늘나라의 은행에 예수님의 이름으로 그 수표가 제시될 때 현금으로 받게 된다. 감히 하느님께 명확한 태도를 취하라. 〈작자 미상〉

나 자신의 조언에 따르기

다른 많은 사람들처럼 내 이야기는 실망으로 시작한다. 내가 직장에서 실망한 것은, 하고 싶은 일을 할 기회가 없었고 손대는 일은 족족 실패했기 때문이었다. 내가 집에서 실망한 것은, 네 살짜리 딸과 충분한 시간을 함께해 줄 수 없었기 때문이었다. 가족과의 관계가 고통으로 느껴졌다. 나는 꿈과 포부가 있었지만 끝내 이루지 못할 것 같았다.

내 마음이 회의로 가득할 때 내가 아주 잘 아는 사람이 나와 같은 직장에서 일하기 시작했다. 이 사람은 힌두교도여서 그리스도교에 대해서 궁금한 것이 많았다. 좋은 가톨릭 신자로서 나는 그에게 예수님에 대해, 그리고 나와 하느님의 관계에 대해서 말해주기 시작했다. 마침내 그는 나에게 영적 지원을 구하기 시작했다. 나는 그를 인도하면서 하느님께 내어 맡기는 일이 얼마나 중요한지를 깨닫게 되었다.

어느 날 그가 일신상의 여러 문제로 몹시 처져 있기에, 그에게 하느님께 내어 맡기라고 하면서 하느님이 우리에게 주시는 모든 것은 다 이유가 있다고 말했다. 아픔과 고통은 다 이유가 있으며, 기쁨과 행복도 다 이유가 있다. 무슨 일이 있어도 하느님은 결코 우리를 잊지 않으신다. 나는 신약성경 구절을 내 멋대로 인용했다. "나리꽃이 무엇을 입을까 걱정하던가요, 아니면 새들이 무엇을 먹을까 걱정하던가요?" 나는 그에게 모든 것을 하느님께 내려놓고 그분이 어떻게 돌보아 주시는지 지켜보라고 말했다.

이런 일이 있고 나서 나는 내가 한 말이 나에게도 해당한다는 것을 느꼈다. 이 사람과 대화함으로써 내가 하느님에 대해 더 많이 알게 되었을 뿐만 아니라, 그에게 하라고 조언한 일을 나 자신도 하기 시작했다. 나는 정해놓고 기도할 시간이 없었기에 하느님과 수시로 대화하기 시작했는데, 가끔은 사람들과 대화하는 도중에 기도하기도 했다. 나는 그분을 내 삶의 모든 면에, 모든 대화와 모든 결정에 동참하시게 했다. 나에게 기도는 더 이상 주님의 기도나 성모송이 아니었다. 기도는 내가 하느님 아버지(내가 사랑을 담아 아빠라고 부르는 분)와 예수님(결코 나를 실망시키지 않는 사랑하는 형제)과 성령(내가 말이나 행동을 해야 할 때 인도를 구하는 분)께 감사를 드리고 상의하며 조언을 구하는 일이었다. 나는 기도를 할 때마다 더 많은 의미를 찾아냈다. 전에는 한 번도 온 정신을 쏟아 주님의 기도를 드리지 않았지만, 이제는 한마디 한마디 의미를 새기며 진심으로 바친다.

나는 하느님께 내 열정과 관심사에 대해 말하면서, 모든 것을 그분께 내려놓고 그분의 뜻에 따르겠다고 말씀드렸다. 나는 직장을 그만두고 내 사업을 시작해서 딸과 더 많은 시간을 보낼 수 있었다. 우리의 봉급으로는 생활하기에 넉넉하지 않았다. 집세는 비쌌고 갚아야 할 돈도 많았다. 하느님께서 아주 훌륭하게 돌보아 주셔서 우리는 어떻게든 그럭저럭 매사를 해결했다. 조마조마한 적도 여러 번 있었지만, 걱정은 그만두고 우리가 할 수 있는 일에 전념했더니 나머지는 하느님께서 돌보아 주셨다.

직장을 그만둔 지 6개월이 된 지금 나는 학원을 운영하고 있다. 내가 애써 일감을 찾지 않아도 일감이 들어온다. 이따금 나는 하느님께 기분 좋은 깜짝 선물을 받는다. 내가 탁월한 영업 능력이 있는 사람은 아니지만, 하느님이 나를 대신해 영업하며 재정을 관리하시고 나에게 맞는다고 생각하는 일을 주신다. 귀를 기울이면 그분이 내게 하시는 말씀이 들리는 때도 있다. "걱정하지 마라, 로위나야, 내가 너를 돌보아 주겠다." 내가 그분을 신뢰하며 날마다 그분이 베풀어 주시는 것들에 감사하고 행복해하는 한, 그분은 계속 나를 인도하고 도우시리라는 것을 안다. 나는 이제 딸과 함께 많은 시간을 보내며 사이가 더 돈독해졌다. 참으로 행복하다.

| 인도 카르나타카 방갈로르에서 로위나 S. 글래스퍼드

\+ 침묵하시는 성모님, 제가 어떻게 하면 당신과 함께 당신처럼, 당신이 그러셨듯이 모든 것을 마음에 담아두고, … 당신이 그러셨듯이 마음의 침묵 안에서 늘 기도하는 법을 배울 수 있을지 제게 말씀하여 가르쳐 주십시오.

〈콜카타의 복녀 데레사〉

모든 것이 변했다

결혼 25주년 기념일은 특별한 날이어야 했겠지만, 내 결혼 생활은 그 일주일 전에 끝났다. 나는 어떤 종교에도 적을 두지 않은 남편을 위해 기도했다. 성경에 나와 있듯이 그가 나를 사랑하고 그의 사랑을 보여 주기를 기도했다. 잘생긴 두 아들은 가톨릭 신자로 자라났다. 아들들은 예나 지금이나 내가 창조주께 받은 선물이다.

나는 종종 성모님과 요셉이 살아가면서 고통을 어떻게 극복하셨는지를 살펴본다. 기도의 힘을 믿는 나는 아주 어린 나이 때부터 기도 모임에 나갔다. 나에게는 아름다운 집과 괜찮은 직장이 있었다. 부모님도 근처에 사셨다. 나에게 부족한 것이라고는 단 하나, 남편의 사랑이었다. 남편은 결혼 생활 밖에서 사랑을 찾아다녔기에 우리는 더욱 멀어졌다. 나는 여전히 기도했지만 희망을 잃어가고 있었다. 내가 결혼 생활을 끝내기로 마음먹은 것은 남편이 다른 여자를 사랑했기 때문이다. 이혼하자 모든 것이 변했다. 재정적 안정과 내 삶의 방식, 내 가족, 내 마음이 무너져 내렸다.

이 시기에 어머니까지 신장마비로 잃었다. 이 기간을 견디기가 무척 힘들었지만, 나는 여전히 기도했고 미사에 참례했으며 성체를 영했다.

나는 몹시 슬펐고 공허함을 채워 줄 사랑을 물색했다. 남자친구를 몇 명 사귀기도 했다. 상처와 아픔으로 식욕이 없었고, 실제로는 마흔여섯 살이었지만 서른여섯 살 먹은 사람처럼 보였다. 나에게 관심과 사랑을 보이는 남자면 누구에게나 끌렸지만 혹독한 대가를 치렀다. 나는 내면적으로는 배교자가 된 것 같은 기분이 들었고, 상실감이 크다는 이유로 나의 모든 행동을 정당화했다. 기도도 계속했고 당시로서는 최선을 다했지만 불행했던 것은, 내가 예수님이 내 기도에 응답하실 것이라 기대하지 않았던 탓이다. 나는 앞을 향해 달렸지만 그것은 나의 길, 잘못된 길이었다.

여러 번 착오를 겪은 후에 나는 마침내 내 힘으로는 사랑을 찾을 수 없다는 결론을 내렸다. 하느님 아버지께 아버지의 뜻을 보여 주십사 기도했다. 이때 나는 지하 아파트에 혼자 살고 있었고 사업은 기울었으며 점점 하느님께 의지하고 있었다. 몹시 슬펐던 나는 평일 미사에 나가고 묵주기도를 바치며 수시로 성체조배와 고해를 하기 시작했다. 여러 사람과 함께 기도하며 9일기도를 여러 번 바쳤다. 나는 인생의 최저점에 있었다. 낙오자가 된 것 같은 기분이었고 내 인생은 끝난 것 같았다. 하루하루 살아가려고 애썼지만 많이 울었다. 기도도 많이 했고, 미사는 내 마음에 평화와 그리스도를 가져다주었다. 하느님께 자주 말을 건넸다. 이것이 그분께서 원하는 바라면 감내하겠노라고 말씀드렸다. 나는 그분의 뜻과 방식에 온전히 내어 맡겼다.

나는 결국 멋진 남자를 만났다. 그도 배우자를 잃고 괴로워하는 사람이었다. 우리는 오샤와 시에 있는 노동자 성 요셉 성당에서 만나서 친구가 되었고 사랑에 빠졌다. 내 기도가 응답받은 것은 내가 하느님을 결코 단념하지 않았기 때문이다. 나는 이제 아름다운 집에 살고 성당에서 결혼했으며, 집 가까이에 있는 병원에서 일한다. 남편은 나를 사랑하고, 우리는 가톨릭 신앙과 예수님에 대한 사랑을 날마다 서로 얘기한다. 우리는 함께 묵주기도를 바치고 미사에 간다. 내가 기도했고 하느님께서 내 모든 어려움을 돌보아 주셨기에 그가 내 인생에 들어와 있는 것이다. 내가 겪은 고통이 내 인생을 바꾸었기에, 나는 날마다 그 고통에 대해 하느님께 감사를 드린다. 나는 인내심을 갖고 하느님을 기다리기만 하면 되었던 것이다.

| 캐나다 온타리오 오샤와에서 헤더 J. 토탄트

+ 기도는… 악마의 힘을 모두 무력화시키고, 앞 못 보는 이를 보게 하며, 약한 이를 강하게 하고, 죄인을 성도로 변화시킨다. 〈성 알퐁소 리구오리〉

+ 응답받지 못한 기도보다 응답받은 기도에 더 많은 눈물을 흘린다.
〈아빌라의 성녀 데레사〉

나의 부엌 기도

구원받은 이후 나는 밤낮으로 아주 깊은 기도를 바쳐 왔다. 성당에서 5분 거리에 살고 있어서 미사에도 되도록 많이 참례하려고 애쓴다. 성경을 수시로 읽으며 집에 혼자 있을 때면 이따금 성가를 부르기도 한다. 내가 뇌졸중으로 쓰러진 후 이모 집에 살면서 조카들과 이모부와 내 아들을 위해 음식을 만들었던 일이 기억난다.

어느 날 오전, 점심식사를 준비하느라고 닭고기를 자르던 나는 칼날이 무딘 것을 알았다. 왼손의 힘만으로 닭고기를 토막 내어야 했기에 어쩔 줄 몰랐다. 그때 나는 과테말라에 있을 때에는 피리를 불면서 "칼 가실 분~. 칼이나 가위 갈아요~."라고 소리치며 돌아다니던 사람들이 있었다는 것이 기억났다.

나는 혼잣말했다. "오 하느님, 지금 당장 칼 가는 사람이 한 사람이라도 지나간다면 정말 좋겠습니다. 칼도 갈고 가위도 갈 수 있을 텐데요. 이모는 숫돌 하나 없고 저는 이 닭을 토막 낼 수 없으니, 얼마 되지 않는 제 연금에서 그 비용을 내겠습니다. 아이들이 학교에서 집에 돌아오면 먹어야 하니까요. 오 하느님, 어떻게 할까요?" 온 정신이 자기연민과 무딘 칼 생각으로 가득해 있던 차에, 저 멀리 과테말라에서와 똑같은 피리 소리가 벨리즈의 이 작은 시골에서 들렸다!

나는 피리 소리를 듣고서도 그것이 과테말라에서처럼 칼 가는 사람의 피리라는 것을 믿을 수 없었다. 2분가량 지나서야 문에 가서 제대로 들은 건지 확인했다. 다리를 저는 내가 문에 당도해서 보니, 칼 가는 도구를 들고 있는 그 남자의 모습이 과테말라의 칼 가는 사람과 똑같아 보였지만, 벌써 도로를 가로 질러 골목길을 돌고 있었다. 그 사람에게 소리쳤지만 내 목소리를 듣지 못하기에 하느님께 외쳤다. "오 하느님, 제가 너무 어리석어서 곧바로 확인하지 못했습니다. 제발 그 사람을 돌려보내 주십시오, 네?"

돌아가 닭과 씨름하고 있으려니까 5분쯤 후에 다시 피리 소리가 들렸다. 이번에는 만면에 함박웃음을 띠고 최대한 빨리 문으로 걸어가, 그 남자를 불러 세웠다. 그는 도구를 꺼내어 놓고 칼과 가위를 갈기 시작했다. 온 동네 사람들에게 큰 구경거리였다. 이웃들도 모두 이 남자를 처음 본 듯이 쳐다보았다. 나는 아주 행복했다. 스페인어로 말하던 그 사람은 내게 16달러를 청구했고, 나는 그에게 20달러 지폐를 주었다. 그는 거스름돈이 없자, 가장 가까운 가게가 어딘지 스페인어로 나에게 물었다. 나는 손으로 가리켰다. 그는 칼갈이 도구를 그대로 둔 채 돈을 거스르러 갔다. 돌아와서 내게 거스름돈을 주고는 좋은 하루 보내라고 인사했다. 내가 벨리즈에서 칼 가는 사람을 보거나 그의 피리 소리를 들은 것은 그때가 처음이자 마지막이었다.

이 남자는 도움이 절실히 필요했던 나에게 하느님께서 보내 주신 천사였을까? 당연히 나는 하늘에 계신 아버지와 예수님께 당장 감사를 드렸다. 내가 아는 것이라고는 아이들이 점심을 먹으러 학교에서 집에 돌아왔을 때 음식이 다 되어 있었다는 것뿐이다.

| 벨리즈 버튼우드베이에서 마리아 M. 파브로

+ 창조주를 그분의 창조 안에서, 일꾼을 그분의 일 안에서 사랑하는 법을 배워라. 피조물에 현혹되어 그 모든 것을 창조하신 분을 잊지 말라.
〈성 아우구스티노〉

+ 내 마음아, 지금 말하여라, 하느님께 말씀드려라. "당신의 얼굴을 찾고 있습니다. 주님, 제가 당신 얼굴을 찾고 있습니다." 〈성 안셀모〉

모욕적인 채권 추심

기업 신용관리인인 나에게는 관리하고 추심할 계정이 많다. 몇 해 전 한 건설 계정이 몹시 다루기 힘든 상태가 되었다. 그 회사의 채무는 여섯 자리수의 큰 액수였는데, 그 회사는 지불하지 않을 구실을 계속 만들어 냈다. 결국 그들이 전혀 갚지 않겠다는 위협을 가하기 시작하는 지경에 이르렀다. 담당 직원과의 마지막 통화는 끔찍했다. 그는 소리 지르고 화를 내며 모욕적인 말을 했다. 다음 날 나는 그 사람과 직접 만나기로 되어 있었는데, 그를 볼 생각을 하니 기분이 좋지 않았지만 일을 진행시켜 준비를 계속했다. 그것이 내 일이었기 때문이다.

그날 저녁 나는 속이 울렁거려 토할 것 같은 느낌을 떨칠 수가 없었다. 긴장하고 속상해서 거의 먹지도 못하고 다른 것은 아무것도 생각할 수 없었다. 한참동안 나를 도와주시는 성령의 인도를 청하는 기도를 드렸다. 나는 몇 번이나 거듭해서 내가 무슨 말을 해야 하고 무엇을 이루어야 하는지에 대한 세부 사항을 마음속으로 연습했다.

이 계정이 아주 컸기 때문에 많은 것이 어찌될지 모르는 상황이었다. 내 일자리뿐만 아니라 회사 전체의 미래가 여기에 달려 있었다. 많은 사람이 나에게 의지하고 있었는데 나는 전혀 그 임무를 해 볼 만하다고 여기지 않았다. 결국 나는 성령의 촉구로 신부님께 전화해서 그 다음 날의 회의를 위해 기도해 달라고 청했다. 신부님께 내가 몇 달간 이 고객과 어떻게 일했고, 시간이 갈수록 사태가 어떻게 점점 더 악화되었는지에 대한 모든 정황을 설명했다. 신부님은 분명 내가 얼마나 속상했는지를 내 목소리에서 알수 있었을 것이다. 신부님이 기도해 주겠다고 하자, 나는 당장 좀 나아지는 듯했다. 나는 신부님이 기도를 매우 진지하게 여기는 분으로, 아주 굳센 기도의 용사이신 것을 알았다.

나는 다음 날 회의장에 운전해 가면서 긴장한 채로 묵주기도를 바쳤다. 회의가 시작되자, 그 남자는 그 사업에 관계된 여러 회사에서 온 여덟 명가량의 사람들과 함께 있었다. 그는 대뜸 아주 부적절한 의견을 내놓으며 이러쿵저러쿵 말하기 시작했다. 그런데 뭐라 설명하기 힘들지만 나는 별안간 하느님의 현존을 느꼈다. 평화롭고 고요한 느낌이 나를 휘감았다. 조용한 확신이 내면에서부터 차오르는 것 같았다. 나에게 퍼붓는 온갖 주장에 무엇을 말하고 어떻게 응수할지 정확히 알았다. 회의실 분위기가 차츰 바뀌기 시작했다.

45분가량 지속된 그 회의가 끝날 무렵에는, 채무를 갚지 않겠다고 아주 강경한 태도로 나왔던 그 남자가 나를 보며 말했다. "제 사무실에 들르시면, 제가 비서에게 90%에 해당하는 액수의 수표를 끊어주라고 하겠습니다." 나는 기뻐서 의자에서 떨어질 뻔했다! 구름 위를 걷는 것 같은 기분으로 회의실을 나왔다. 돈을 회수하러 사무실로 운전해 가는 동안 내내 하느님께 감사를 드린 것은 두말할 것도 없다. 나는 남편에게 전화했고, 신부님을 찾아 내 말을 전해 달라고 부탁했다. 그 회의를 하는 동안 내가 하느님의 현존을 아주 생생하고 강하게 느낄 수 있었기 때문에 신부님이 틀림없이 기도하고 계셨다는 것을 안다고 말이다. 남편에게 결과를 말해 주었더니, 남편은 나만큼 깜짝 놀라며 감탄했다!

남편은 웃기 시작하더니 신부님이 벌써 어떻게 되었는지 알아보러 전화하셨다고 말했다. 신부님이 남편에게 말하기를, 내가 알려준 회의시간 직전에 이 일을 위해 두 사람을 더 데리고 성체 앞에서 성시간을 가져야겠다는 생각이 강하게 드셨다는 것이다!

오늘 이 글을 쓰면서도 하느님께서 얼마나 힘껏 우리의 기도를 듣고 응답하셨는지를 기억하니 소름이 돋는다. 꽉 짜인 일정에서 시간을 내어 주신 바쁘신 신부님과, 나를 위해 신부님과 함께 주님 앞에서 성시간을 가진 두 기도 협력자에게도 더할 나위 없이 감사하다. 이 신부님은 곧 우리 본당에서 지속적인 성체조배를 시작하셨고 그것은 오늘도 여전히 활발히 계속되고 있으니, "하느님께 감사하라!"

| 텍사스 템플에서 조 앤 메이슨

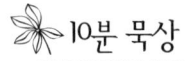 10분 묵상

잠시 시간을 내어 당신의 아름다운 정원에 가십시오. 꽃들을 보십시오. 오늘 새롭게 피어난 꽃이 있습니까? 저 건너편의 폭포 소리가 들립니까? 새들이 나무에서 노래하는 소리에 귀를 기울여 보십시오. 잠시 이곳이 얼마나 아름답고 평온한지 생각해 보십시오.

이제 당신이 과거에 대하는 데 어려움을 느꼈던 사람, 그리고 오늘 어려움을 느끼는 사람에 대해 생각하십시오.

당신이 그 사람을 염두에 두고 있노라니, 예수님께서 당신 쪽으로 걸어오시어 당신 인생의 그 어려운 사람에게 말을 건네시고 있군요. 사실 그분은 당신의 골칫거리인 사람과 함께 있는 것을 즐기시는 것처럼 보입니다! 오 맙소사! 어떻게 이런 일이 있을 수 있을까요?

이제 그 어려운 사람이 정원에서 걸어 나가고 있습니다. 당신의 정원에서요! 예수님은 이어서 당신 쪽으로 걸어오십니다. 그분이 당신을 보고 빙그레 웃으셔서, 그분이 당신을 만나 기쁘고 당신과 함께 시간을 보내고 싶어하신다는 것을 당신은 압니다.

예수님이 이 어려운 사람과 함께 계신 것을 보았을 때 당신은 잠시 동안 숨이 멎었습니까? 이제 숨을 천천히 편안하게… 내쉬십시오. 예수님이 당신과 더불어 당신 인생의 어려운 사람을 사랑하셔도 괜찮습니다.

예수님과 이 문제에 대해 말해 보십시오. 그게 아니면 그 문제는 내버려 두고 그저 정원에 조용히 앉아 있도록 하십시오. 치유가 찾아오는 것은 우리가 누군가를, 우리가 대하기 어려운 사람조차 새로운 눈으로 볼 때입니다.

묵상 마침기도

예수님,
제 마음을 열어 주시어
제가 다른 이들을 볼 때에
당신이 그들을 보듯이
보게 해 주시니 고맙습니다.
모든 사람을 사랑하시고
제가 사랑하는 데 어려움을 겪는
사람까지도 사랑하시니
감사합니다.
아멘.

위험한 굽이 길

3년 전 열여덟 살이던 막내아들이 이웃 마을의 친구 집에 갔다가 돌아오는 길에 사고가 났다. 아들은 보통 11시에서 자정 사이에 집에 왔는데 이날 밤은 달랐다. 나는 잠자리에 들었지만, 여느 때와 마찬가지로 아들이 문을 열고 들어오는 소리를 들을 때까지 실제로 자지는 않았다. 별안간 내 마음에 극심한 공포가 찾아왔고, 아들의 목숨이 위험하다는 것을 직감했다. 나는 묵주를 쥐고 열렬히 기도하기 시작했다. 성모송을 바치는 사이사이에 제발 아들을 살려 달라고 하느님께 간구했다. "아버지, 부디 그를 데려가지 마십시오. 아시다시피 저는 이런 일을 감당할 만큼 굳세지 않습니다. 제가 이렇게 간청합니다."

나는 15분가량 엉엉 울며 기도했다. 그때 부엌문이 열렸고, 일어서서 손에 묵주를 쥔 채 복도에서 아들을 맞았다. 뭐라고 말하기도 전에, 아들의 얼굴에 끔찍한 공포가 서린 것을 보고 내 예감이 맞았음을 알았다. 아들이 입을 열었다. "엄마, 방금 무슨 일이 있었는지 믿지 못하실 거예요." 아들이 설명하기를, 고속도로를 달리다가 아주 위험한 굽이 길에서 앞차를 추월하는데, 난데없이 길 한복판에 아주 커다란 사슴이 죽어 있었다는 것이다. 갈 곳이 없었다. 멈춰 서기에는 너무 빠른 속도로 달리고 있었고, 오른편에는 차가 있고 왼편에는 중앙분리대가 있었다. 사슴 위로 지나가는 수밖에 없었고, 차 밑면이 그 증거를 여실히 보여 주었다.

내가 아들에게 이 일이 일어나던 바로 그 순간에 내가 겪은 일을 말해 주었고, 그 일로 아들은 하느님께서 얼마나 자신을 사랑하시는지 확인하게 되었다. 기도는 힘이 있다는 것을 나는 전혀 의심하지 않으며, 아들의 목숨을 구해 주신 하느님께 끊임없이 감사한다.

| 매사추세츠 레민스터에서 조 앤 브로

행운이 아니라 축복

약 3년 전 나는 끔찍한 편두통 같은 것에 시달렸다. 그것이 앞으로 닥칠 더 나쁜 일의 전조前兆라는 것은 알 턱이 없었다. 뇌에서 조직 덩어리가 발견되자 나는 기도를 할 수 없을 만큼 앞이 캄캄해서, 다른 이들에게 나를 위해 기도해 달라고 부탁했다. 가톨릭과 루터교, 성공회, 감리교, 침례교, 이슬람교, 심지어는 힌두교 신자까지도 나를 위해 기도해 주었다.

그런 후 나는 병원에 가서 뇌수술을 받았다. 시련을 겪는 내내 내 머리에는 "모든 일에 감사하십시오."라는 말이 줄곧 들렸고, 그래서 나는 감사할 거리를 찾기 시작했다. 내가 든 보험에 감사했고, 신경외과 의사를 선택할 수 있어서 감사했다. 마침 그분은 내게 생긴 종양 분야에서는 이 나라에서 제일가는 의사로서, 바로 우리 집 근처에 사는 분이었다! 나는 나를 돌보아 주는 아는 것 많고 사려 깊으며 인정 많은 간호사들에게 감사했고, 통증을 줄여 주는 약에 감사했다. 나는 가족과 친구들에게 감사했다. 그러자 놀랄 만한 일이 일어나기 시작했다.

8주 동안 사람들이 자진해서 우리 가족의 식사를 챙겨 주었고, 형제들은 휴가를 내고 나와 내 딸들 곁에 있어 주었다. 딸들은 당시 겨우 세 살과 아홉 살이었다. 그 일로 나는 정말로 중요한 것—신앙과 내 인생의 사람들, 건강—에 눈을 뜨게 되었다. 한때는 당연하게 여겼던 아주 많은 것들이 아무런 예고 없이 한 순간에 사라져 버릴 수도 있다는 것을 깨달았다. 나는 눈이 열렸다. 어떤 가톨릭 신자가 내가 체험한 것이 '속죄의 고통'에 해당한다고 말해 주었다. 나는 그게 뭔지, 어떻게 일어나는 건지 지금도 온전히 이해하지 못하고 있고, 수술받던 당시에는 이런 고통에 대해 전혀 몰랐다. 하지만 내가 그 모든 과정을 훌륭하게 통과했음을 안다!

수술 후에 담당 내분비질환 전문의와 만났을 때, 그는 내게 운이 아주 좋다고 말했다. 그가 보기에 나와 같은 종류의 종양이 있는 사람들 중 98%가 결국은 어떤 식이든 호르몬 치료를 받는 처지가 되는데, 내 검사 결과는 모두 정상이어서 호르몬 치료를 받을 필요가 없다는 것이다. 그가 내게 참 운이 좋다고 말하자, 나는 운이 좋은 게 아니라 축복을 받은 것이라고 바로잡아 말해 주었다. 뇌종양 수술을 한 지 3년이 지났고, 나는 복되게도 정상적인 검사 수치를 유지하고 있다!

| 텍사스 율리스에서 수잔 데판티

✛　내가 기도를 원한 것이 아니다. 그분이 기도를 원하셨다. 내가 그분을 찾아 나선 것이 아니다. 그분이 먼저 나를 찾아 나서셨다. 태초에 그분이 나를 찾지 않으셨다면, 내가 그분을 찾는 일은 수포로 돌아갔을 것이다. 〈카를로 카레토〉

✛　기도는 당신의 운전대인가, 아니면 보조 타이어인가? 〈코리 텐 붐〉

✛　기도하는 것은 다름 아닌 문을 열어 드리는 것이어서, 예수님이 우리의 필요에 접근하여 그 필요를 해결하는 데에 그분의 권능을 발휘하게 해 드리는 것이다. 〈올레 크리스티안 O. 할레스비〉

요셉 성인의 보호

　　어릴 적에 어머니는 우리에게 기도하라고 가르치셨다. 우리는 뒷베란다에 앉아 있다가 다함께 묵주기도를 바쳤고, 기도하면서 하늘을 보곤 했다. 엄마는 말씀하셨다. "아름다운 하늘을 보렴. '성모님의 푸른 색'이구나." 이런 말씀도 자주 하셨다. "알다시피 요셉 성인이 예수님과 성모님을 보호했잖니. 그분께 기도드리면 너도 보호해 주실 거야." 엄마는 우리에게 요셉 성인께 바치는 기도를 한 부씩 주시면서 늘 곁에 두고 자주 기도하라고 이르셨다. 세월이 흐르자 나는 이 기도 사본을 내 아이들에게 주면서 그 기도를 자주 바치라고 가르쳤다.

　　막내딸 아일린이 열아홉 살 때, 혼자서 필라델피아까지 처음으로 긴 여행을 할 일이 있었다. 아일린이 간선고속도로를 운전하는 것은 처음이었다. 딸이 무사히 집에 돌아오자, 우리는 점심을 먹으러 나갔다. 식당 창가에 앉은 우리는 주차장에서 한 인부가 굴착기로 경계석을 들어내는 것을 지켜보았다. 대화 도중에 아일린은 나를 향해 탁자 위로 몸을 기울이며 말했다. "와, 엄마, 고속도로 교통상황이 정말 안 좋았어요. 제가 요셉 성인 기도에 대해 얘기했나요!"

바로 그 순간, 굴착기가 갑자기 경계석에서 미끄러지더니 창을 뚫고 들어왔다. 나는 공포에 질려 꼼짝도 못한 채 굴착기 삽이 창문을 깨고 들어와 겨우 몇 인치 차이로 아슬아슬하게 딸을 비껴가는 것을 보았다. 날카롭고 위험한 유리 조각들이 딸의 머리 뒤로 깨어지며 흩어졌다.

우리는 깜짝 놀라 벌떡 일어선 채 숨도 못 쉬고 말도 못하고 있었다. 나는 도무지 믿을 수 없다는 표정으로 딸을 바라보았다. 놀랍게도 단 하나의 유리 조각도 딸의 몸에 닿지 않았다. 딸이 안전을 위해 요셉 성인께 기도했다는 말을 하려고 몸을 앞쪽으로 기울이지 않았다면, 칼날 같은 유리 조각에 머리와 목을 다쳤을 것이다. 요셉 성인께 청하면, 성인은 예수님과 성모님을 보호하셨듯이 우리를 정말로 보호해 주신다.

| 펜실베이니아 프롬프턴에서 로베르타 H. 세프칙

날마다 내리시는 은총

남편 인생의 마지막 9년 동안 나는 남편의 간병인이나 다름없었다. 그 기간 동안 우리는 여러 번 응급실을 들락거려야 했고, 남편은 자주 입원했다. 한동안은 매주 이런 일을 겪기도 했다. 우리가 의료 처치를 받아야 할 때마다 나는 온 마음을 다해 기도하면서, 하느님의 뜻에 전적으로 따르며 그 상황을 온전히 하느님께 맡겼다.

위기가 새로 닥칠 때마다 나는 결과가 어찌되든 그분 손에 달린 일임을 내가 안다는 것과, 우리 인생에 대한 그분의 뜻이 무엇이건 내가 받아들인다는 것을 하느님께 말씀드리곤 했다. 우리에게 닥친 각 상황에 대처하는 데에 필요하다면 그것이 무엇이든 그분이 주시리라는 것을 마음속으로 알고 있노라고 말씀드렸다. 날마다 내 마음과 귀와 눈을 그분의 은총을 향해 열어 두었다.

그렇게 기도하자 내 영혼은 편안해졌고 매번 응급 상황에 부닥치는 동안에도 침착할 수 있었다. 무엇보다도 그런 기도는 내가 남편의 심장마비와 뇌졸중, 절단 가능성이라는 상황을 감당하게 해 주었다. 하느님은 자비롭게도 매번 위기를 헤쳐 나가도록 도와줄 적절한 사람들을 우리에게 보내 주셨고, 남편이 퇴원했을 때 돌볼 최선의 해결책도 마련해 주셨다.

| 코네티컷 노워크에서 스테이시 A. 반 듀젠

+ 우리 몸이 영양 섭취 없이는 살 수 없듯이, 우리 영혼도 기도 없이는 영적 생명을 유지할 수 없다. 〈성 아우구스티노〉

기도로 인한 변화

2006년 1월 24일 87번째 생신 다음날, 아버지의 식도 안쪽에 악성종양이 발견되었다. 서둘러 병원으로 모셔서 중환자 명단에 올렸지만, 생존 가능성이 거의 없었다. 아버지가 고통에 몸부림치며 소리 지르실 때 내가 잡아드린 일이 기억난다. 우리는 가족과 친지에게 전화를 걸고 이메일을 보내어 아버지가 기력을 되찾고 평안해지시기를 청하는 기도를 해 달라고 부탁했다. 아버지는 진행성 파킨슨병으로 이미 크게 고생하신 바 있고, 근 1년간은 정신이 또렷하지 않으셨다. 이제 암까지 발병한 것이다. 아버지에게는 아무 희망도 없었다. 식도가 파열되어 더 이상 음식을 삼킬 수 없었고, 신장의 기능이 떨어지고 있었다. 종양이 심장과 장, 뇌 부근에 있었고, 폐렴마저 걸렸다. 나는 이 세상의 어떤 것도 아버지를 호전시킬 수 있는 것은 없다고 생각했기에, 하느님이 아버지를 고통에서 구해 주시기만을 기도했다.

그러나 이 세상에 아버지를 호전시킬 것은 아무것도 없다는 내 생각은 틀렸으니, 이 세상의 것인 기도가 전혀 다른 상황을 만들어 냈기 때문이다. 우리 가족과 친지의 기도가 하늘에 닿아 기적이 일어났다. 아버지가 깨어나셨던 것이다. 아버지는 음식을 조금

산킬 수 있었고, 기억이 되돌아왔다. 아버지는 몇 년간 기억하지 못했던 일에 대해 말씀하셨다. 노래를 부르고 농담을 하셨으며, 우리와 함께 기도하셨다. 끔찍한 병원 음식에 대해 불평까지 하셨다(병원 음식은 당연히 진정한 프랑스인의 입맛에 맞지 않았기 때문이다). 아버지는 체력이 좋아져서 보행보조기를 짚고 걸을 수 있었고 다시 식탁에서 음식을 드실 수 있었다. 우리는 아버지를 집으로 모셨다.

그러다가 6월 8일, 아버지의 상태가 악화되었다. 모두들 이렇게 될 줄 알고 있었지만, 그렇다고 마음이 더 편한 것은 아니었다. 마지막 병원 방문길에, 우리는 아버지에게 더 해 드릴 일이 없다는 말을 들었다. 아버지를 보내 드릴 시간이 왔다. 6월 17일 10시, 아버지날(6월의 셋째 일요일) 전날 밤, 하늘나라에 계신 우리 아버지께서 아버지를 본향으로 부르셨다.

우리 아버지의 마지막 나날에 대한 이야기가 끝난 것처럼 보이겠지만, 하느님의 사랑에 대한 아버지의 마지막 증언은 끝나지 않았다. 여러 사람이 아버지를 위해 기도했고, 나는 그 기도들이 지난 2월 죽음의 손아귀에서 아버지를 끌어내어 오랜만에 갑절로 더 좋은 상태로 우리에게 되돌려 준 것이라고 진심으로 믿고 있다. 아버지를 그렇게 돌려받았기에 아버지의 죽음이 훨씬 더 마음 아팠지만, 그래도 그만한 가치가 있었다.

이따금 우리는 사람들이 힘겨운 시간을 겪고 있는 것을 보고 무심코 말한다. "당신을 위해 기도하겠습니다." 기도는 무심코 하는 것이 아니며, 그 결과를 가벼이 여겨서도 안 된다. 기도로 인한 아버지의 변화가 바로 기도의 힘에 대한 증거이다. 한 사람 한 사람의 기도에 담긴 위로와 사랑이 우리에게 아버지와 함께 지내는 아름다운 넉 달이라는 값진 선물을 주었다. 의학적으로는 불가능한 것으로 여겨진 기간이었다.

하느님은 불가능한 것을 가능하게 하신다. 엄청난 힘을 지닌 기도라는 선물은 그저 우리의 필요를 하느님께 전달하기만 하지 않는다. 기도는 하느님을 우리의 삶에 모셔 오며, 그분이 세상 끝날까지 늘 우리와 함께 계시다는 것을 우리가 깨닫게 해 준다.

| 캘리포니아 팜데일에서 테레즈 C. 코르사로

+ **하루 중 어느 때라도, 인생의 어느 계절에서도 늘 '할렐루야'를 외쳐라.**
〈성 베네딕토〉

+ **나는 성령께 나 자신을 온전히 내어 드릴 것이니, 성령께서 원하시면 언제 어디로든 이끄시는 대로 갈 것이며, 나로서는 효과적이고 굳센 각오와 진지한 식별을 하여 성령과 동행할 것이다. 성령은 아주 조용하게, 결코 떠들썩하지 않게 우리에게 내려오신다.** 〈성녀 프란치스카 사베리아 카브리니〉

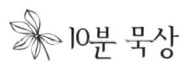 10분 묵상

당신의 정원으로 들어가는 자그마한 나무문을 밀어 보십시오. 문이 참 쉽게 열리는군요. 손으로 살짝 건드리기만 해도 부드럽게 뒤로 젖혀져서 들어갈 수 있습니다.

오늘 당신이 정원에 들어가 보니 외바퀴 손수레가 보입니다. 손수레 안에는 작은 나무가 토분에 담겨 있습니다. 가지에는 작은 꼬리표가 매어져 있군요. 흠, 분명 어떤 나무인지를 알려 주는 꼬리표일 테지요. 다가가서 뭐라고 적혀 있는지 보십시오.

꼬리표에는 이렇게 적혀 있습니다. "이 나무는 당신의 희망 나무입니다. 양지 바른 곳에 심고 날마다 물을 주십시오."

손수레 안에는 작은 삽도 있습니다. 삽을 들고 나무를 심을 곳을 찾아보십시오. 당신의 삶에서 가장 변화를 보고 싶은 영역에 대해 생각해 보십시오.

나무에는 조그마한 꼬리표가 하나 더 있습니다. 이 꼬리표에는 아무것도 안 적혀 있네요. 주머니에서 필기구를 꺼내어 당신이 염원하는 희망을 그 꼬리표에 적으십시오.

당신의 나무를 심으십시오. 물도 좀 주시구요. 이제 나무에게 필요할 햇빛과 비, 뿌리를 지탱할 대지에 양분을 주는 일은 하느님께 맡기십시오. 이따금씩 당신의 나무를 찾아가 말을 거십시오. 북돋아 주십시오.

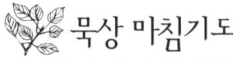 **묵상 마침기도**

하느님,
이 희망이라는 선물을 주셔서 고맙습니다.
오늘 제 희망이
아무리 작을지라도,
제가 그 희망을 심어
뿌리내리게 한다면
주님의 사랑과 보살핌 아래에서
그 희망이 자라날 것을 믿습니다.
아멘.

구원받았습니까?

나는 살아오면서 "구원받았습니까?"라는 질문을 수도 없이 많이 받았다. 또한 전형적인 개신교 근본주의자가 "당신은 가톨릭 신자라, 참된 그리스도인이 될 수 없습니다!"라는 폭탄선언도 당연히 들었다. 그 말에 내가 얼마나 분했는지 이루 다 말할 수 없을 정도이다. 내가 견진성사를 받은 '그리스도의 군사'라는 생각에 그 사람을 흠씬 패 주어도 괜찮겠지 하는 마음이 든 적도 있다. 그런 때에 주님께서 내 생각대로 행동하지 않게 하셨음에 나는 감사한다.

나는 고풍스러운 세인트루이스 도심의 아일랜드·독일계 가정에서 자랐다. 어머니는 지금도 옳지 않은 일은 도저히 하실 수 없는 '동정 성녀' 같은 분이다. 어머니는 이제 은퇴자 전용 아파트에 사시면서도 여전히 작업용 덧옷이나 앞치마를 입는 것으로 유명하다. 아버지는 성인이 된 후로 매일 성당에 가셨다. 아버지는 출근 전에 성 알퐁소 반석 교회의 6시 미사에 참례하기 위해 아침 일찍 집을 나서시곤 했다. 우리는 가족 모두가 일요일 아침 6시 미사에 가곤 했는데, 아버지가 자주 하신 말씀처럼 "주일에 가장 먼저 할 일은 주님과 함께 있는 것"이기 때문이었다. 이제 나는 우리가 그렇게 일찍 미사에 갔던 까닭이, 다들 토요일 저녁식사부터 일요일 미사를 마칠 때까지 단식을 했기에 아버지가 얼른 식사하고 싶었기 때문이었다고 믿는다!

군건한 종교 교육에는 교구초등학교, 장례미사와 혼배미사에 복사 서기, 매주 화요일 저녁 영원한 도움의 성모 신심 미사, 그리고 당연히 '성 요셉 수녀회' 수녀님들이 포함되었고, 때로는 내 아픈 관절과 귓불도 포함되었다. 그 모든 것에도 불구하고 나는 나 자신을 혈연에 의한 가톨릭 신자, 즉 판에 박은 기도 생활을 하는 모태신앙 신자라고 여기곤 했다. 내가 기쁨을 주는 일이나 별난 일, 또는 정말 중요한 일을 하고 있다고는 생각하지 않았다.

열일곱 살 무렵이 될 때까지는 그랬다. 그즈음엔 아버지가 오래전에 돌아가셨고, 우리 가족이 북부 세인트루이스에 있는 '주님의 거룩하신 이름 성당'에서 남부 세인트루이스에 있는 '성 마리아 막달레나 성당'으로 옮긴 후였다. 이 성당의 주임신부님은 빙 크로즈비Bing Crosby의 영화에 나오는 아일랜드계 신부님을 꼭 닮은 분이었다. 그분이 루이스 F. 마이어 몬시뇰이다. 그분은 백발의 거구였고 목소리에 힘이 있었다. 열두 살이던 나는 그분이 몹시 무서웠다. 그분을 알아가면서 힘 있는, 다소 진중하고 엄한 목소리와 태도 뒤의 그분이 사실은 자신의 소명과 성당, 성당 교우를 사랑하는 분임을 깨달았다. 그분은 실제로 알고 보니 지적이고 따뜻하며 남을 배려하는 재미있는 분이었다.

마이어 몬시뇰이 하신 놀라운 일이 또 있다. 그분은 내 안의 성령을 깨워 예수님과 복되신 동정 마리아에 대한 인격적 사랑에 불을 붙였다. 이제 나는 매일 기도하고 날마다 묵주기도를 바치면서 묵상하는데, 그것은 모두 그분의 본보기와 어느 특별한 일요일 내가 목격한 일 때문이다. 나는 열일곱 살이었다. 늘 첫 줄에 앉기를 고집하는 어머니 곁에 앉아서 미사를 드리곤 했다. 내가 마지못해 앞으로 걸어가면서도 크게 불평하지 않은 것은, 어떻게 한들 아무 상관없었기 때문이다. 나는 평소대로 열의 없이 기도했고, 사실 그것은 단순히 '기도하는 시늉'을 하는 것에 불과했다.

마이어 몬시뇰의 강론은 여느 때와 마찬가지로 흥미로웠고 생각을 환기시키는, 정답이 없는 질문으로 끝내서 미사의 독서 구절에 대해 직접 생각해 보게 만들었다. 그분이 감사 기도 제2양식을 막 시작했다. 내가 30년이 지난 지금도 이 일을 생생하게 기억하는 것은, 그분이 늘 감사 기도를 제2양식으로 하신 것 같기 때문이다. 기도의 도입부에 그분은 늘 스트라이크를 외치는 심판처럼 두 팔을 위로 들고는 양손에서 손가락 두 개씩을 펴서 평화의 표시를 만들었다. 그 특별한 일요일에 그분을 지켜보다가, 순간적으로 나는 마이어 몬시뇰이 기도를 그냥 읽고 있는 게 아니며, 최후의 만찬을 단순히 재연하고 있는 게 아니라는 것을 알아차리게 되었다. 그분은 자신의 말과 행동으로 감사 기도를 실제로 살아내고 있었다. 마이어 몬시뇰은 예수님을 통해서, 그리고 미사를 통해서 하느님을 사랑한 것이다.

몸이 더워지면서 당시 벌어지고 있는 일에 마음이 활짝 열리게 되었던 것이 기억난다. 나는 스펀지처럼 이 느낌과 활력을 최대한 많이 빨아들이고 싶었다. 이 '미사'라고 불리는 것과 하느님에 대해 더 많이 알고 이해하고 싶었다. 지금까지도 나는 여전히 더 많이 알고 싶은 마음을 지니고 있다. 내 기도 생활은 더 이상 침울하지 않으며, 나는 끊임없이 기도한다. 나는 본당에서 성체조배를 열심히 하며, 믿기지 않겠지만 화해의 성사도 열심히 본다.

개신교인 친구들은 나와 하느님과의 관계를 '구원받았다'고 할 텐데, 그렇게 불러도 무방하다. 나는 이제 그들이 '구원받았다'고 말하는 것이, 사실 가톨릭 신자들은 날마다 체험하는 일을 가리킨다는 것을 안다. 많은 가톨릭 신자들이 이런 날들을 당연하게 받아들이고 있지만 말이다. 개신교 신자들은 하느님께 자신의 삶에 들어오십사 드러내 놓고 청할 때 자신이 구원받는다고 믿는다. 가톨릭 신자들은 그와 똑같은 일을 미사를 드릴 때마다, 고해를 할 때마다, 기도를 할 때마다 한다. 가톨릭 신자들은 기도하며 자기 마음에 하느님을 모시는 매일의 삶 속에서 '구원' 받는 것이다. 루이스 F. 마이어 몬시뇰님, 고맙습니다. 저는 날마다 당신을 위해 기도합니다.

| 미주리 헤이즐우드에서 다니엘 T. 핼리

+ 여행자들이 기나긴 여행을 떠날 때 지팡이에 의지하듯이, 그리스도인들은 그리스도의 십자가에 의지해야 한다. 그들이 그리스도의 수난을 생각과 마음에 깊이 각인해야 하는 것은, 오로지 그것에서 평화와 은총과 진리를 얻을 수 있기 때문이다. 〈파도바의 성 안토니오〉

+ 성체를 모시려 할 때, 우리의 마음을 열도록 하자. 좋으신 하느님께서 그분의 마음을 여실 것이다. 우리는 그분께 가고, 그분은 우리에게 오실 것이다. … 그것은 한쪽에서 다른 쪽으로 불어넣어 주는 숨과 같을 것이다.
〈성 요한 마리아 비안네〉

수학 시험

나의 두 딸인 시본과 샨텔은 수학과 수학 관련 과목을 늘 힘들어했었다. 지난 9월 새 학년이 시작되자, 나는 딸들이 그쪽 분야에서의 열세를 극복하고 학교생활이 순탄하기를 비는 기도를 시작했다. 과거에 수학 관련 과목에서 어려움을 겪어 총점이 내려간 적이 가끔 있어서 그런지 딸들은 긴장하며 그 과목을 겁낼 때가 자주 있었다.

큰딸 시본은 두바이에 있는 아메리칸 대학교 2학년으로 열여덟 살이다. 시본은 경영관리를 공부하고 있어서 정량분석과 회계 같은 수업을 듣는다. 정량분석 수업이 딸에게 특히 어려워서, 시본은 첫 시험을 두려워했다. 기쁘게도 막상 시본이 자리에 앉아 시험을 치를 때에는 막힌 데 없이 답이 술술 나와서 10점 만점에 7점을 받았다. 시본은 이 성공으로 절실히 필요했던 자신감을 얻었고, 두려움이 사라진 지금은 자료를 더 잘 이해하고 있다.

열다섯 살인 샨텔은 명문학교 11학년이다. 언니처럼 샨텔도 최근 수학 시험을 보며 걱정했는데, 결국 20점 만점에 16점을 받는 좋은 성적을 냈다. 그러자 바로 오늘, 샨텔은 방에 틀어박혀서, 내일 화학시험에 공부할 것이 잔뜩 쌓여 있으니까 저녁 내내 방해하지 말아 달라고 부탁했다. 20분 후 샨텔이 내 방에 와서 입이 귀에 걸리도록 웃으며 벌써 공부를 끝냈다고 말해 나는 믿기지 않았다. 딸은 공부한 것을 하나도 잊지 않고 시험을 잘 볼 것이라 자신했지만 어떻게 이런 일이 일어났는지는 전혀 알지 못했다.

나는 딸에게 내가 정말 열심히 기도했다고 말하고, 하느님이 개입하셔서 언니와 네게 이 모든 일이 가능하게 된 것이 확실하다고 일러 주었다. "아기 예수님과 루르드의 성모님, 제 기도에 응답해 주셔서 감사합니다. 또 제가 '요한 바오로 아버지'라고 부르는 요한 바오로 2세 교황님, 감사합니다." 그분은 정말 힘이 있으시며, 나는 그분을 통해 기도 응답을 많이 받았다.

| 아랍에미리트연합국 아부다비에서 델라 L. 드크루즈

+ 이따금 사람들은 내게 이런 질문을 한다. "하느님께서 우리가 물질적인 것을 청하기를 바라지 않으시고 온갖 좋은 것을 주시는 분인 그분 자신을 청하기를 바라신다면, 왜 성경에서는 '이것을 달라, 저것을 달라 기도하지 말고 오로지 성령을 달라고 기도하여라.'라고 하지 않습니까? 왜 이 말이 분명하게 표현된 구절이 없습니까?" 나는 사람들이 부와 건강, 명예와 같은 세속적인 것들을 청할 수 없다면 아예 기도하지 않으리라는 것을 그분이 아셨기 때문이라고 대답한다. 그분은 속으로 "사람들이 세속적인 것들을 청하다 보면 더 좋은 것을 향한 갈망이 마음속에서 깨어날 테고, 결국 그들은 더 높은 것들에만 관심을 두게 되겠지."라고 생각하신다. 〈사두 선다 싱〉

+ 너희 가운데 아들이 빵을 청하는데 돌을 줄 사람이 어디 있겠느냐? 너희가 악해도 자녀들에게는 좋은 것을 줄 줄 알거든, 하늘에 계신 너희 아버지께서야 당신께 청하는 이들에게 좋은 것을 얼마나 더 많이 주시겠느냐? 〈마태 7,9-11〉

경이로우신 하느님!

나는 간절히 아이를 바랐지만, 아이를 갖는 축복을 누릴 것 같아 보이지는 않았었다. 여러 번의 유산을 겪고 전문가를 포함해 몇 명의 의사를 만나본 후에 다시 임신했는데, 이번에는 아기가 내 안에서 무럭무럭 잘 자라고 있었으니, 내가 얼마나 기뻤을지 상상해 보라. 임신한 지 얼마 되지 않아 의사는 내게 당혹스런 소식을 전했다. 아기가 심각한 의학적 문제를 지닌 채 태어날 것으로 보인다는 말이었다. 초음파 검사를 비롯한 여러 검사 결과, 아기의 위가 뇌보다도 훨씬 작았기 때문이었다. 이런 문제를 지닌 아이가 태어날 확률은 백만분의 일밖에 되지 않는데, 그럴 경우 아기는 대개 태어날 때 죽거나, 살아난다 하더라도 정신적 문제가 있는 것이다.

내 신앙은 거듭된 기도를 통해 아주 굳건했기에, 임신 기간을 통틀어 단 1초도 아기가 문제를 안고 태어나리라고는 믿지 않았다. 이 땅의 모든 이는 저마다 제자리와 목적이 있기에, 나는 하느님께서 이유가 있어서 내게 이 아기를 보내셨으며 다 잘될 것이라고 믿었다. 어느덧 아기를 낳을 때가 되었고, 과연 아기는 식도에 문제가 있는 상태로 태어났다. 아기가 태어난 지 사흘 뒤에, 소아외과 전문의가 아기의 기도를 재건하고 식도를 위에 연결했다. 3주 동안의 보살핌과 몸조리 후에 나는 아기를 데리고 집에 왔다.

지금 내 아들은 건강한 열 살짜리 소년으로, 신체적으로나 정신적으로나 아무 문제없이 하루가 다르게 쑥쑥 커나가고 있다. 아들은 하늘에서 내게 보내 준 천사이다. 나는 아들을 볼 때마다 하느님께서 내 삶에 기적을 일으키셨으며, 기도와 신앙의 힘은 날마다 기적을 일으킬 수 있다는 것을 믿어 의심치 않는다.

| 플로리다 마이애미에서 조시 주니가

별안간 차분해지다

나는 열네 살이었고, 그날은 연례적인 청소년 전례의 날이었다. 내가 연단에서 전례를 이끌 사람으로 뽑혔다. 나는 겁난 나머지 내 소감을 피력하는 말도 꺼내지 못했다. 너무나 떨려서 기절하는 줄 알았다. 그렇게 처음 얼마간 침묵하고 있던 나는, 다른 어떤 말보다도 먼저 하느님을 위해 최선을 다하게 해 주십사고 기도했다. 별안간 차분함이 찾아와서, 나는 아무 두려움 없이 기쁘게 전례를 이끌었다. 현재 예순세 살인 나는 그 경험을 영원토록 잊지 못할 것이다. 내게 하느님의 존재에 대한 증거가 필요한 적이 있었다면, 나는 바로 그 순간 그 증거를 얻은 것이다.

| 잉글랜드 노샘프턴셔 러시덴에서 앤 A. 존스

+ 우리는 우리 삶 속 온갖 사건과 활동 중에 끊임없이 기도해야 한다. 기도는 하느님과의 부단한 친교 안에서 하느님께로 마음을 들어 올리는 습관인 것이다. 〈성녀 엘리사벳 앤 시튼〉

✚   오, 주님, 제 마음과 영혼과 정신에 오시어, 저의 모든 생각과 말과 행위를 인도하여 주십시오. 〈피브락의 성녀 제르마나〉

글쓰기 대회

일리노이 주 스트리터에 있는 성 스테판 학교 8학년에 재학 중이던 시절, 나는 졸업을 앞두고 있었다. 졸업식 약 한 달 전에 누군가가 우리 교실에 와서 그 지역 귀금속 가게가 8학년 졸업생 전체를 대상으로 글쓰기 대회를 개최한다고 발표했다. 상품은 새 손목시계였다! 남녀 각각 한 명에게 수여될 예정이었다. 흥분한 목소리로 웅성거리고 있자니, 담임선생님이신 세르바티아 수녀님이 우리에게 조용히 하라는 뜻으로 양손을 드셨다. 그러자 대회를 발표한 사람이 집에 가져가서 부모님께 보여 드리도록 안내문을 배부했다.

나는 얼른 집에 가서 엄마 아빠께 말씀드리고 글을 쓰고 싶어 견딜 수 없었다. 배부된 종이 맨 윗줄을 읽었다. "왜 손목시계를 상으로 받고 싶습니까? 50단어 이내로 쓰세요." 집으로 가는 길 내내 나는 뭐라고 쓸까 생각했다. 내가 안내문을 엄마에게 보여 드렸을 때, 엄마는 내가 희망을 품게 두지 않으셨다. 엄마는 우리 학교와 시내 다른 학교의 8학년에 아주 많은 여자아이들이 있으며, 그런데도 수상자는 단 한 명이라는 사실을 나에게 상기시키셨다. 나는 개의치 않았다. 내 마음이 온통 시계를 타는 데 가 있었기 때문이다.

안내문에는 우리가 각자 신청서를 들고 귀금속 가게에 가서 상으로 받고 싶은 시계를 골라야 한다고 적혀 있었다. 어머니는 마지못해 걸어가시면서, 가는 내내 너무 흥분하지 말라고, 내가 시계를 타지는 못할 거라고 이르셨다. 귀금속 가게에 발을 들여놓은 것은 결코 잊지 못할 경험이었다. 귀금속 가게 유리 진열장 안의 온갖 예쁜 시계들을 보자 내 심장은 마구 두근거렸다. 계산대 뒤편의 남자가 우리를 대회용 시계가 있는 진열장으로 안내해서 내가 선택할 수 있게 해 주었다. 나는 검은색 고무 시계줄이 있는 백금 시계에 눈이 멎었다. 각각의 시계에는 이름 옆에 가격표가 있었다. 나는 시계를 더 자세히 볼 수 있게 해 달라고 그 남자에게 요청했다. 엄마가 속삭였다. "조심해서 잡아야 해!" 엄마는 내가 그 시계를 떨어뜨릴까 봐 걱정하셨다. 물론 엄마는 그 시계 값을 치를 수 없는 형편이었다. 나는 아주 조심했다. 사실 나는 그 시계를 만지지도 않았다. 그 남자한테 시계를 진열장에서 꺼내어 내 앞에 들고 있게 했다.

그 시계의 이름은 '앤 공주', 65달러의 가격표가 붙어 있었다. 나는 당시 시계의 가격이나 이름에는 전혀 관심이 없었다. 시계 그 자체가 아주 섬세하고 아름다웠을 뿐이다. 이 시계가 내가 받았으면 하는 시계라고 그 남자에게 말했다. 그는 빙그레 웃으며 용지에 내 이름을 적고는, 계산대 위에 있는 상자에 그 용지를 넣으라고 말했다.

집에 걸어오며 엄마는 모든 대회 참가자들과 겨루어 이길 가망에 대해 또 다시 내게 주의를 주었다. 그러고는 내게 다징하게 제안했다. "성 안나께 이 일을 전구해 주시기를 청하는 9일기도를 바치자꾸나." 말할 나위 없이 나는 당장 하느님께 기도했고, 그날 저녁부터 성 안나께 9일기도를 바치기 시작했다.

　기도는 경이로운 일을 일으키며, 어린이의 기도는 더욱 그렇다고 믿는다. 나는 모든 일을 하느님께 맡기고 그분께 의탁했다. 그분이 내 기도에 응답하실 때를 인내하며 기다려야 했다. 내심 우리 부모님이 졸업 선물로 손목시계를 사 주실 형편이 되지 않는다는 것을 알았기 때문이다. 우리는 형제가 일곱이어서, 50년대 초반이던 그 시절 부모님이 우리를 먹이고 입히는 것만도 다행이었다. 아버지는 직업이 목수였고 어머니는 가정주부로서 그 많은 아이들 일로 늘 분주하셨다.

　마침내 귀금속 가게 글쓰기 대회의 수상자를 발표하는 날이 왔다. 수상자는 나였다! 너무나 신나서 구름 위에 떠 있는 기분이었다. 나는 귀금속 가게 주인에게 가서 '앤 공주' 시계를 받았고, 그 경이로운 날 학교에서 집으로 오는 내내 하느님과 성 안나께 감사기도를 바쳤다. 그 시계가 내 손목에 있었고, 나는 내 기도가 응답받았다는 것을 얼른 엄마에게 말하고 싶어 견딜 수 없었다.

　내가 8학년에 받은 '앤 공주' 시계는 오늘도 여전히 잘 가고 있다. 결국 남편이 내게 자그마한 라인스톤이 둘러진 새 은시곗줄을 사 주어서 검은색 시곗줄을 대체했다. 그 시계는 이제 56년이 되었다. 여러 해 전 이 응답받은 기도는 내게 기도의 힘을 가르쳐 주었고, 지금 나는 끊임없이 기도를 바친다. 성 안나에 대한 내 신심도 해가 거듭할수록 커졌다.

나는 일곱 아이를 임신했을 때마다 성 안나께 9일기도를 바쳤고, 일곱 번 순산하여 일곱 명의 건강한 아기를 얻었다. 나는 지금도 '신생아' 기도 명단을 두고 가족이나 친지, 심지어 내가 잘 모르는 사람들 중에서도 엄마가 될 사람을 위해 기도한다. 내 기도 명단에 있었던 신생아들, 특히 내 손자, 손녀들과 조카들을 보면 경이롭다. 신기한 일은 내가 기도한 아이들이 태어나면 내가 그 아기들을 안거나 그들의 출생 사진을 받게 된다는 것이다.

나는 어린이와 어머니의 기도가 하느님께 아주 중요하다고 믿는다. 우리 어머니와 나 사이의 마지막 대화는 이랬다. 어머니는 나를 사랑스러운 눈길로 보시더니 말씀하셨다. "너를 위해 기도하겠다." 어머니를 뒤돌아보며 내가 말했다. "저도 엄마를 위해 기도할게요." 어머니는 나와 이 말을 주고받고 나서 얼마 후 돌아가셨다. 내 말을 믿어라, 기도는 경이로운 일을 일으킨다!

| 일리노이 맥헨리에서 에블린 하인츠

+ 기도의 지팡이를 부여잡아라. 그러면 넘어지지 않을 것이다. 혹 넘어지더라도 목숨이 위태롭지는 않을 것이니, 기도는 하느님께 열렬하고 끈질기게 강요하는 것이기 때문이다. 〈성 요한 클리마코〉

+ 기도는 하느님을 기쁘게 하고 청하는 것을 얻으며, 원수를 이기고 사람을 변화시킨다. 〈라우렌시오 유스티니아노〉

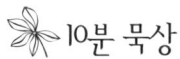 10분 묵상

오늘은 정원에 일손이 좀 필요한 것 같습니다. 어떤 꽃들은 축 늘어지기 시작합니다. 꽃에 물을 주고 어쩌면 거름도 좀 주어야 할 것 같습니다.

이제 보니 예수님이 저쪽에서 시들어 가는 작은 초록빛 덤불을 보고 계십니다.

당신이 그 작은 덤불에 차가운 물 한 잔을 줄 수 있는 방법은 무엇일까요? 당신이 오늘 당신 인생의 어떤 이에게 잠시 도움과 우정을 베풀 수 있는 길은 무엇이겠습니까?

예수님께 여쭈십시오. "오늘 제 도움이 필요한 사람은 누구입니까?"

묵상 마침기도

예수님,
오늘 제가 곤경에 처한 이를
돕게 하여 주십시오.
편지를 쓸 수도 있고
미소나 포옹, 초콜릿 칩 쿠키를
줄 수도 있겠지요.
아멘.

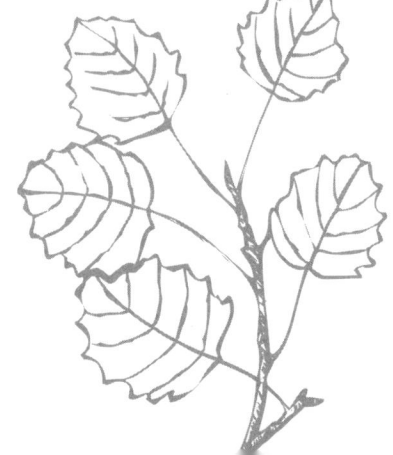

은밀한 소망

내 기적은 내 딸이다. 남편과 나는 다섯 아들을 두는 축복을 받았고, 나는 만족하려 했지만 딸에 대한 은밀한 소망이 있었다. 나는 기도했고 더 중요한 것은 믿었다는 사실이다. "하느님, 제게 잘생긴 다섯 아들을 주셨으니 당연히 행복합니다. 이 문제를 당신 손에 맡기겠습니다. 주님께서 제게 딸을 보내시지 않더라도 저는 행복할 것입니다. 주님이 저에게 최선의 것을 알고 계시다는 것을 믿습니다."라고 기도했다. 마침내 마음이 평화로워졌다. 두 달이 지나지 않아 다시 임신했고, 모두들 아들이라고 말했지만 나는 처음부터 이 아이가 딸인 것을 알고 있었다. 이 선견지명 또한 하느님이 주신 것이라고 믿는다. 당연히 아기는 딸이었다.

하느님이 보내 주신 귀여운 내 딸 레이첼이 생후 2개월에 담도폐쇄증으로 진단받았다. 담도에 문제가 있어 간이 손상되는 병이었다. 우리는 나흘 후 주치의가 소개한 외과의에게 갔고, 닷새째 날에 수술을 받았다. 아주 많은 이들이 딸을 위해 기도해 주었다. 어떤 부인은 우리에게 신부님을 보내 주어, 수술받기 전에 그 방에서 세례를 받을 수 있게 해 주었다. 다른 여성은 우리에게 할로윈 의상을 주어서 어린 아들들이 과자를 받으러 다닐 수 있게 해 주었다. 남편 마이클이 아들들을 돌보면서 레이첼과 내 곁에 있기 위해 날마다 왔다 갔다 했더니, 사람들이 아들들을 먹일 음식을 보내 주었다. 수술받는 동안에는 어떤 부부가 말 그대로 시외로 나가다 말고 차를 돌려 내 곁에 있어 주러 왔다. 우리 남편이 다른 곳에 가야 했기 때문이다. 그들이 온 것은 그들이 '부르심을 받았기' 때문이었는데, 우리가 부른 것은 아니었다.

이제 레이첼은 네 살이고, 두어 달 전에 6개월마다 받는 검사를 받았다. 의사는, "우리가 날마다 기적을 보는 것은 아닙니다."라고 말했다. 이런 아이들의 약 80%가 간이식을 받아야 하지만, 레이첼의 간 수치는 정상이었다. 나는 내가 딸을 하느님의 손에 맡기는 한 레이첼은 무탈하리라는 것을 안다. 이 모든 일에 기도가 중요한 역할을 했기에, 언제나 끊임없이 기도할 것이다.

| 네브라스카 오마하에서 수잔 M. 필립스

염려해 주는 친구

하느님은 우리와 함께 계시며 염려해 주신다! 임마누엘! 나는 하느님이 바로 우리 가까이에 계시며 매순간 우리와 함께하신다는 것을 그 어느 때보다도 더 믿게 되었다. 이 뜻밖의 사실은 나로 하여금 내 모든 근심을 그분께 믿고 내어 드리게 했다.

몇 주 전 나는 재정에 큰 문제가 있어 빚을 청산하기 위해 매달 일정액을 상환하기로 약속해야 하는 상황에 봉착했다. 아무 데도 도움을 청할 곳이 없었다. 나는 지금의 직장에서 계속 근무하며 매주 최소한 40시간의 근무시간을 채우면서 문제를 해결할 수 있기를 희망했다. 첫 달에는 일이 잘 풀려서 약속한 금액을 갚을 수 있었다. 내 믿음을 시험하는 듯이, 그 다음 주에 내 근무시간이 거의 절반으로 줄었다. 그뿐만 아니라 하루는 근무 도중 실장이, 지금은 일이 많지 않으니 집에 가 있으라고 내게 말했다. 이것은 내 근무시간이 좀 전에 예상했던 것보다 훨씬 더 적다는 뜻이었다. 나는 낙담했지만 실장 앞에서 실망을 드러내지 않았다. 집으로 걸어오면서 몹시 괴로워 기도했다. 주님께 빚 갚는 일에 대한 걱정을 말씀드리고 앞날을 여쭈었다.

그 다음 주에도 형편이 나아지지 않았다. 일정표에 나와 있는 근무시간은 내 문제를 해결하기 위해 계획한 시간보다 더 적었다. 몹시 당황스럽고 걱정스러웠다. 근무 도중 내가 처한 상황을 곰곰이 생각해 보고는 주님께 말씀드렸다. 이번에는 소리를 내어 말했다. 나 혼자 하는 말을 누가 들었는지도 모르겠다. "친구, 내게 시간을 더 내어 주는 게 좋을 것 같군요. 안 그러면 일이 잘 안 풀릴 테니 말입니다. 그래, 내가 이 달에 얼마를 갚아야 하는지 알고 있지 않습니까, 안 그런가요?"

교대 근무시간이 끝나기 전에 실장이 손에 일정표를 들고 나를 불러서는, 일정을 바꾸었다면서 2주 동안 밤 교대 근무를 해도 괜찮겠냐고 물었다. 밤 교대 근무자가 일이 생겨서 결근한다는 것이다! 이것은 내 근무시간이 예전보다 두 배로 늘어난다는 뜻이었다! 기쁨을 감출 수가 없었다. 사랑하는 주님께서 내 기도를 들으셨을 뿐만 아니라 즉시 응답하신 것이다. 이건 기적이었다. 내가 그분께 모든 것을 말씀드릴 수 있게 된 것은, 그분이 정말로 내 곁에 매 순간 계시기 때문이다. 나에게는 염려해 주는 친구가 있다. 그분께 말씀드려라, 그러면 결코 실망하지 않을 것이다.

"내 입은 주님에 대한 찬양을 이야기하고 모든 육신은 그 거룩하신 이름을 찬미하리라, 영영세세." (시편 145,21)

| 웨일스 카디프 캐세이스에서 조세핀 스텔라 나마토부

+ 하느님과 또 성모님과 단 둘이 이야기할 때, 나는 어른답기보다는 나 자신을 어린아이로 여기는 것을 좋아한다. 주교관과 모관, 반지는 모두 사라진다. 그리고 어린아이가 자신의 엄마 아빠에게 하는 것처럼, 나는 자연스러운 다정함에 나 자신을 내맡긴다. 〈교황 요한 바오로 1세〉

+ 기도는 다름 아닌 하느님과의 일치이다. 이 친밀한 일치 속에서 하느님과 영혼은 두 조각의 밀랍이 하나로 녹아드는 것과 같다. 그 둘은 더 이상 분리될 수 없다. 하느님과 그분의 하찮은 피조물과의 이 일치는 아주 경이로운 일로, 모든 이해를 뛰어넘는 행복이다. 〈성 요한 마리아 비안네〉

그래, 안 된다, 아직은 안 된다

"주님의 더할 나위 없이 완벽하고 거룩한 뜻에 따라!"
내 기도는 이런 말로 시작하거나 끝난다. 하느님이 내 기도에 응답하실 요량이라면, 나는 그분을 찬양하고 그분께 감사를 드린다. 그분이 지금은 또는 영원히 응답하지 않기로 하셨더라도, 나는 그분께 감사를 드리고 그분을 찬양한다. 나는 하느님께 요구할 몫을 분명하게 정한 적이 있었다. 내가 그분의 뜻이 이루어지기를 늘 기도하지는 않은 까닭은, 한때 내가 제일 잘 안다고 생각한 탓이다. 그러나 하느님의 은총 덕에 지금은 그분의 뜻이 이루어지기를 늘 기도하고 있으며, 이 상태가 아주 자유롭다는 것을 알게 되었다.

하느님이 응답하시지 않는 기도는 없다는 말을 다들 들어보았을 것이다. 그분은 "그래." 나 "안 된다." 또는 "아직은 안 된다." 하고 말씀하신다. 우리가 그분께 의탁할 때, 기도 응답을 받았다고 믿든 그렇지 않든, 다 보살핌을 받는 것이다. 그래도 나는 기도에 응답을 많이 받았다. 그 중에는 아주 극적인 것도 있었고 거의 알아채기 힘든 것도 있었다. 극적인 것과 알아채기 힘든 각 유형의 기도 응답이 같은 날 같은 상황에서 내게 일어났다.

그때는 1997년으로, 나는 서부 텍사스의 초등학교에서 교편을 잡고 있었다. 학기 첫날 전에 수업 준비를 다 해놓으려면 교사들은 초과 근무를 하기 마련이었다. 사실 준비하는 데 3주나 걸리기도 했다. 나는 7월 31일에 여행에서 돌아왔고, 따라서 수업 준비가 많이 늦었다. 수업 준비를 최소한 절반 정도는 끝냈어야 할 시점이었기에, 일찍 출근해서 늦게까지 남아 있어야 했다.

텍사스는 7, 8월에 살인적으로 기온이 올라가기도 하는데, 공교롭게도 그 해 교육청에서는 교사들이 교실에서 온도 조절기를 조정하지 못하게 하고 600km 넘게 떨어져 있는 달라스에 조정권을 일임했다. 우리는 당연히 이 새로운 정책에 몹시 언짢았지만,

그 문제에 대해 아무 발언권이 없었다. 우리가 수업 준비를 하려고 애쓰는 동안 에어컨은 오전 9시부터 정오까지만 들어왔다. 그 결과 외부 온도가 41.5도에 육박하는 상황에서 나는 하루의 대부분을 철골 건물 안에 있게 되었다. 우리 교실은 창문 위치가 좋지 않아 바람이 잘 통하지 않아서 전혀 시원하지 않았다. 밖에 바람이 전혀 불지 않았으니, 바람이 잘 통했다 하더라도 별 도움이 되지는 않았을 것이다. 날마다 우리 교실은 찌는 듯이 더웠다. 첫날의 고생으로 나는 집에서 선풍기 세 대를 가져와 그나마 다소 나아졌다.

그러나 그 특별한 날 오후, 나는 못 견디게 덥고 메스꺼워 기절할 것 같았다. 잠시 밖으로 나가서 계단에 앉아 말했다. "주님, 바람을 조금만 보내 주실 수는 없나요?" 그 즉시 아주 놀랍도록 시원한 바람이 나를 감쌌고 그 바람은 약 5분간 지속되었다. 아주 상쾌했다! 그 순간 하느님의 사랑을 절감한 나머지 눈물이 났다. 진심으로 감사했다. 그러나 하느님은 그걸로 끝내지 않으셨다!

다시 일을 하기 시작했는데 더워서 일이 잘되지 않았다. 그래서 말했다. "주님, 이 에어컨을 한 15분 동안만 틀어 주시면, 한동안 교실이 시원해져서 나머지 일을 끝마칠 수 있을 것 같습니다. 주님, 딱 15분이면 됩니다. 당신께 불가능한 일은 없다는 것을 믿습니다." 2분도 지나지 않아 에어컨이 들어왔다! 터져 나오는 웃음과 하느님에 대한 찬양 사이에서 서둘러 창문과 교실 문을 닫았고, 우리 교실은 시원해지기 시작했다. 밖으로 달려 나가 나머지 에어컨들을 점검해 보았더니, 한 군데도 가동되는 곳이 없었다.

우리 교실만 유일하게 작동되고 있었다!

다른 교사가 내가 밖에 있는 것을 보고 열기를 견디기가 힘드냐고 묻기에, 우리 교실 에어컨이 작동하고 있다고 말해 주었다. 그녀가 물었다. "어떻게 한 거예요?" 내가 한 일을 그대로 말해 주었더니, 그녀는 하느님께 자기 교실 것도 틀어 주십사 청해 달라고 내게 부탁해서 그렇게 했다. 하지만 그 교사의 교실은 에어컨이 나오지 않았다고 나중에 말했다. 내 에어컨은 15분이 넘도록 켜져 있어서, 교실을 제대로 식히기에 충분했다. 교실은 한참 동안 기분 좋은 온도를 유지했고 나는 그 시간 동안 필요한 일을 마칠 수 있었다.

그렇다, 하느님께서는 기도에 응답하신다! 그분의 대답은 "그래."일 때도 있고, "안 된다."일 때도 있고, "조금 기다려라."일 때도 있다. 그분만이 그 이유를 아신다. 그분은 아주 선하고 아주 자비로우시며, 나는 그분이 내 기도에 응답하신 다양한 면을 전혀 주저하지 않고 다른 이들에게 이야기한다. 너무 많아서 책을 써도 될 정도이다!

| 텍사스 유베일드에서 도라 C. 갈라르도

한 번 더 포옹을

2003년, 3년 동안 워싱턴 주 기그하버에서 살던 남편과 나는 오하이오 주 톨레도로 돌아왔다. 어머니와 아버지, 딸, 언니,

조카들, 숙모들과 삼촌들이 사는 곳으로 돌아오니 참 좋았다. 여든네 살 되신 아버지 토니는 언제나처럼 여전히 독립적이시고 삶에 대한 사랑이 충만하셨다. 아버지는 아직도 방사성 약물을 지역 병원에 배달하며 일주일에 사흘을 일하셨고, 집을 손수 건사하셔서 잔디를 깎고 나무 난간을 만들며 칠을 하고 집 안의 바닥을 새로 까는 일을 하셨다.

하지만 아버지는 여느 때와 다르게 피곤을 느끼기 시작하셨고, 담당 의사는 심도자술을 권했다. 수술 당일, 우리는 모두 웃으며 우리가 자랄 때 얼마나 좋았는지, 우리가 서로를 얼마나 사랑하는지에 대해 이야기를 하고 있었다. 우리 중에 뭔가 잘못될지도 모른다고 생각한 사람은 아무도 없었다. 수술 대기실에 있으면서 우리는 모두 의사들을 위해, 그리고 성공적인 수술 결과를 위해 묵주기도를 바쳤다. 아버지에게 작별인사를 하며 겁이 나시는지 여쭈자, 아버지가 답하셨다. "아니다. 나는 더할 나위 없이 건강하단다."

그런데 우리는 수술 도중에 진찰실로 불려가서, 아버지가 중증 심장마비를 일으키셔서 심박이 정지했으며 현재 인공호흡기에 의지해 계신다는 말을 들었다! 우리는 엄청난 충격을 받았다. 어머니는 고개를 떨어뜨리셨고 언니는 비명을 지르며 진찰실 밖으로 나갔으며, 나는 온몸에서 기운이 다 빠져나가는 듯했다. 의사가 우리에게 어떻게 하기를 원하느냐고 물었다. 의사는 아버지가 고통을 못 느끼고 있고, 혈관우회로술bypass surgery은 아버지가 고령이라 수명을 연장시킬 수 없을지도 모르니 아버지를 이대로 돌아가시게 해 드리는 편이 나을 수도 있다고 말했다.

우리는 의사에게 아버지가 얼마나 훌륭한 분이신지 설명했고, 아버지가 왜 더 사셔야 하는지에 대해 셀 수도 없이 많은 이유를 열거하기 시작했는데, 거기에는 아버지에게 의지하고 있는 사람이 얼마나 많은지도 포함되어 있었다. 우리는 그 어떤 절차보다도 아버지의 삶의 질이 더 중요하니, 아버지의 주치의에게 물어보면 알 거라고 그 의사에게 말했다. 우리는 애걸하고 빌고 있는 것 같은 기분이 들었다. 마침내 의사가 동의했고, 우리는 긴급 혈관우회로술에 들어가기 전에 아버지를 뵈러 들어갔다. 모두들 아버지를 껴안고 사랑한다고 말했으며, 다시 한 번 기도하며 이 훌륭한 분의 목숨을 살려 주십사 빌었다.

수술이 5시간가량 걸릴 예정이어서, 어머니와 내 딸, 언니, 삼촌 부부, 사촌들, 조카들까지 우리 모두는 대기실에 모여서 묵주기도를 반복해 드리기 시작했다. 우리는 기도에 정말 열중했고 아주 진지했으며 아주 솔직했다. 우리는 큰 소리로 거듭 되풀이해 기도하며 주님께 우리가 두드리고 청하며 찾고 있다는 것과 주님이 우리를 저버리지 않으시리라 확신한다는 것을 말씀드렸다.

수술 중간에 의사가 우리에게 와서 새 소식을 알려 주었다. 아버지가 우리 기도 소리를 들으셨으며 남은 수술 시간에도 아버지가 잘 인도되도록 기도해 달라고 부탁하셨다고 했다. 그래서 우리는 더욱더 기도했다. 우리가 묵주기도를 얼마나 많이 바쳤는지 나는 기억할 수도 없다. 그것은 기적을 청하는 간구였고, 우리에게도 위안이 되었다. 마침내 결과가 나왔다. 기적이 정말로 일어났다! 수술의가 들어와서 우리 앞에 무릎을 꿇고는, 우리의 기도가 응답받아서 기적이 일어난 것이라고 말했다! 아버지는 건강 상태가 아주 좋으셨고, 우회술은 성공적이었다.

일 년 후 아버지는 췌장암을 진단받았고, 의사들은 아버지가 한 달밖에 못 사실 거라고 했다. 우리 가족의 기도로 두 번째 기적이 일어났고, 어머니와 아버지는 그 끔찍한 소식을 들은 지 8개월 후 결혼 60주년을 맞았다. 우리는 2006년 1월 31일에 아버지를 잃었고, 두 달 뒤인 3월 24일 어머니가 뒤따르셨다. 그분들을 되돌아오게 기도할 방법이 있다면 언니와 나는 기도했을 것이다. 그렇지만 우리는 기적처럼 덤으로 주어진 시간을 누렸으니, 그 시간은 특별한 시간, 한 번 더 생일을 맞고, 한 번 더 포옹하며, 한 번 더 사심 없는 사랑을 보여 준 시간이었다. 모두가 기도 덕이다!

| 오하이오 톨레도에서 벳시 J. 잭슨

믿음이
고개를 내밀다

나는 십대에 정체불명의 불안과 공황 발작, 우울증에 젖어 살았다. 어머니와 외가의 많은 분들도 이와 비슷한 문제로 고생하셨고, 어머니 개인적으로는 우울증과 공황 발작, 광장공포증으로 고통을 겪으셨다. 어머니는 다른 사람들도 다들 이런 식의 인생 경험이 있는데 다만 다른 식으로 견디는 법을 배운 것이라고 믿으며 자랐다. 어머니는 뉴햄프셔 주에 있는 봉쇄 수녀원인 '보혈 선교 수녀회'에 크게 의지하셨다. 어머니는 자주 수녀님을 뵈러 갔고 편지를 썼으며 지금도 계속 그렇게 하신다.

1973년, 나는 고등학교 졸업을 앞두고 공장에서 일하고 있었고, 여전히 불안과 우울증에 시달리고 있었다. 어머니가 나에게 줄 기도문을 요청하셔서 수녀님들이 친절하게도 나에게 편지와 함께 몇 가지 기도 카드를 보내 주셨지만, 나는 열어 보기만 하고 읽지는 않았다. 그 특별한 날에 나는 깊은 우울증의 암흑 시기 한가운데에 있었고, 남이 보거나 들을까 봐 겁내지도 않고, 일을 하다 말고 하느님께 제발 나를 도와주십사 소리 질렀다. 나는 그분께 어찌하면 좋을지, 어떻게 하면 끔찍한 고통을 멎게 할지 부디 내게 알려 주십사 청했다.

손수레에서 실꾸리를 하나 더 집으려고 허리를 굽히다가, 지갑에서 뭔가가 빠져나온 것을 보았다. 그것은 수녀님들이 보낸 3×5 인치 크기의 카드로, '믿음'이라는 단어가 삐죽 나와 있었다. 하던 일을 멈추고 그 카드를 읽었다. 공장 바닥에 선 채, 나는 별안간 더없이 평화로운 느낌이 들며 위안을 받았다.

이 일이 있고 나서 얼마 후, 나는 미국 육군에 입대했다. 그 다음 몇 해 동안 나는 그 카드를 간직했고, 항상 내 침실에 핀으로 꽂아 두었다. 그 위치는 보통 밤에 자려고 누울 때 볼 수 있는 곳이었다. 놀랍게도 그 당시 내가 어디에 주둔하든지, 작은 불빛이 그 카드를 비추곤 했다. 카드가 있는 곳이 방에서 유일하게 빛이 비치는 곳일 때도 있었는데, 복도의 불빛이 문틈으로 새어 들어온

곳이거나 바깥 거리의 불빛이 창문 커튼의 좁은 틈 사이로 비추인 곳이었다.

하느님께서는 내가 그 보증서, 그 작은 표징을 필요로 한다는 것을 아시는 듯했다. 사실 남들은 아무것도 아닌 일로 치부하거나 방이 완전히 캄캄하기를 바라면서 불평할 수도 있는 일이었다. 그러나 나에게는, 하느님께서 매일 매 순간 그 카드에 적힌 글이 실제로 이루어지고 있다고 말씀하시는 것으로 보였다. 그리고 그것은 모두 '믿음'과 함께 시작했다.

마침내 나는 결혼했고, 하느님께 두 아이를 선사받았으며, 그 아이들은 현재 대학생이다. 나는 8년이 넘게 초등학교 교사를 하다가 최근에 교육학 박사학위를 땄다. 그러나 이보다 훨씬 더 중요한 것은, 하느님께서 그렇게 특이한 방법으로 약속하시어 나를 놀라게 하신 바로 그날 내 인생이 시작되었다는 것이다.

32년이 지났건만, 나는 아직 누렇게 빛바랜 쭈글쭈글해진 이 카드를 가지고 있다. 이 카드에 뚫려 있는 13개의 구멍은, 내가 삶이 이끄는 곳이면 어디로든—사우스캐롤라이나와 버지니아, 독일, 텍사스, 네바다—가서 내 침대 곁에 이 카드를 걸어 둔 횟수를 나타낸다. 저자도 적혀 있지 않고 출판사나 출판일도 나와 있지 않다. 아무도 자기가 저자라고 주장하지 않았으니 나는 하느님이 이 작은 카드의 저자라고 믿고 싶다. 저자가 따로 있다면 분명 이 말에 아주 감격하리라.

나는 우리가 믿음을 굳건히 지키고, 여기 이 땅에서 우리의 여정을 완수하게 해 주는 이 살아 있는 날마다의 은사를 보호해야 한다고 믿는다. 그것은 다 믿음에서 시작한다. 또한 수녀님들이 이 카드를 함께 보내 주는 간단한 행동을 통해 그분들의 믿음을 나에게 전해 주지 않았던들, 나는 이런 이야기를 할 수 없었을 것이다.

믿음

하느님은
역경의 나날을 통해
당신을 인도하신다.
사방이 캄캄하고
먹구름이 드리울 때,
하느님은 당신에게
믿음이라는 복된 선물을 주신다.
어둠이 걷힐 때까지
날마다 하루 온종일
그분의 사랑과 당신의 위안,
당신의 힘을 굳게 믿는 믿음을.

| 네바다 헨더슨에서 셀레스트 D. 러빗

 10분 묵상

오늘은 잠시 정원에 앉아서 당신에게 '사랑스러운' 일을 해 주는 사람들이 여러 가지로 당신에게 베풀어 준 친절을 생각해 보기에 좋은 날일 것 같습니다.

우리가 앉아서 텔레비전을 보거나 책을 읽고 있을 때 어머니가 마실 물을 가져다주었던 일이 기억납니다. 우리는 어머니가 부엌에서 분주하게 일하시는 동안 빈둥거리고 있었지만, 어머니는 우리에게 그 일을 해 주어 기쁘신 것 같았습니다.

언니 유리가 어느 해인가 성탄 선물로 나에게 패딩턴 곰을 바느질해서 만들어 주었던 일이 기억납니다. 한 땀 한 땀, 죄다 손으로 만들었지요. 언니는 곰에게 작은 옷까지 만들어 입혔답니다.

여동생 바브가 여덟 살이고 내가 아홉 살일 때, 동생은 차곡차곡 겹쳐지는 작은 나무 상자들을 만들어 내게 주었습니다. 그 상자들에는 작은 가죽 경첩이 달려 있었지요. 상자를 만든 나무는 원래 집에 있던 낡고 삭은 합판 조각이었습니다. 동생이 평범한 목재용 작은 톱만으로 나무를 조각내야 했기에 상자들은 좀 투박했지만, 나는 그 상자들을 참 좋아했지요! 수녀원에 들어올 때 짐을 많이 가져올 수 없었지만, 나는 그 작은 상자들 가운데 하나를 가져왔습니다.

좋은 추억은 조각 이불과 같아서, 서로 닮은 것이 하나도 없으면서도 한데 이어 놓으면 아주 따뜻하게 몸을 보호해 주는 우정과 사랑의 이불이 됩니다.

오늘 다른 사람들이 당신에게 너그럽게 은혜를 베푼 때를 기억하는 시간을 보내십시오. 이 훈련은 아주 적적한 날에도 당신의 기운을 북돋아 줄 것입니다!

묵상 마침기도

예수님,
친구들과 가족,
낯선 이들에게까지
그토록 여러 가지로
제게 은혜를 베풀게 하셨으니
감사합니다.
아멘.

하느님,
제발 도와주세요!

가장 기억에 남는 기도 응답은 내가 열다섯 살 때 일어났다. 가톨릭 학교에서 교육받았기 때문에 나는 기도가 뭔지 알았고, 우리 학교의 여느 아이들과 마찬가지로 가끔씩 기도를 드렸으며 주일미사에 늘 참례했다. 유감스럽게도 내 가정생활은 전혀 영적이지 않았다. 아버지는 극심한 알코올 중독자였고 어머니는 심각한 정신의학적 문제가 있었다.

그날을 아주 또렷이 기억한다. 나는 아버지와 유난히 힘든 시간을 겪고 나서 집 아래에 숨은 채 어둠 속에서 개를 끌어안고 있었다. 밖으로는 울고 있었고 안으로는 비명을 지르고 있었다. 내 기도는 가슴에서 터져 나오는 침묵의 비명이었다. "하느님, 제발 도와주세요! 저를 여기에서 멀리 보내 주셔야 해요! 저는 사랑받고 싶어요!" 내 마음은 찢어지는 듯했다. 아프고 괴로워서 기도하고 또 기도했다.

일주일쯤 후 그 해의 새 종교 교육 선생님을 만났다. 그 여자 선생님은 내 가정생활에 문제가 있다는 것을 금세 눈치챘고, 그래서 나에게 친구가 되어 주고 나를 감싸 주었다. 나는 누군가가 나를 정말로 걱정해 준다는 것을 알게 되어 아주 기뻤다. 그렇지만 선생님은 학년 말에 가족과 함께 내가 사는 곳에서 차를 타고 북쪽으로 2시간가량 떨어진 곳에 있는 낙농장으로 이사했고, 그래서 더 이상 나를 가르칠 수 없었다.

선생님을 다시는 못 보겠구나 생각하니 너무나 슬펐다. 하지만 그때 하느님이 내 기도에 완벽하게 응답하셨다. 선생님이 우리 어머니에게 말씀하셔서, 내가 주말 동안 그 농장에 가 있기로 한 것이다! 이것은 그 자체로 기적이었는데, 내가 어디든 가도록 허락받는 일이 좀처럼 없었기 때문이었다.

그 농장과 그곳에서의 아름다운 가족생활이 아주 좋았기에, 나는 그 후로 그곳을 여러 번 방문했다. 그들은 곧 나의 안전한 피난처가 되었다. 내 기도는 진정 응답받았다. 내가 사랑받고 있음을 보여 주는 사람이 있었고, 하느님이 나를 힘들고 고통스러운 상황에서 떼어 놓아 구해 주셨다. 바로 내가 청한 바였다!

이제 35년이 흘렀지만, 나는 그 가족을—하느님이 주신 가족을—그 어느 때보다도 사랑한다. 그들은 울며 도움을 청한 십대 소녀의 기도에 대한 하느님의 응답이었고, 나는 내 사정을 그토록 풍성하게 들어주신 그분께 언제까지나 감사할 것이다. 나는 여러 해 동안 기도에 많은 응답을 받았다. 어떤 기도는 진심어린 대화였고, 어떤 것은 다들 알고 있는 '구송' 기도였으며, 어떤 때는 묵주기도였다. 하느님께는 무엇이나 상관없다. 그분은 항상 들어주신다.

그분이 늘 내가 원한 것을 주시지는 않지만, 늘 나에게 '필요한' 것을 주셨다. 내 기도 가운데에는 현재 진행 중인 것도 있어서, 나는 그 기도를 몇 년째 바치고 있지만 응답을 받지 못했다, 아직까지는. 그러나 하느님께서는 우리 기도를 들으시고 응답하신다. 내가 한 점의 의혹 없이 이것을 아는 것은, 그분이 열다섯 살에 개를 안고 슬퍼하던 나를 축복하시어 피난처와 사랑을 베푸는 가족을 주셨기 때문이다.

| 오스트레일리아 퀸즐랜드 브리즈번에서 게일 L. 크레스웰

+ 당신의 마음 안에 작은 방을 하나 짓고, 그곳으로 물러나 기도하라.
〈시에나의 성녀 가타리나〉

+ 기도는 청하는 것이 아니다. 기도는 자신을 하느님의 손에, 그분의 처분에 맡기는 것이며, 우리 마음속 깊은 곳에서 들리는 그분의 음성에 귀 기울이는 것이다. 〈콜카타의 복녀 데레사〉

천사, 공기, 녹색 신호등

어느 추운 밤, 퇴근하다가 보니 자동차 타이어에 바람이 빠져서 근처 편의점에 가서 공기를 채웠다. 타이어에 공기를 넣다 보니 쉬익 하고 공기가 빠져나가는 소리가 들렸다. 얼른 타이어 회사에 전화해서 내 문제를 설명했다. 그쪽에서 10분 후에는 문을 닫지만, 내가 그 시간 안에 도착하면 도와주겠다고 했다. 나는 대리점이 위치한 고속도로로 운전해 가는 대신, 고속도로와 평행한 주택가로 운전했다. 고속도로는 타이어의 바람이 완전히 빠졌을 경우 차를 댈 갓길이 없기 때문이었다.

나는 천사와 타이어 공기와 녹색 신호등을 청하는 기도를 드리기 시작했다. 첫 신호등은 적색이었지만 기도를 계속했다. "하느님, 천사와 공기와 녹색 신호등이 필요합니다." 그 다음 신호도 적색이었다. 두 번째 우선멈춤 교차로 신호에 있을 때, 문득 이 길에는 더 이상 정지신호가 없다는 것을 알았다. "하느님, 천사와 공기가 필요합니다." 나는 반복해서 기도했다. 몇 개의 우선멈춤 교차로를 지나 한 블록 앞에 대리점을 남겨 둔 채 고속도로 쪽으로 돌아 나갔고, 이번에도 적색 신호에 멈추어야 했다. 나는 "천사와 공기가 필요합니다."라고 기도하며 이제는 분명 타이어에 공기가 많이 남아 있지 않을 것이라고 생각했다.

대리점에 도착해서 열린 구획으로 돌아 들어갔다. 한숨을 크게 내쉬며 하느님께 감사를 드렸다. 고개를 들었더니 정비공이 이상한 표정으로 나를 쳐다보고 있었다. 그는 공기 호스를 손에 든 채 그냥 서 있기만 했다. "오, 맙소사! 타이어가 파열되어서 그대로 쓰지 않고 새 타이어로 갈려고 하나 봐." 하는 생각이 들었다. 차에서 내렸다. "어느 타이어인가요?" 하고 그가 물었다.

나는 문제의 타이어를 가리켰다. 그런데 그 타이어는 바람이 빠지지 않았을 뿐만 아니라, 편의점에서 출발할 때보다 공기가 더 많이 차 있었다. 내 생각에 하느님께서는 천사와 함께 공기를 보내 주셨으니 녹색 신호등은 필요 없을 줄 아셨던 것 같다.

| 사우스다코타 블런트에서 린다 S. 로윈

변호사로서
하느님과 함께 걷기

아프리카 나이로비에 사는 변호사인 나는 법정에서 또는 법률적 조언으로 내 고객들이 법률적 문제를 해결하도록 도와준다. 나는 또한 재속 프란치스코회 회원이다. 내가 아시시의 성 프란치스코가 그러했듯이 하느님과 타인을 위해 참회하고 희생하며 봉사하는 삶을 살기로 영원한 서약을 했다는 뜻이다. 그 결과 나는 어떻게 하면 사적인 업무 관행과 영성 훈련을 조화시킬 수 있는가 하는 질문을 자주 받는다. 쉽지 않은 일이지만 나는 기도로부터 나가려고 애쓴다. 업무 틈틈이 기도를, 주로 성무일도를 바치는 것이다. 물론 내가 마음 기도를 아주 잘하는 것은 아니다. 하지만 며칠간 피정을 하면, 믿음이 생기를 얻고 그리스도를 닮은 삶을 살려고 애쓰는 올바른 궤도로 되돌아가는 데 도움이 된다.

내가 가장 견디기 힘든 순간은, 고객이 내게 와서 자기 문제를 설명하지만 사실 그 문제를 해결하기 위해 내가 해야 할 일을 명확하게 염두에 두고 있을 때이다. 반드시 법률적이거나 도덕적이지는 않은 방법을 말이다. 평소 나는 옳지 않은 일을 대번에 감지한다. 돈이 절실히 필요할 때일지라도, 나는 그런 순간에 위쪽으로 기도를 보내어 우리 주 예수님께 내가 그 사건을 수임하지 않게 해 주십사 청한다. 그런 사건은 어떤 식으로든 그분의 거룩하신 이름에 누가 될지도 모르기 때문이다.

이 사실을 예증하는 것으로, 내가 돈이 한 푼도 없어서 어찌할 바를 모르고 있을 때 일어난 특별한 일이 있다. 나는 내 자식들뿐만 아니라 내가 보살피는 다른 아이들의 수업료를 낼 돈이 필요했다. 게다가 직원 급여처럼 사무실 유지비와 생활비가 필요한 와중에 사무실은 임대 기간이 만료되었다.

이날 새 고객이 내 사무실로 들어왔다. 그 고객의 사연을 듣자, 내가 그를 도울 수 없다는 것을 알았다. 그는 부당한 일을 당했지만 내가 법률적으로 도와줄 길이 없었기 때문이다. 내가 보수를 받으려면 그에게 거짓말을 할 수 밖에 없었기에 그 사람에게 내 뜻을 알려 주었고, 그 사람은 가 버렸다. 나는 그때 주님께 당시의 내 모든 필요를 어떤 식이든 그분께서 알맞다고 여기는 방식으로 채워 주십사 청했다. 어려운 일이었지만, 우리 주님께서는 내가 헤쳐 나가도록 도와주셨다. 그분이 내게 돈을 주시지는 않았지만, 은총을 주시어 내가 앞을 향해 나아가며 잃은 것에 연연해하지 않게 해 주셨다.

8일 피정에 참가하려고 준비하는 동안, 다들 경제적인 면에서 끔찍한 인플레이션으로 깊이 타격을 받고 있는 시점에, 사무실에 내가 없으면 내 경영 방침이 잘 지켜지겠느냐는 질문을 동료들에게서 받았다. 나는 힘을 주시기를 기도했고, 어쨌거나 피정에 참가했다. 돌아와 보니 모든 것이 제자리에 있었고, 그때 이후 나는 아무런 망설임 없이 되도록 자주 피정에 참가해 왔다.

요사이 거의 매일 아침 출근길에 묵주기도를 바친다. 묵주기도는 조용하게 바칠 수 있는데다가 사람들이 많이 떠들지 않을 때 바치기에 적당한 것 같기 때문이다. 또한 평일미사에 참례하려고 애쓴다. 우리는 저녁에 아이들과 직원들까지 포함해서 온 가족이 다함께 모여 기도할 뿐만 아니라 다음 날의 복음을 읽는다. 이 일은 하느님이 그분의 방식으로 각자에게 말씀하실 거라는 희망에서 하는 일이다. 우리는 말씀을 함께 나눌 때도 있고, 잠시 조용히 묵상하며 들을 때도 있다. 나는 다음 날의 미사 독서에 바탕을 둔 묵상집의 도움을 받아 기도와 묵상으로 하루 일과를 끝마친다.

| 아프리카 나이로비에서 제인 왕가리 무토가

+ **혀를 잠잠하게 하여 당신의 마음이 말하게 하고**(이것이 묵상이다), **당신의 마음을 잠잠하게 하여 성령께서 말씀하시게 하라**(이것이 관상이다).

〈달리아타의 성 요한〉

고맙습니다, 하느님!

일생동안 나는 어머니가 변함없이 꾸준히 하느님께 감사를 드리는 모습을 보아 왔다. 매 식사 후 러시아 말로 감사를 드리는 것이든, 아니면 좋은 소식을 듣고 나서 진심으로 기뻐하며 "고맙습니다, 하느님!" 하는 것이든, 아니면 그저 조용히 겸손하게 "고맙습니다, 하느님!" 하는 것이든, 어머니는 어떤 상황에서도 감사하며 살아오셨다. 혁명 후 러시아에서 어린 소녀였던 어머니는 굶주림을 몸소 체험했고, 외할머니가 약간의 빵과 우유 또는 얼마 되지 않는 고기를 기적처럼 늘려서 일곱 식구를 먹이는 것을 지켜보았다. 많은 양은 아니었지만 그들의 식탁에는 음식이 있었기에, 하느님께 감사할 일이었다.

어머니는 미국에서의 삶을 시작하기 전, 2차 세계대전 중에 독일에서 강제 노역을 했다. 어머니는 음식이 아무리 간소하든지 혹은 풍족하든지 그 음식을 당연하게 여기신 적이 없었다. 결혼한 후에 부모님은 채소를 많이 키우셨으며, 아무것도 버리는 법이 없었다. 음식에 대한 어머니의 감사는 우리에게 대지의 풍요로움을 깊이 존중하는 마음을 불러일으켰고, 어머니가 책임감 있게 땅을 돌보신 것은 하느님께 감사를 나타내는 한 방법이었다.

어머니의 무의식적인 "고맙습니다, 하느님!"은 만면에 웃음을 띠고 외경심에 손뼉을 치는 일을 동반할 때가 많았다. 손자의 젖니에 대해서건, 여름날 첫 토마토에 대해서건, 어머니의 감사는 진심이었고 전염성이 있었다. 어머니의 감사하는 태도는 아들과 나에게도 전해져서, 나는 길이 막히지 않는 것 같은 세속적인 일에서부터 자연 관찰 산책을 하다가 푸른가슴왜가리 떼를 보는 것 같은 장엄한 것까지 상황에 반응하는 방식에서 어머니의 영향이 드러나는 것을 본다. 아주 사소한 일에 대해서도 기도하며 감사하는 것은 어머니가 다음 세대에 전해 준 훌륭한 선물이다.

나이 들고 기력이 떨어지셨어도 어머니는 여전히 날마다 하느님께 겸손한 태도로 감사를 드리셔서, 그 모습을 보는 이에게 깊은 인상을 준다. 계단을 다 올라가셨을 때나 목욕을 마치고 개운

할 때, 또는 그저 잠시 동안 누군가와 이야기를 나눌 기회가 생겼을 때, 어머니는 늘 나지막이 "고맙습니다, 하느님!"이라고 말씀하시는데, 거기에는 어머니의 마음이 고스란히 담겨 있다. 이렇게 나지막이 감사하는 일은 무엇보다도 아름다운 일로서, 어머니가 과거에 간직했던, 그리고 현재에도 품고 있는 희망을 미래에 전달하는 통로가 된다.

어머니의 감사 기도들을 되돌아보며, 나는 그 기도가 어머니 인생의 아주 많은 부분에 축복을 내려 주었으며 주위 사람들의 삶에도 감명을 주었음을 안다. 나는 어머니의 감사에 대해, 또 어머니가 주위 세계에 미친 깊은 긍정적 영향에 대해 감사하는 마음으로 하느님을 찬양한다.

| 메릴랜드 볼티모어에서 엘리자베스 고랄마코우스키

+ 내 생각에, 기도를 등한시하는 것은 사실상 크게 믿지 않고 있음을 입증하는 것이다. 사람들이 실제로 존재하는 인격적인 하느님이 계시다고 믿었다면, 그들은 그분께 자신들이 원한 바를 청했을 테고, 그들이 청한 바를 얻었을 것이다. 하지만 그들이 청하지 않는 것은, 그들이 믿지 않거나 받을 것이라 기대하지 않기 때문이다. 〈브라운로우 노스〉

+ 성령께서도 나약한 우리를 도와주십니다. 우리는 올바른 방식으로 기도할 줄 모르지만, 성령께서 몸소 말로 다할 수 없이 탄식하시며 우리를 대신하여 간구해 주십니다. 마음속까지 살펴보시는 분께서는 이러한 성령의 생각이 무

엇인지 아십니다. 성령께서 하느님의 뜻에 따라 성도들을 위하여 간구하시기 때문입니다. 〈로마 8,26-27〉

루치아 성녀께서 구해 주시다

12월의 어느 날 오전 10시에 정전이 되어 우리는 온종일 추위에 떨었다. 그날 밤 남편과 나는 두둑하게 껴입고 잠자리에 들었는데, 다음 날 아침에도 전기는 들어오지 않았다. 우리는 따뜻하고 밝은 곳에 있고 싶어서 미사에 가기로 마음먹었다. 그러고 나서는 춥고 어두운 이동 주택으로 돌아갈 생각을 하니 너무나 처량해져 도서관에 가서 이메일을 확인하기로 했다.

기쁜 소식이 필요했던 나는 다른 이메일을 읽기 전에 파트리시아 수녀님의 '기쁨 편지Joy Notes'를 열었다. 파트리시아 수녀님이 그 주의 이메일 상본으로 성녀 루치아 이메일 카드를 올려놓으셨기에, 그것을 친구 루시에게 보내기로 했다. 나는 성녀 루치아에 관한 자세한 설명이 있는 곳을 클릭해 보고, 루치아라는 이름이 '빛'을 의미한다는 것을 알게 되었다. 이 사실에 마음이 움직여, 나는 성녀 루치아께 우리 집에 빛이 되돌아오도록 전구해 주시기를 청하는 기도를 조용히 바쳤다.

내 기도는 아주 단순했지만 다급하고 진심이 담긴 것이었다. 지난 번 전기가 나갔을 때 열하루 동안 들어오지 않았던 탓에, 응답을 받게 될지 좀 의심스러웠다. 나는 이번에도 비슷한 상황을 기대하고 있었다. 우리는 결국 집으로 갔다. 배가 고팠고, 냉장고 안의 음식이 상하기 전에 어서 모두 먹는 편이 좋겠다고 판단했다. 세상에나, 우리가 집에 도착해 보니 주방 전등이 켜져 있는 것이 아닌가! 전기가 들어왔다는 것, 그리고 내가 기도하고 나서 그토록 빨리 전기가 들어왔다는 것은 내가 보기에 분명 기적이었다. 남편은 미사 시간 내내 전기가 돌아오기를 기도했다고 말했고, 자기의 기도가 응답받았다고 믿고 있다. 빛과 난방과 물을 다시 이용할 수 있어서 감사하고 만족한 우리는 그 다음 날 미사와 그 주 12월 13일 성녀 루치아 축일에 하느님께 감사를 드렸다.

첫 기적이 일어나고 두어 날이 지난 저녁 8시, 전기가 또 나갔다. 다시 한 번 우리는 추운 밤을 감수하기로 하고 옷을 껴입고 잠자리에 들었다. 나는 처음에도 성공했으니까 성녀 루치아께 전기가 다시 들어오게 전구해 주십사 청하는 잠자리 기도를 빨리 해야겠다고 마음먹었다. 나는 한밤중에 냉장고가 작동하는 소리에 잠이 깼다! 불면증이 있는 나는 평소 그 소리에 미칠 듯이 짜증이 났지만, 그날 밤 그 소리는 반가운 안도의 소리였다. 대단히 안락하고 따뜻한 기분이 들었다. 두렵고 경이로운 나의 '빛' 기적은 내 믿음을 새롭게 했고 내 기도 생활을 다시 불붙게 했다.

| 미주리 스타크시티에서 마가렛 A. 젠슨

+ 악마의 단 한 가지 관심은 그리스도인들이 기도를 하지 않게 하는 것이다.

그는 기도 없는 성경 공부와 기도 없는 활동, 기도 없는 신앙을 전혀 두려워하지 않는다. 그는 우리의 수고를 비웃고 우리의 지혜를 조롱하지만, 우리가 기도하면 벌벌 떤다. 〈새뮤얼 채드윅〉

+ 기도로도 열 수 없는 문이라면, 억지로 열려고 하지 말라. 〈라이엘 레이더〉

+ 믿음 없는 기도는 무딘 칼로 자르려고 애쓰는 것과 같아서, 품만 많이 들고 성과는 미미하다. 〈작자 미상〉

톰의 어머니

우리 형은 누구를 불러야 할지 정확하게 알고 있었다. 바로 톰의 어머니였다. 그분은 기도를 믿는 분이었고, 나는 급히 기적이 필요했다! 나는 병원에 있었고, 간신히 목숨이 붙어 있는 상태였다. 내 척수는 총알로 끊어졌고 양쪽 허파가 제대로 구실을 못하였다. 예후가 좋지 않았다. 톰의 어머니는 내 침대 곁에 나타나 내게 세례를 받고 싶은지 물으면서, 받고 싶다면 한 번, 아니라면 두 번 눈을 깜박이라고 말했다. 나는 한 번 눈을 깜박였다. 가족들이 침대 곁에 둘러선 가운데 그분은 나에게 대세를 주었다. 이틀 후 그분이 보낸 신부님이 나에게 '가르멜 산 성모님의 갈색 스카풀라'를 착용시켜 주었다. 나는 살아난 것이 기적이었기에 휠체어 생활도 받아들일 만했다.

두어 해가 지난 후에 형은 또 누구를 불러야 할지 정확히 알았다. 톰의 어머니였다. 그분은 기도를 믿었고 나는 또 급히 기적이 필요했다! 미국 전역에서 새해를 경축하기 불과 몇 시간 전, 나는 지역 가톨릭 병원의 응급실에 있었다. 그분은 그날 밤 11시경 도착했다. 형은 그분께 내 무릎 뒤쪽에 수술이 불가능한 종양 덩어리가 있다는 진단이 내려졌다고 말했다. 내 엑스레이를 살펴본 의사는 해결책이 다리 절단밖에 없다는 판단을 내렸다. 두 명의 다른 의사가 이를 확인했고, 나는 서둘러 병원에 입원했다. 아침이면 수술을 할 터였다.

나는 절망스러운 상황에 놓여 있었고, 다리 없이는 살 수 없을 것 같았다. 현실을 받아들이려고 애썼지만, 자살하는 편이 나을 것 같았다. 톰의 어머니는 성해聖骸와 성수를 응급실에 가져오셨다. 친구들이 모두 내 침대 주위를 둘러싼 가운데 그분은 성해를 내 종양에 대고 그 성해의 주인이 되는 성인께 기도를 바쳤다. 그분은 그 자리에 있는 사람들 모두에게 자신의 기도가 끝나면 '아멘'이라고 말하라고 했다. 그리고는 루르드의 물을 내 다리 위에 얹어 놓았다.

나중에 그분은 내 방에 와서, 그분을 내 의료 대리인으로 지명한다는 서류에 서명하겠냐고 물었다. 나는 서명했다. 그분은 의사에게 그 사실을 알린 다음, 의사들이 내게 무슨 시술이든 하려면 그 전에 자신을 부를 것이라고 말해 주었다. 그러는 한편 그분은 내게 기도와 그분이 기도를 드린 성인들—소화 데레사 성녀와 비오 신부님, 성모님—의 힘을 믿으라고 말했다.

세 명의 의사가 절단 수술을 권했음에도 불구하고, 그 다음 날 아침 나는 아무런 설명도 듣지 못하고 집으로 보내졌다. 그날은 1월 1일, 천주의 성모 마리아 대축일이자 새로운 한 해가 시작하는 날이었다! 여태까지 아무도 내게 후속 처치를 받지 않고 퇴원당한 이유를 말해 주지 않았다. 나중에 '종양 덩어리'가 사라졌을 때, 나는 다시 한 번 기도의 힘을 체험했다.

| 플로리다 잭슨빌에서 멜빈 페리

+ 동정녀 마리아가 아니었다면 그 누가 우리 주님을 내게 주실 수 있었을까. 성모님께 기도 드리기는 지루하게 반복하는 것처럼 보일지도 모르지만 하기 쉬웠다. 나는 자주 묵주기도를 바쳤는데, 그러는 가운데 내가 하느님의 백성들과 함께 기도하고 있다는 것을 느꼈다. 그들은 생명줄에 매달려 있듯이 묵주기도라는 신체적 행위에 매달려 있었다. 〈도로시 데이〉

+ 나의 예수님, 당신을 사랑한다는 것은 얼마나 좋은 일인지요. 우리가 친구 같은 사이가 되어, 어느 한 쪽도 다른 쪽을 차마 마음 상하게 하지 못하게 해 주십시오. 〈성 요한 마리아 비안네〉

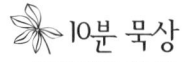 10분 묵상

새로운 가게가 문을 열었습니다. '기적의 가게'라고 하는군요.

아주 멋진 가게입니다. 안으로 들어가 보니 친절하고 웃음을 띤 판매원이 계산대 뒤에 서 있습니다. 당신이 아무거나 원하는 기적을 요구하니 판매원이 상품 안내서를 훑어봅니다. 세상에나, 당신이 원하는 바로 그 기적이 있네요! 그뿐만 아니라 당장 배달해 주면서 '무료'랍니다!

그래서 당신은 그 기적을 주문합니다. 뭐, 어쨌든 그만하면 썩 괜찮으니까요, 그렇지 않은가요?

그래서 당신은 다음 날 다시 가서 다른 기적을 주문합니다. 어제와 똑같습니다. 곧 당신은 그런 기적이 항상 있을 것이라고 기대하기 시작합니다. 제때에 무료로 당장 배달되는 기적이 말입니다.

그러다가 하루는 당신이 가게로 들어갔더니, 늘 있던 판매원이 이제 더는 그곳에 없습니다. 모든 것이 바뀌었습니다. 이제 가상 쇼핑을 통해 손수 주문해야 하는군요. 당신은 앉아서 컴퓨터 화면을 봅니다.

주문할 수 있는 기적은 많지만, 오 맙소사, 이제 그것들은 무료가 아니고 배달 일정은 불확실하며 가격도 아주 많이 비쌉니다. 아주 사소한 것도 말입니다. 무엇보다도 나쁜 점은, 이야기 나눌 사람 하나 없이 텅 빈 방에 차가운 컴퓨터 화면만 보아야 한다는 것입니다.

그래서 당신은 그곳을 떠나 당신의 정원으로 돌아갑니다. 당신이 가장 좋아하는 장소로 가서 예수님이 오시기를 기다립니다. 이 기적의 가게에 일어난 변화에 대해 그분께 말씀드리고 싶으니까요.

당신은 오랜만에 정원에 왔습니다. 어떤 이유에서인가 당신이 그 작은 기적의 가게에만 가고 여기서는 전혀 시간을 보내지 않았기 때문입니다.

당신은 살아오면서 예수님과의 친교보다 기적을 더 원했을 때가 있습니까?

묵상 마침기도

예수님,
제가 살아오면서 받은
기적들에 감사합니다.
하지만
제가 기적을 받든 못 받든,
저를 위해
날마다
언제나 영원히
거기 계셔서
무엇보다도 감사합니다.
아멘.

톰 신부님의 축복

1982년, 나는 스물여덟 살 나이에 진행성 자궁내막암이라는 끔찍한 진단에 맞닥뜨렸다. 내가 받은 치료에는 공격적인 방사선 치료와 수술이 포함되어 있었다. 나는 암을 이기고 살아났지만, 그 경험으로 인한 깊은 정서적 상처와 다시는 아이를 임신할 수 없다는 아픈 현실이 남았다. 치료에 따른 여러 신체적 부작용과 씨름하면서, 나는 모성 문제를 두고 인도를 청하는 기도를 드렸다. 나는 미사 때 복되신 동정 마리아 상 앞에 자리를 잡았고, 아이를 사랑하고 키우고 싶은 내 진심어린 소망에 응답해 주시기를 성모님께 간곡히 기도했다.

여러 해가 흐른 1992년, 입양 가정교육을 완수한 나는 가정이 필요한 아이를 얻는 축복이 내리기를 기다리며 기도하기 시작했다. 우리 집이 그 아이에게 가장 좋고 완벽한 곳이 되기를 기도했다. 기다림은 아주 길었지만, 어머니가 되려는 기도를 결코 멈추지 않았다. 그러다가 1998년 5월 27일, 언니의 시어머니인 루스 미셋의 장례미사에 참석했다. 집전 사제인 톰 신부님은 미셋 가문의 가까운 친구였는데, 추도사 도중에 이런 말을 하셨다. "오늘 여러분에게 해야 할 이야기가 하나 더 있는데, 그게 뭔지 여태 생각나지 않네요. 생각날 때까지 계속 말을 하겠습니다."

드디어 톰 신부님이 말했다. "아, 생각났습니다." 그분은 바닷가의 작은 마을에서 길을 잃어서 방향을 묻기 위해 차를 멈추었던 일을 이야기하셨다. 그분은 어떤 집 쪽으로 갔다가 아이를 안고 있는 여성을 만났다. 그 여성이 말했다. "신부님, 저희를 강복해 주십시오. 저희는 이 아기를 입양하려고 애쓰는데, 법적인 문제로 지연되고 있습니다." 톰 신부님은 청을 들어주어 아기와 젊은 부부를 강복했고, 목적지로 가는 방향을 들은 다음 갈 길을 갔다. 몇 달 후 그 부부가 신부님에게 찬양과 감사가 담긴 편지를 썼다. 법적인 장애가 말끔히 해소되어서 입양이 막바지에 이르렀다는 것이다. 나는 이 장례미사에서 어머니 옆자리에 앉아 있었는데, 톰 신부님의 이야기를 듣자 어머니가 나를 쿡 찌르며 그분께 강복을 청하면 어떻겠냐고 하셨다. 그래서 나는 정말로 미사 후에 톰 신부님을 찾아가서, '딱 우리 아이'가 우리 가정에 입양되기를 비는 강복을 받았다.

그때는 몰랐지만 내가 톰 신부님의 강복을 받은 바로 그날, 어린 여자아이가 태어나서 위탁 가정에 맡겨졌다. 그 아이의 생일이 루스 미셋이 천국에 받아들여진 바로 그날임을 알게 되자, 나는 이 아이야말로 우리 가정에 들어올 아이라는 것을 내심 알았다. 나는 복되신 동정 마리아께 꾸준히 기도했고, 거짓 희망과 법적 지연을 견디고 나서, 마침내 톰 신부님의 강복을 받은 날로부터 근 1년이 지난 후에 카일라 엘리자베스 그레이스를 내 품 안에 안았다.

이제 카일라와 나는 미사 시간에 복되신 동정 마리아 상 앞에 앉아서, 그분의 빛이 우리에게 비추기를 기도한다. 여느 자랑스러운 어머니처럼 나는 이 아름다운 소녀, 내 특별한 딸이 내 인생에 가져다준 경이로움과 기쁨을 성모님께 말씀드린다.

| 매사추세츠 베벌리에서 메리언 홀락

+ 기도할 때, 마음 없이 말로 하기보다는 말없이 마음으로 하라. 〈존 버니언〉

+ 기도할 마음을 일으키는 것이 무엇보다도 중요하다. 그렇게 하지 않으면 기도가 아예 말라 버릴 것이기 때문이다. 기도의 속성은 하느님의 사랑, 진심, 단순함이어야 한다. 〈크론시타트의 요한〉

하느님의 뜻 받아들이기

1995년 12월, 나는 근 4년간 투석한 끝에 다행스럽게도 시신의 신장을 이식받았다. 투석은 시간이 오래 걸렸고 투석을 할 때마다 녹초가 되었지만, 나는 항상 꼬박꼬박 다음 날 출근했다. 신앙교육 부학장으로서의 내 일은 천여 명의 학생과 백이십여 명의 교직원이 다니는 우리 고등학교의 학원 선교 부서를 감독하는 것이었다.

한두 달이 지난 후, 나는 이식된 신장이 제 능력의 약 25%만 발휘하고 있으며 점점 그 기능이 떨어지고 있다는 것을 알게 되었다. 1996년 6월, 그 신장을 제거하고 다시 일주일에 최소 사흘, 서

너 시간 동안 투석하는 생활로 돌아갔다. 실망스러운 일이었지만, 나는 기도와 투석하러 오가는 길을 운전해 준 여러 동료들의 힘으로 버텼다. 이 시련을 겪는 동안 내가 드린 기도는 예수님이 겟세마니에서 하신 기도였다. "제 뜻이 아니라 아버지의 뜻이 이루어지게 하십시오." 이 기도가 바치기 쉬워서 내 주문이 되기는 했지만, 그 기도를 정말로 받아들여 나 자신의 기도가 되게 하기는 어려웠다.

1996년 9월, 나는 복되게도 다시 다른 시신의 신장을 받았다. 병원에 여러 날 입원했다가 결국 퇴원했고, 수술에서 회복하는 동안 재택근무를 했다. 집에 돌아오고 얼마 지나지 않아, 나는 학교에 출근해서 일하고 싶어 좀이 쑤셨다. 사람들이 별로 없는 토요일에 출근하기로 했다. 내 면역체계가 아주 약한 상태였기에 혹시나 내가 사람을 만나 감기나 기타 바이러스에 걸릴까 봐 겁났다.

그날 학교에 있는 동안 우연히 책상에 다리를 부딪쳤다. 대수롭지 않은 일로 여겼지만, 하루 이틀 지나자 다리는 감염되어 시시각각 부어올랐다. 부랴부랴 응급실로 갔지만, 그때는 이미 고열과 극심한 통증이 나타났다. 말할 필요도 없이 의사는 새로 이식된 신장의 생존여부를 염려했다. 감염 부위는 점점 커져서 내 다리를 타고 올라왔다. 나는 모르핀을 비롯해서 약물을 아주 많이 투여받았는데, 그때 형제 한 명이 내게 의사들이 앞으로 세 시간 동안만 약물을 주려 한다고 말했다. 그 후에는 감염 부위가 몸의 주요 부분에 이르기 전에 다리를 절단하려 한다는 것이었다.

망연자실한 나는 있는 힘을 다해 기도하기 시작했다. 내가 드린 기도가 기억난다. "오, 주님, 주님께서는 당신의 시대에 병든 이를 낫게 하고 죄인을 치유하셨습니다. 이제 부디 저를 치유해 주십시오." 그리고는 내 주문을 덧붙였다. "제 뜻이 아니라 아버지의 뜻이 이루어지게 하십시오." 가족과 학교 사람들, 수사 형제들이 사태의 심각성을 알게 되었다. 두려운 시간이었지만 나는 주님께서 우리의 기도를 들어주시리라고 희망했고, 과연 주님은 들어주셨다. 잠시 후 감염이 진행을 멈추었고 상황은 호전되는 쪽으로 돌아섰다. 나는 2주 더 입원한 후에 집에 돌아와서 몸조리할 수 있었다. 가정방문 간호사가 근 1년 동안 하루에 두 번씩 와서 내 다리의 벌어진 상처를 돌보아 주었고, 그 상처는 다 나았다.

이날까지 나는 그 경험 전체가 일련의 기적이었다고 믿는다. 하느님께서는 주님에 대해 더할 나위 없는 확신을 가진 이들이 바친 전구 기도의 힘을 통해 내 삶에서 활약하셨다. 그분은 또한 의사들의 손을 인도하셨고, 내 감염을 다스리고 치유하기에 적합한 약물을 주셨다. 아일랜드 사람답게 풍부한 유머감각을 지닌 것도 내 회복에 도움이 되었다.

나는 내 삶에 개입해 주신 주님께 영원토록 감사한다. 어려움을 겪은 덕에 한결 성숙한 태도로 그분의 현존에 나를 맞추게 되었고, "무거운 짐을 진 너희는 모두 나에게 오너라."는 그분의 말씀이 더 깊은 의미를 지니게 되었다.

| 미네소타 프리들리에서 그리스도교 교육 형제회FSC 수사 케빈 브루처

완벽한 집

우리 집을 팔고 어머니와 의붓아버지 댁에서 한 달간 같이 산 끝에, 드디어 우리의 새로운 집을 결정하려던 참이었다. 볼티모어의 성 마태오 성당 부속학교 근처에 있는 저렴한 집을 구해 주십사 기도해 왔는데, 마침내 완벽한 집을 찾았던 것이다. 남편 찰스와 나는 세 자녀를 두었고, 넷째 아이를 가져서 임신 8개월 중이었다. 우리는 정말 잘 살고 싶었.

그런데 잔금을 치르는 자리에서, 판매자가 다른 구입자에게서 현금을 받았기 때문에 그 집이 우리 것이 아니라는 청천벽력 같은 소식을 들었다. 원점으로 되돌아간 것이다. 우리는 다시 성 마태오 성당 부속학교 근처에 있는 집을 구하는 기도를 드렸다. 나는 성모님께 기도드리면서, 성모님은 아기를 가지고서 머물 곳이 필요한 게 어떤 것인지 잘 아시지 않습니까, 하고 말씀드렸다. "부디 저를 도와주십시오!" 내 울부짖음에 그분이 도와주셨다.

우리는 처음에 사려고 했던 집에서 꼭 두 블록 떨어진 곳에 있는 모퉁이의 연립주택을 발견했는데, 그 집은 당장 들어가 살 수 있었다. 그때 나는 성모님과 하느님께 아기가 나오기 전에 새 집에 들어가 살게 해 주시기를 여러 번 기도했다. 「지붕 위의 바이올린」에 나오는 우유 배달부 테비에가 하느님과 마음을 터놓고 대화하는 장면을 본 적 있는가? 음, 아마 내가 기도할 때가 바로 그럴 것이다. 나는 전체적인 상황에 대해 그렇게 하느님과 마음을 터놓은 대화를 했다.

아기는 3주 일찍 나왔다. 그 후 오래지 않아 어느 멋진 가을날 오후, 나는 아기 조앤을 유모차에 태우고 우리가 처음 사고 싶어 했던 집 앞을 한가로이 지나갔다. 그 집이 다시 매물로 나온 것을 보고 깜짝 놀랐다. 옆집 베란다에 한 여자가 앉아 있기에 다시 매물로 나온 이유를 물어보았다. 그 여자는, 그 집은 아무도 고칠 수 없는 누수가 있는 탓에 노상 매물로 나온다고 했다. 비가 많이 오면 물이 바깥쪽 벽돌로 된 벽과 안쪽 벽 사이로 흘러들어 지하층이 침수된다는 것이다. 그 문제를 해결하려면 어마어마한 비용이 들 터였다.

우리는 8년 동안 하느님과 성모님이 인도해 주신 집에서 행복하게 살았다. 본당은 훌륭했고, 나는 감사한 마음에 3년 동안 학교에서 미술을 가르치는 봉사를 했다. 아이들과 수녀님들과 나, 그중 누가 더 즐거워했는지 모를 정도로 정말 즐거웠다! 아주 흥미진진한 시간이었다.

우리 마음에 쏙 든 첫 번째 집에 대해 하느님이 "안 된다."고 하셨을 때 사실 그분은 우리를 보호하고 계셨던 것임을 알고 나니, 더없이 감사하다. 그분은 우리에게 가장 좋은 것이 무엇인지를 알고 계셨고, 우리가 처음에 실망했던 일은 사실 하느님께서 우리를 보살펴 주신 일이었다. 아버지께서 가장 잘 아시니, 우리는 그저 그분께 귀 기울이고 순종해야 한다.

| 플로리다 멜버른에서 노마 W. 코핀

\+ 성경을 읽으면 내가 아주 새로워진 나머지, 주위의 온 자연이 나와 함께 새로워진 것처럼 보인다. 하늘은 맑고 더 시원한 푸른색이 된 것 같고, 나무는 더 짙은 초록색이 된 것 같다. 온 세상이 하느님의 영광으로 충만하고, 내 발 아래에서는 온기와 음악이 느껴진다. 〈토마스 머튼〉

\+ 겸손하고 신뢰하는 마음으로 선한 열망에 가득 차서 성령을 청하면, 그분은 복된 빛과 활활 타오르는 불을 내려 주실 것이다. 그분은 당신의 마음 한가운데를 꿰뚫고 들어오시어, 하느님의 거룩한 사랑의 불꽃으로 당신의 마음을 정화하고 바꾸며, 밝혀 주고 불붙여 태워 버릴 것이다.

〈성녀 프란치스카 사베리아 카브리니〉

나의 기도 후원

2001년, 오른팔의 종양 제거 수술을 받았다. 완전히 다 나았다고 여기고는 정상적인 생활에 복귀했다. 이 수술 직후에 가톨릭 신자인 여성에게서 이메일을 받았는데, 열 명에서 열한 명 정도의 소규모 모임인 자신의 온라인 후원 모임에 참가할 의사가 있는지 알고 싶다는 내용이었다. 그 당시 나를 초대한 사람이나 그 모임의 회원 누구도 알지 못했기에 그 초대는 정말 뜻밖이었지만, 내가 해야 할 일인 것 같아 보였다. 나는 이 모임이 앞으로 나에게 얼마나 강력한 후원이 될지도 모르고 들어갔다. 하느님께서 나를 돌보아 주고 계셨던 것이다.

석 달 후 예전과 같은 통증이 생겼다. 또 다른 종양이었다. 의사는 수술 날짜를 잡아 실제로 두 개의 종양을 제거했다. 나는 온라인 기도 모임에 내가 겪고 있는 일을 계속 알렸다. 이 대단한 여성들은 내가 두려워할 때 내 곁에 있어 주었고 지속적으로 격려 기도를 보내 주었다.

다시 석 달 후 재검을 받으러 갔을 때 팔이 또 아팠고, 나는 세 번째로 수술을 받았다. 수술 후 의사는 종양을 전부 제거할 수는 없었다며 팔을 절단해야 할 상황이 닥칠 수도 있다고 말했다. 의사는 나를 방사선 종양전문의에게 보냈다. 이 종양전문의는 내가 그동안 만난 사람들 중 가장 놀라운 사람이었다. 그 여의사가 어떻게 이 상황을 감당하는지 묻기에, 나는 온라인 기도 모임에 친구들이 있어 나를 위해 기도해 주고 있다고 말했다. 그녀는 내게 종교가 무엇이냐고 물었고, 나는 가톨릭이라고 말했다. 그 의사도 가톨릭 신자였는데, 그녀는 나를 껴안으며 다 잘될 거라고 말해 주었다. 또 내가 처음 세 번을 만났던 그 의사가 수술을 죄다 망쳐 놓았다는 말을 했다. 그녀는 내가 종양외과 전문의를 만나 봐야 한다며 어느 의사에게 가야 할지 알려 주었다.

그 종양외과 의사도 아주 훌륭한 분이었다. 그가 수술 날짜를 잡았다. 우리 성당의 여성 교우들이 나를 위해 기도했고 본당 기도 모임에서도 나를 위해 기도했으며, 당연히 내 온라인 후원 모임에서도 기도해 주었다. 생각지도 못했는데 그들이 이렇게 기도해 주어서 그들에게 감사했다. 나는 그들의 사랑과 응원에 감격했고 힘을 얻었다.

종양전문의가 음성이라는 결과가 나왔다고 설명해 주어 나는 몹시 기뻤다. 하지만 유감스럽게도 3개월째 검사에서 종양이 재발되었고, 의사는 내가 종양 정형외과 전문의에게 가야 확실하게 팔을 보존할 수 있다고 했다. 종양 정형외과 전문의와 종양외과 전문의는 내가 수술을 받기 전에 방사선 치료를 받아야 한다는 점에 동의하고, 나에게 아주 잘 대해 주었던 그 방사선 종양전문의에게 나를 되돌려 보냈다. 나는 수술 전 방사선치료를 받았는데, 이 의사는 볼 때마다 나를 껴안아 주었고 그것은 큰 도움이 되었다.

한 달 후 가장 큰 마지막 수술을 받으러 가기 전, 우리 성당의 여성 교우들과 신부님이 나를 위해 기도해 주고 병자성사를 주었다. 내가 속한 온라인 기도 모임에서도 기도해 주었다. 2003년 10월 8일에 마지막 수술을 받았다. 수술실로 들어갈 때는 내가 오른팔이 있는 채로 방을 나올지 확신할 수 없었지만, 감사하게도 팔을 보존했다. 삼두근 절반과 어깨 세모근 절반을 잃었어도, 나는 팔이 있다. 수술 후 방사선치료를 받았고, 그 훌륭한 의사는 통증이 너무 심해 견디기 힘들 때 나를 위로해 주었다. 그 의사는 나를 위해 기도하고 있다고도 말했다.

다행스럽게도 오는 10월 8일이면 재발이 일어나지 않은 지 5년이 된다. 나는 그것이 그 모든 기도의 힘이라는 것을 안다. 아직도 끊임없는 통증을 겪고 있고 신경 손상을 입었지만, 팔을 거의 쓸 수 있다. 나는 통증이 하느님께서 내게 아직 팔이 있으며 살아 있다는 것을 알려 주시는 길이라고 여긴다.

| 매사추세츠 웨이머스에서 린다 M. 카스

3시 33분

내가 어린아이였을 때, 어머니는 하느님이 얼마나 좋은 분이신가에 대해 자주 말씀해 주셨다. 어머니는 그분이 우리를 구원하려고 십자가에서 돌아가셨을 만큼 우리를 향한 그분의 사랑이 크시다는 것을 강조하시곤 했다. 나는 예수님이 돌아가셨을 때 서른세 살이었다고 어머니가 여러 번 설명하신 것을 기억한다. 우리가 죽었을 때, 그때 우리가 몇 살이든 간에, 혹은 우리의 상태가 어떻든 간에, 하늘나라에 들어갈 때 우리는 정확히 예수님의 나이가 된다고 어머니는 말씀하시곤 했다. 이 말씀은 나에게 깊은 인상을 주었고, 나는 33이라는 숫자를 볼 때마다 예수님의 위대한 희생을 기리는 뜻으로 "고맙습니다, 주님." 하고 노상 말하는 버릇이 생겼다.

큰아들 부부는 둘 다 경찰관이고, 우리에게서 꽤 멀리 떨어져 있는 버지니아 주에 산다. 나는 아들 부부와 모든 경찰관을 위해 매일 기도하고 있다. 어느 날 밤, 일이 생겼다. 여느 때처럼 잠자리에 들어 편안히 자고 있다가, 150km는 족히 넘게 떨어져 있는 큰아들 조가 "엄마! 엄마!" 하며 다급하게 나를 부르는 소리를 들었다. 나는 침대에서 벌떡 일어나 말했다. "무슨 일이냐, 얘야?" 아들의 목소리가 너무 생생하고 위험에 처한 듯해서 내 심장은 심하게 두근거리다 못해 가슴 밖으로 튀어나올 것만 같았다. 아들이 위험하며 도움이 필요하다는 것을 알았다. 시계를 보았다. 새벽 3시 33분이었다. 아들을 위해 당장 기도를 시작했다. "예수님, 당신을 믿습니다. 예수님, 당신을 믿습니다." 하는 기도를 몇 번이고 되풀이했고, 그러다가 마음이 가라앉아 스르르 잠이 들었다.

다음 날 아침, 나는 집안을 돌아다니며 매일 해 두어야 하는 온갖 일을 하면서도 아들을 위해 계속 기도했다. 지난 밤 아들의 외침이 자꾸만 생각나서 가슴이 두근거렸고, 더욱 열성적으로 아들을 위해 기도했다. 그날 늦게 아들이 전화했다. 아들은 한참동안 남편과 통화를 했다. 내가 남편에게 간밤에 있었던 일을 이야기했었지만, 남편은 그다지 개의치 않는 듯했다. 이제 부자간의 통화를 듣고 있자니, 남편도 내가 겪은 일이 사실임을 확신하게 되었다는 것을 느낄 수 있었다. 부자는 한동안 대화에 열중해 있었고, 나는 남편이 동요한다는 것을 알 수 있었다. 애타게 내 차례를 기다리고 있는 동안 남편은 "잠깐만 기다려, 잠깐만."이라고 하는 듯이 한 손가락을 계속 세우고 있었다. 드디어 남편이 내게 수화기를 넘겨주었다.

아들의 목소리를 듣자 너무나 마음이 놓였다. 아들은 얼른 나를 안심시켰다. "엄마, 저는 괜찮아요…. 그렇지만… 간밤에 근무를 하다가 법규를 위반한 사람을 세웠더니, 그 사람이 저에게 총을 쏘았어요…. 빗나갔지만요." 내가 느낀 넘치는 감사와 안도는 설명할 수 없을 정도이다. 나는 그저 "오, 고맙습니다, 주님!" 하고 대답할 수밖에 없었다.

아들은 어떻게 된 일이고 어디에서 그랬는지, 그 사건에 대해 우리에게 말해도 되는 여러 자세한 내용을 설명했다. 그때 내가 물었다. "애야, 몇 시에 그랬니?" 조가 대답했다. "새벽 3시 30분

경이었어요." 아들이 입을 열기 전에도 이 대답을 예상했던 것 같지만, 막상 그 말을 듣자 하느님께 감사하는 벅찬 감정이 내면에서 솟아올랐다. 고마운 마음을 가눌 길 없었다. 우리 주님께서 나를 깨워 아들의 안전을 위해 기도하게 하신 것이 사실이었기에, 나는 그분께 영원히 감사할 것이다.

전화를 끊자마자 침실로 가서 무릎을 꿇고 몇 번이고 거듭해서 하느님께 감사를 드렸다. 이 글을 쓰는 지금도 하느님에 대해 두렵고 고맙고 감사한 마음이 되살아난다. 언제 하느님을 생각해야 하는지 자주 귀띔을 듣고 있으며, 우리를 위해 십자가에서 돌아가신 예수님께 늘 기도하고 감사를 드려야 한다는 게 내 지론이다.

| 펜실베이니아 프롬프턴에서 로베르타 H. 파라 세프칙

+ 기도는 하느님의 내키지 않는 마음을 꺾는 것이 아니라, 기꺼이 해 주려는 그분의 마음을 붙잡는 것이다. 〈마틴 루터〉

기도 용사의 명단

내가 몸소 체험한 기도의 기적은 알코올 중독이던 아들의 갱생이다. 아들은 33년간 거리에서 살다시피 하며 술을 마셨다. 슬기로운 우리 어머니는, "아들을 사랑하는 것이 네가 할 일이고, 그를 구하는 것은 하느님이 하실 일이다."고 말씀하셨다.

내 기도 여정은 어린아이 적에 볼티모어 교리서를 통해 시작되었고, 이모인 오거스타 수녀님이 자신의 기도 요령 몇 가지를 알려 주었을 때 도약했다. 이모는 내가 들이쉬는 숨 하나하나가 모두 '믿음의 행위'이고, 내가 흘리는 눈물 하나하나가 모두 '희망의 행위'이며, 내 심장의 박동 하나하나가 모두 '사랑의 행위'라는 것을 내게 가르쳐 주었다. 나는 이모의 말을 받아서 기도를 하나 지었고, 그 기도를 매일 밤 바친다.

제가 들이쉬는 숨이 모두
믿음의 행위가 되고,
제가 흘리는 눈물이 모두
희망의 행위가 되며,
제 심장의 박동이 모두
사랑의 행위가 되게 하여 주십시오.

그래서 내가 어떤 처지에 있든지, 하느님께 이런 특별한 지향을 두었기에, 늘 기도에 빠져 산다. 어떤 사람이 자기를 위해 기도해 달라고 부탁하면, 나는 그 청을 아주 진지하게 받아들인다. 그리고 기도 중에 줄곧 그 사람을 염두에 두려고 애쓴다. 내가 기도해 주는 사람들의 명단이 점점 늘어나던 어느 날, 나는 이 기도 요청을 기도를 열심히 하는 다른 이들에게 알리기로 작정했다. 나는 '기도 용사의 명단'을 만들어 매주 일요일 미국 전역에 있는 협력자들에게 이메일로 보냈다. 이 명단은 파티마, 루르드, 로마의 성지에까지 전해졌다. 그에 대한 답으로 기도가 응답받았다는 기적 같은 소식들을 속속 받고 있다.

사랑하는 내 남편은 암을 이기고 살아난 지 7년이 되었고, 날마다 하느님께 감사하고 있다. 그밖에도 암을 비롯해서 목숨을 위협하는 다른 질병들과 싸우고 있는 소중한 사람들에게서 기적이 일어났다는 소식들을 듣고 있지만, 가장 크고 훌륭한 기적은 바로 시련을 통해 하느님께 되돌아온 사람들이다.

| 오하이오 메이슨에서 몰리 N. 오코넬

+ 근심을 떨쳐 버려라. 지금 당신이 빙그레 웃는 일이 작년에는 근심거리였다. 마음을 하느님께로 들어 올리고 어떤 일이 닥치든지 그분께 감사를 드린다면, 내일은 그 근심이 별 것 아니게 될 것이다.
〈가경자 솔라누스 케이시 신부, 카푸친 작은 형제회〉

+ 아무것도 걱정하지 마십시오. 어떠한 경우에든 감사하는 마음으로 기도하고 간구하며 여러분의 소원을 하느님께 아뢰십시오. 그러면 사람의 모든 이해를 뛰어넘는 하느님의 평화가 여러분의 마음과 생각을 그리스도 예수님 안에서 지켜 줄 것입니다. 〈필리 4,6-7〉

+ 설사 하느님께 스스로를 서슴없이 내어 드리고 그리하여 그분 은총의 힘으로 변하게 되더라도, 하느님께서 자신 안에서 이루시려는 일을 이해하는 영혼은 거의 없다. 〈성 이냐시오 로욜라〉

10분 묵상

내적 침묵의 은사를 실천하십시오.
10분 동안 가만히 앉아서,
기도하지도 말고
생각하지도 말고
듣기만 하면서
당신 주위의
생기를 빨아들이십시오.

묵상 마침기도

예수님,
얼마나 많은 생기가
제 주위에 있는지
저는 미처 알지 못했습니다.
이 세상을 그렇게 많은
생기로 채워 주셔서
감사합니다.
아멘.

응답 받은 기도

남편 패트릭과 나는 다섯 아들을 두었고, 2008년 10월이면 결혼한 지 30년이 된다. 큰아들 존이 20대 초반일 때, 존과 존의 여자 친구 질은 우리 집에 들어와 함께 살기로 했다. 그들은 곧 아이를 낳을 참이었다. 우리는 아들 부부의 예쁜 딸을 기쁘게 맞았고 그들더러 들어와 함께 살자고 했다. 우리는 젊은 부부에게 결혼식을 올리고 자신들의 집을 구할 돈을 저축할 기회를 주고 싶었던 것이다.

막내아들인 미첼은 그때 아홉 살이었다. 나는 아직도 지갑 안에 손녀 레이첼 파트리시아를 처음으로 미사에 데려갔던 때의 사진을 넣고 다닌다. 사진 속 나는 생후 4개월인 손녀를 안고 있고, 옆에는 내 아들(레이첼의 삼촌) 미첼이 서 있다. 남편과 나는 레이첼이 세례 받는 것을 몹시 보고 싶어했지만 레이첼의 부모는 마음이 이랬다저랬다 했다. 사실 급하게 구성된 가족이어서, 각자 이루고자 하는 목표와 생각과 방법이 다 달랐다. 가족이 이미 확립되어 있는 집에서 새 가정을 시작하는 것은 어려운 법이다. 그렇지만 우리는 다행스럽게도 마음을 모았다. 어린 레이첼은 생후 6개월에 세례를 받았고 존과 질은 멋진 세례식 기념 잔치를 열었다.

한 가지 말하자면, 이렇게 되기까지 나는 하느님을 귀찮게 괴롭혔다. 정말로 하느님을 귀찮게 했다! 나는 손녀가 세례 받기를 기도했고, 존과 질이 성당에서 결혼하기를 기도했다. 나는 미사에서 성체를 영했고 날마다 묵주기도를 바쳤으며, 9일기도를 끝도 없이 바쳤고 단식도 했고 하느님의 자비를 구하는 기도를 바쳤다.

레이첼의 세례는 내 기도에 대한 큰 응답이었다. 나는 그 다음 행보로 54일 동안 묵주의 9일기도를 바치기로 했다. 9일기도는 날마다 묵주기도를 바치는 것으로서, 하루는 환희의 신비, 다음날은 고통의 신비, 셋째 날은 영광의 신비를 바치는 것('빛의 신비'가 나오기 전-편집자 주)이다. 지향을 두고 이것을 아홉 번 연달아 총 27일 동안 한다. 그런 다음 그 묵주기도 과정을 다시 한 번 반복하는데, 이번에는 기도 응답에 대해 감사를 드리는 것으로, 아직 응답을 받지 못했을 때에도 바쳐서 모두 합해 54일이 되는 것이다. 그래서 나는 54일기도를 바쳤고, 거기에 더해 묵주기도와 자비를 구하는 기도, 9일기도를 더 바쳤다. 재판관을 귀찮게 졸라대는 성경 속 여인도 나보다 더하지는 않을 정도였다!

드디어 존과 질은 신혼부부용 소형 주택을 구입할 여력이 되었다. 그들은 레이첼이 생후 9개월이 되었을 때 이사했고 세속 예식으로 결혼했다. 레이첼이 두 살 때 여동생 사라 아일랜드가 태어나서 곧 세례 받았다. 존과 질은 규칙적으로 미사 참례를 시작했고 차츰 본당 신부님에게 호감을 느끼게 되었다. 그들은 본당 신자가 되어 따뜻한 환대를 받았으며, 곧 성당에서 혼인하는 문제에 대해 본당 신부님께 문의했다.

그 본당의 신부님은 알고 보니 하느님의 자비에 대해 특별한 신심이 있는 분이었다. 그분은 하느님의 자비 주일이 그들을 교회로 맞아들이기에 아주 좋은 때라고 생각하셨다. 2005년 4월 3일, 우리는 아들 부부와 함께 미사에 참례했고, 미사 후 모든 사람이 존과 질과 함께 부속 경당으로 갔으며, 거기서 아들 부부는 공식적으로 성당에서 결혼을 했다. 이만하면 응답받은 기도로 어떤가? "예수님, 저는 당신을 믿습니다."

| 펜실베이니아 필라델피아에서 린다 J. 매캔

+ 사람들이 우리의 간청을 일축하고 우리가 전하는 말을 거부하며 우리의 논거에 반대하고 우리의 인격을 멸시할지도 모르지만, 그들은 우리의 기도에 **무력하다.** 〈J. 시드로우 백스터〉

+ 무엇이든지 우리의 마음을 차지할 만큼 큰 것은, 그것을 두고 기도할 만큼 큰 것이다. 〈조지 맥도널드〉

하느님께서 아빠 엄마를 도우셨다

매일의 생활에서 교훈을 얻는 것이 인생이다. 내가 어릴 때 가족 간의 말다툼이 우리 가족을 갈라놓았고, 나는 우리의 삶에 왜 이런 일이 일어나는지 하느님께 자주 여쭈었다. 처음에는 하느님이 불공평하시다고 생각했지만, 시간이 지나자 우리가 살면서 마주치는 모든 것이 교훈임을 알게 되었다. 나는 기회가 될 때마다 무릎을 꿇고 기도하면서 우리 가족, 특히 노상 다투시는 엄마와 아빠를 위해 특별한 9일기도를 바쳤다. 내가 아무리 기도와 단식을 많이 바쳤어도, 아무런 변화 없이 몇 해가 흘렀다.

이따금 나는 기도에 확신을 잃기도 했다. 교리문답 과정을 마쳤고, 우리 하느님이 고통 받는 우리를 보시고 우리의 기도를 들어주시는 분임을 알고 있었지만, 내가 기도해도 아무 소용없었기에 그분은 누구시란 말인가 하고 생각했던 것이다. 하지만 다시 정신을 차리고 다짐했다. '희망을 잃어서는 안 돼!' 나는 하느님이 나를 사랑하시며, 내 기도를 들어주시리라는 것을 안다. 여동생들에게도 내가 이루려는 과제에 동참하기를 부탁했다. 그리고 그들은 아주 호기심 어린 태도로 언니인 내 말을 경청했다.

나는 여동생들에게 교리문답 시간에 배운 교리와, 우리 부모님이 겪는 일은 우리가 부모님이 바뀌기를 기도하지 않기 때문이라고 말했다. 어머나, 동생들의 반응이 어찌나 긍정적이던지! 동생들은 내 과제에 아주 기뻐했고, 당시 일곱 살이던 미첼은 자기가 기도를 인도하겠다고 말했다. 그러자 다른 동생이 미첼에게 버럭 소리치며 네가 무슨 기도를 인도할 수 있느냐고 했다. 아무도 함부로 무시하지 말자. 나는 누구든 사회에 공헌할 수 있는 면이 있음을 믿고 있다. 꼬마 숙녀는 모두에게 입을 다물라고 말하고는 기도를 시작했다. "하느님, 아빠와 엄마를 도와주시어 서로 사랑하고 그만 다투게 해 주세요." 동생은 이 말을 몇 번 반복했고, 우리는 이 기도를 매일 정해 놓고 했다. 하루하루가 지나 몇 달이 되었고, 일 년까지는 안 된 그때, 기쁨은 분명 우리 편이었다.

지금쯤 당신은 무슨 일이 일어났는지 이미 짐작할 것이다. 부모님은 다툼을 멈추고 훌륭한 신앙인이 되셨다. 우리는 정말 기뻤다! 이 일로 나는, 사람의 눈에는 속수무책인 일이라도 기도를 통해서라면 안 되는 일이 없다는 깊은 교훈을 얻었다. 나는 가족 간의 말다툼을 겪고 나서 실제 있었던 일을 서술하고 있다. 독자 여러분, 우리는 부모님을 싸워서 말릴 힘은 없었지만 부모님이 바뀌도록 기도할 힘이 있었던 것이다! 현재 학생인 나는 대학에 다니고 있고, 기도가 효과가 있다는 것을 이미 알고 있는 까닭에 미사에 참례하여 몇 가지 문제에 대해 기도를 드린다. 우리 모두 효과가 나타날 때까지 기도하자. 나는 기도의 힘을 믿는 여러분 모두를 사랑한다. 모두에게 축복이 있기를.

| 케냐 엠부에서 재클린 무카미 니아가

+ 내 기도는 그 기도를 원하는 사람이 그분이라는 사실에 희망을 걸고 있다. 또 내가 그 약속을 지키러 나간다면, 그것은 그분이 이미 거기서 나를 기다리고 계시기 때문이다. 〈카를로 카레토〉

+ 우리가 기도의 힘으로 연결되어 있을 때, 우리는 이를 테면, 서로서로 손을 잡고서 나란히 미끄러운 길을 따라 걷는 것과 같다. 따라서 아낌없이 주는 사랑의 속성상, 각자가 다른 이에게 더 많이 기댈수록, 우리는 다함께 형제애 안에서 더욱 굳게 결속된다. 〈성 대 그레고리오〉

급행 9일기도

내 이야기는 콜카타의 복녀 마더 데레사 덕에 유명해진 '급행 9일기도'의 힘에 관한 것이다. 그 기도는 우리의 일자리와 내가 아는 다른 사람들의 일자리를 얻는 일과 관계된 것이었다.

몇 해 전, EWTN(미국 가톨릭 방송사)의 아침 미사를 시청하다가 나는 앤드류 아포스톨리 신부님이 "하느님은 기도에 응답하신다."는 주제로 강론하시는 것을 듣게 되어 기뻤다. 그분은 하느님이 듣고 응답하시는 기도를 드리는 방법에 대해 말씀하셨다. 끝부분에서 그분은 마더 데레사가 '급행 9일기도'(the Express Novena, 수녀님이 이렇게 부르셨다)를 늘 바치신 일에 대해 언급했다. 그 기도는 '생각하소서(Memorare, 성 베르나르도가 지었다고 알려져 있는 성모찬가)'를 아홉 번 연속 바치는 것으로 구성되어 있다. 나는 신부님의 강론에 몹시 감동해서, 정오에 미사가 재방송되자 전화를 끄고 아무도 떠들지 말라고 하고는 방송을 녹화했다.

얼마 후 공학기사인 남편 데이브가 회사에서 감원을 하는 바람에 직장을 잃었다. 우리는 실업 수당을 받았고, 그 기간에 남편은 연거푸 취업 면접을 보러 다녔지만 아무 성과가 없었다. 데이브는 구직자들의 모임에 가입했다. 회원들이 일주일에 한 번씩 만나서 서로에게 도움이 되어 주고 자기가 들은 구직 정보를 나누는 모임이었다.

그러던 어느 날, 우리는 마지막 실업 수당을 받아, 말하자면 더 이상 내려갈 곳이 없는 처지였기에, 남편은 다른 곳에 면접을 보러 가기로 했다. 나는 주머니에 아직 몇 달러가 있어서, 친구에게 전화해 샌드위치를 먹으러 나가자고 할까 혼자 생각했다. 그러나 전화하기에 앞서 기운을 차려야 했다. 거품 목욕이 스트레스를 완화해 줄 것 같아 목욕을 하기로 했다. 가만히 욕조에 있다 보니 지금이 기도하기 아주 좋은 때라는 생각이 들었다. 내가 드린 기도는 '급행 9일기도'로, 온 진심을 담은 내적 은총이 깃든 기도였다.

기도를 끝마친 직후 허리에 심한 통증이 와서, 간신히 욕조를 나와 옷을 입었다. "샌드위치를 먹으러 친구와 만나려고 했는데." 하는 생각이 들었다. 그 순간 내가 할 수 있는 일이라고는 안락의자로 가서 좀 견딜 만해지기를 희망하는 것밖에 없었다. 의자에 앉기가 무섭게 전화가 울렸다. 전화를 건 사람은 우리 부부의 친구였는데, 남편과 통화하기를 원했다. 나는 남편이 면접을 보고 있어서 빨라야 한 시간 후에나 집에 올 것이니 그때 다시 전화하겠다고 말했다. 그런데 바로 그때 데이브가 일찍 들어오는 것이 아닌가! 남편이 전화를 받았더니, 친구는 근처의 제강공장에 공학 기사 일자리가 있다고 알려 주었다. 데이브는 전화번호를 받아 적고 그 사람에게 전화했다. 남편은 전화를 끊고 나서 당장 면접을 보러 갔고, 그 자리에서 고용되었다!

나는 그것이 복되신 어머니께서 내 욕조 기도에 응답해 주신 것임을 '알고' 있다! 그 주에 나는 수녀 친구에게 이 '기적'에 대해 말했고, 그 친구는 자기 사촌에게 이 이야기를 했다. 그 사촌은 2년 동안 일자리를 얻지 못해 매우 낙담한 상태였다. 그 주가 다 가기 전, 아녜스 수녀는 나에게 자기 사촌이 취직되었는데, 여태까지의 직장 중에서 가장 좋은 곳이라고 했다. 그녀는 그 기도에 대해 자기에게 말해 주어서 고맙다고 했다.

또 한 번은 내 사위가 군을 막 제대해서(그는 대위였다) 아내(내 딸)와 어린 두 딸이 있는 집으로 왔다. 사위는 맥도날드에서 일하는 한편, 지역 신문을 위해 피츠버그 최초의 타운크라이어(Town Crier, 마을의 공적인 일에 대해 알리는 사람-편집자 주)로 일하고 있었다. 사위는 자신이 교육받은 분야의 일을 찾을 수 없었던 것이다. 나는 '급행 9일기도'를 사위에게 알려 주라고 딸에게 전했다. 당시 사위는 가톨릭 신자가 아니었고 '생각하소서' 찬가를 몰랐기 때문에 아내가 그 기도를 바쳐 주기를 바랐다. 딸은 사위에게 직접 기도를 드려야 한다고 말하며 기도문을 주었다. 그 후의 이야기를 당신은 짐작할 것이다. 사위는 근 13년이 지난 지금까지 자신이 원했던 일을 하고 있다.

| 펜실베이니아 브리지빌에서 엘리자베스 L. 차발라

생각하소서

지극히 인자하신 동정 마리아님, 생각하소서.
어머니 슬하에 달려들어
도움을 애원하고 전구를 청하고도
버림받았다 함을 일찍이 듣지 못했나이다.
저희도 굳게 신뢰하는 마음으로 어머니 슬하에 달려들어,
어머니 앞에서 죄인으로 눈물을 흘리오니,

동정녀 중의 동정녀이신 천주의 성모님,
저희 기도를 못 들은 체 마옵시고
인자로이 들어주소서.

+ **한 몸같이 주를 섬기다가 사후에 한 가지로 영원히 천주 대전에 만나, 길이 누리기를 천만천만 바란다.** 〈성 김대건 안드레아〉

빠른 회복

1999년 막내 여동생이 허리가 아파 입원했다. 의사들은 동생이 다른 질환을 앓고 있는 것으로 오진하여 그에 맞는 치료를 했다. 진짜 병이 밝혀지지 않았기에 동생의 상태는 더욱 악화되었다. 결국 동생의 척추뼈에 5cm 크기의 종양이 있다는 것이 발견되었다. 의사들은 당장 수술하라는 처방을 내렸지만, 수술 후 동생이 걸을 수 있을지 장담하지 못했다. 그들은 동생이 자기 다리로 서는 데만도 몇 개월이 걸릴 것이라고 말했다. 온 가족이 하느님의 전능한 개입을 소리쳐 구하기 시작했다.

1999년 11월 7일, 종양이 제거되었고 동생은 중환자실로 옮겨졌다. 의사들은 동생이 적어도 2주 동안 중환자실에 있어야 할 것이라고 예측했다. 하지만 놀랍게도 동생은 바로 그 다음날 중환자실에서 나와서 일반 병실로 옮겼다. 수술 후 닷샛날, 동생은 자기 다리로 섰다. 이렛날 동생은 걷기 시작했으며, 아흐렛날에는 근무하던 초등학교에 다시 출근했다. 전능하신 하느님과 함께라면 불가능한 일이 없다!

| 인도 케랄라 콜람에서

'티 없으신 성모 성심 프란치스코 수녀회F.I.H' 앰비카 메리 수녀

+ 우리의 참된 가치는 사람들이 우리를 어떻게 생각하느냐에 있지 않다. 하느님이 아시는 우리의 모습이 진정한 우리의 모습이다. 〈성 요한 베르크만〉

아들 찾기

발단은 1966년 8월 6일이었다. 나는 첫아들을 임신했는데, 혼외 임신이었다. 당시 부모님은 내가 아이를 낳아 입양시키는 것이 최선이라고 생각하셨다. 아들이 세례 받을 때 마지막으로 아이를 본 나는 몹시 괴로웠다. 몹시 슬펐지만 내심 그래야만 한다는 것을 알았다. 여러 해 동안 나는 아들을 생각하며 아들이 어떻게 생겼을까, 좋은 가정에 있을까 하는 생각을 했다. 1993년과 1994년, 나는 아들이 사는 곳을 알아내려 했지만, 그에 필요한 특별 서류가 없었다.

1995년, 나는 하느님께 이 서류를 구비하도록 도와주십사 청했다. 그해 아버지가 돌아가셨다. 하느님께서 아버지의 영혼을 편

히 쉬게 하신 것이다. 장례식 이틀 후 어머니가 내 이름이 적힌 큰 봉투를 주셨다. 내 눈을 믿을 수가 없었다. 그 안에는 아들을 찾는 데 필요한 서류가 몽땅 들어 있었던 것이다! 나는 날마다 하느님께 감사를 드렸다. 내 인생의 목표가 죽기 전에 아들을 만나는 것이었다. 그 서류들을 토론토 호적계의 담당자들에게 보냈다. 2주 후 토론토에서 편지가 와서 보니, 아들을 찾는 데 6개월에서 2년이 걸릴 거라는 소식이었다. 그렇지만 나는 아들도 나를 찾고 있다는 이야기를 들었다.

더욱더 기도하고 기도했다. 1996년 3월 21일, 등기우편물이 있다는 연락을 받았다. 그날은 우체국에 가서 우편물을 가져올 시간이 없었지만, 그 다음 날 퇴근 후에 남편과 함께 가서 우편물을 받았다. 커다란 갈색 봉투를 열어 본 나는 울고 또 울기 시작했다. 남편은 가족 중에 누가 돌아가셨나보다고 생각했지만 사실은 좋은 소식이었다. 아들을 찾았으며 아들도 나를 찾고 있더라는 편지였다. 나는 울음을 멈출 수 없었고 남편도 마찬가지였다.

남편과 나 사이에도 아들이 하나 있었고 우리가 집에 도착하자 집에 있던 아들이 내가 우는 이유를 궁금해했다. 우리는 아들에게 형을 찾았다고 말했다. 그러자 아들과 아들의 여자친구, 남편과 나는 다 같이 울었다. 내 장남은 9년 동안 나를 찾고 있었다. 나로 말하자면, 내가 서류를 보낸 다음 그 소식을 받은 날까지 9개월이 걸렸다. 하느님께 감사를 드렸다. 몇 번인지는 몰라도 여하튼 많이 감사를 드렸다! 우리 가족은 아들과의 첫 만남에 대해 좀 회의적이었지만, 나는 아니었다. 하느님께 나와 함께 계시기를 청했고 그분은 그렇게 해 주셨다. 나는 하느님이 내 기도를 들으셨음을 알았다. 만남은 순조로웠다.

나는 아들이 멋진 아가씨와 결혼했고 양아버지가 아들의 이름을 하워드로 바꾸었다는 것을 알게 되었다. 며느리는 첫 임신 중이었다. 내가 할머니가 되는 것이다. 오! 얼마나 감사하던지! 하느님은 나에게 아들과 더불어 많은 축복을 돌려주셨다. 나에게는 예쁜 두 손녀와 멋진 며느리가 있다. 손녀들은 지금 열한 살과 여덟 살이다. 슬프게도 나는 2006년에 다시 한 번 하늘이 노래지는 일을 겪었다. 3월 5일 일요일, 아들이 설상차를 타다가 죽었다. 아들은 나무 꼭대기에 부딪쳐서 즉사했다. 나는 죽을 것만 같았다. 아들을 두 번째로 잃은 것이다.

매주 월요일 밤 기도 모임을 갖는 나는 성당에 도착하면 제대 앞에 달려가서 하느님께 말을 건넨다. 나는 그 사고나 아들의 죽음에 대해 그분을 비난하지 않았다. 10년간 아들과 그 가족과 함께 멋진 시간을 보내게 해 주신 그분께 감사하고 싶었다. 나는 언제든지 손녀들을 보며, 하느님께서 내게 힘을 주시어 용기를 내어 손녀들과 멋진 며느리와 함께 있게 해 주셨다. 내 마음은 아직도 아들을 그리워한다. 우리는 모두 그를 그리워하지만, 하느님께서는 나에게 힘을 주시어 고통 속에서도 버티어 나가며 아들의 가족을 돕게 해 주셨다. 나는 매일 하느님께 감사를 드린다. 우리는 언젠가 하늘나라에서 다시 함께 지낼 것이다.

| 캐나다 온타리오 오타와에서 캐롤 린 티보

믿음의 도약

나는 아기를 주십사고 기도해 왔지만, 의사들은 내가 아이를 가질 수 없을 터이니 교회에서 허락하지 않은 약물 및 처치를 받으라고 권했다. 의사들은 자연적으로 아이가 생기지 않으니 그들이 우리를 부모로 만들어 주겠다고 말했다. 우리는 기도했고, 의료적 처치를 거부하며 기다렸다. 복되게도 첫딸이 태어나 몹시 감격했다!

딸이 태어나기 전, 나는 직장에 복귀하면 딸아이를 탁아소에 맡길 계획을 세웠다. 그런데 문득 딸의 얼굴을 보니 그 예쁜 눈과 눈썹, 깨물어 주고 싶은 그 자그마한 발가락, 뽀뽀해 주고 싶은 그 보조개가 눈에 들어왔다. 나는 딸을 가르치고 사랑해 주며 딸을 위해 곁에 있어야 했다. 내 축복을 낯선 이에게 넘겨줄 수 없었다. 그러나 직장을 그만둘 수는 없는 노릇이었다. 커다란 우리 집에 대한 주택 융자금을 갚으려면 내 월급이 필요했다. 어떻게 해야 할까? 우리는 두려웠지만 절박했다. 그래서 나는 기도했고 남편도 기도했다.

기도하던 중에 나는 갑자기 내면의 목소리가 말하는 소리를 들었다. "믿음의 도약을 하라!" 그 소리는 온 세상이 다 들을 정도로 크게 들렸다. 이 말씀을 따져 볼 필요도 없었다. 나는 하느님이 내게 무슨 말씀을 하고 계신지 정확히 알았다. 그분은 우리가 그분을 믿기를, 내가 직장을 그만두기를, 우리가 집을 줄이기를 바라셨다. 남편은 유능한 두뇌와 손이 있으니, 하느님이 남편에게 큰 일을 맡기실 것이라고 우리가 기대하기를 하느님은 바라신 것이다. 그래서 우리는 그렇게 했다.

내가 직장을 그만두고 집을 팔고 이사한 직후, 남편은 교섭 협약에서 지위를 위협받았다. 우리는 당황했다! 우리가 미친 짓을 한 건 아닐까? 직장을 그만두고 이사를 하다니? 나는 계속 걱정하며 안절부절못했다. 그러다가 남편이 일자리를 지키느냐 마느냐가 밝혀질 날이 왔다. 나는 남편을 만나려고 운전하다가 내 앞에 있는 자동차 번호판을 언뜻 보았다. 그 번호판에는 'LPofFTH(믿음의 도약leap of faith의 준말)'라고 적혀 있었다. 농담이 아니다. 그날 오후 교섭이 확정되었고 남편의 자리는 고스란히 그대로 유지되었다. 내가 그토록 걱정했던 것은 기우였다. 우리가 겪은 믿음의 도약 과정은 근사하고 유쾌하며 사랑스러운 여정이었다. 하느님은 위대하시며, 우리는 모두 축복받은 사람들이다. 모두들 기도하시라, 기도를!

| 메인 케네번크에서 리사 쿠란크림프

+ 관상기도란, 내 생각으로는 다름 아닌 친구들 간의 친밀한 나눔이다. 그것은 우리를 사랑하시는 줄 우리가 알고 있는 그분과 단둘이 있는 시간을 자주 보내는 것을 뜻한다. 〈아빌라의 성녀 데레사〉

+ 오, 주님, 당신이 필요하니, 제 혀에 재갈을 물리십시오. 제가 트집 잡으며 비판하고 무자비한 판단을 내리고 싶어질 때, 가시 박힌 말로 상처를 주고 그

안에서 비뚤어진 만족을 얻지 않게 하여 주십시오. 몰인정한 말과 몰인정한 침묵을 삼가게 하여 주십시오. 함부로 판단하지 않게 하여 주십시오. 저의 비판이 인정스럽고 너그러우며 건설적인 것이 되게 하여 주십시오. 제 마음을 온화하게 하시어, 남에게 부드럽게 대하며 상냥하게 말하고 인정스럽게 행동하게 하여 주십시오. 제 안에 그런 따뜻한 자비를 일으키시어, 사람들이 그들의 약함 대신 당신의 강함을, 그들의 다툼 대신 당신의 평화를, 그들의 슬픔 대신 당신의 기쁨을, 그들의 증오 대신 당신의 사랑을, 그리고 나약한 그들에 대한 당신의 연민을 알 수 있게 하는 사람이 되게 하여 주십시오. 당신의 이름으로 기도합니다. 아멘. 〈피터 마샬〉

이제 됐다

나는 늘 기도하기를 좋아한 것 같다. 기도는 하느님과 연결되는 느낌을 주며, 나는 그분이 늘 내게 관심을 쏟고 계시다는 것을 안다. 나는 매일 아침 조용한 곳을 찾아 앉아서 분주한 일상의 온갖 근심과 걱정거리를 서서히 털어 버려, 마침내 하느님이 머무시는 곳인 흔들리지 않는 평화로운 내면의 장소를 찾아낸다. 그곳은 내가 안전하고 보호받는 기분이 드는 곳이다. 나는 가만히 앉아서 하느님께 내 시간을 바친다.

그런데 1977년 어느 날 아침, 내 아침 기도는 전혀 고요하거나 조용하지 않았다. 우리는 블루리지 산맥 기슭 노던 버지니아의 시골 지역에 살고 있었다. 풍경이 아름다운 그곳은 몇 에이커(1에이커

=4,047㎡)씩 펼쳐진 언덕진 목초지와 끝없이 이어진 흰 판자 울타리가 있는 말 목장의 본거지였다. 우리가 워싱턴D.C.의 교외에서 시골의 수리한 농가로 이사한 것은, 더 작고 덜 치열한 환경이 세 아이를 키우기에 보다 좋은 곳이겠다고 느꼈기 때문이다. 막내딸 케이시는 그해 처음 유치원에 들어갔지만, 나는 한 주에 두 번씩 수업 중간에 케이시를 데리고 나와서 55km 떨어진 언어 치료사에게 치료를 받게 했다.

그 해 1월 아침, 엽서같이 아름다운 풍경이었다. 들판은 얼마 전의 눈보라로 인해 30cm는 족히 넘을 눈으로 덮여 있었다. 낮 동안 햇빛에 녹고 밤에는 다시 얼어붙어, 맨 윗부분은 유리 같은 표면을 이루어 희미한 겨울 햇살을 반사했다. 도로는 제설 작업을 했음에도 불구하고 여전히 눈에 덮여 있었다. 도로 가에 쌓아 놓은 눈의 둑은—어떤 곳은 높이가 60cm 정도 되었다—표면이 얼어붙은 채 인도 가장자리를 따라 죽 뻗어 있었다. 좁은 시골길이 언덕을 가로지르는 곳곳에서 눈의 표층이 녹았다가 밤사이 얼어붙어, 아이스 스케이트장 같은 노면을 이루고 있었다.

나는 무난히 학교로 운전해 가서 딸을 태웠다. 이제 우리는 길을 되돌아가서 간선고속도로로 갈아탈 참이었다. 우리가 언덕 사이로 굽이진 완만한 비탈길로 접어들자, 육중한 스테이션왜건은 야수가 되었다. 차도의 이편에서 저편으로, 앞뒤로 돌진하다가 오른쪽 얼음 더미에 퍽! 부딪쳤고, 그리고는 튕겨나가 차도를 가로질러 왼쪽 눈 더미에 퍽! 하고 부딪쳤다. 미끄러지지 않으려고 미친 듯이 운전대를 돌리는 동안, 우리는 이쪽 눈 더미에서 저쪽 눈

더미로, 왼쪽 오른쪽으로 튕겨 다니다가 드디어 언덕 사이 길을 빠져나왔다. 그런데 갑자기 차가 총알처럼 180도로 빙그르 돌더니 7.5m 높이의 가파른 비탈 위 도로에서 가장자리를 향해 비스듬히 내달렸다. 그쪽은 추락을 막아 줄 눈 더미도 없는 곳이었다.

나는 필사적으로 마음 기도를 올렸다. "오, 주님. 너무 심하게 다치지는 않게 해 주십시오." 그 즉시 덜컹거림도 없이 차가 멈추었다. 마치 거인이 지붕 위에 손을 얹고 "이제 됐다."고 말하는 것 같았다. 우리는 학교로 돌아가는 방향을 향하고 있긴 했지만, 어쨌든 정확히 차선 안에 있었다. 몹시 두렵고도 감사했다. 우리는 떨었지만 다치지는 않았다. 케이시와 나는 우리를 구해 주신 예수님께 감사 기도를 함께 바쳤다. 다섯 살 난 케이시의 순수한 믿음은 나를 북돋아 주었다. 케이시는 예수님이 우리를 보살펴 주신다는 것에 대한 절대적이고 자연스러운 믿음이 있었다. 그러나 나는 하마터면 재앙이 될 수도 있었던 그날 아침의 사건이 기적이라고 믿는다. 우리가 60cm만 더 미끄러졌다면, 이리저리 마구 왔다 갔다 하다가 다른 차와 부딪쳤다면, 그 결과는 끔찍했을 것이다.

그 경험은 의혹이 들 때 내 믿음의 시금석 역할을 했다. 그것은 늘 우리 곁에서 다정하게 보살펴 주시는 우리 주님을 더욱더 믿고 의지하는 기반이 되었다. 그분은 우리의 기도에 응답하신다.

| 버지니아 게인즈빌에서 자넷 L. 스미스

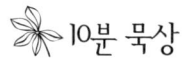 10분 묵상

어떤 기적은 우리가 기대하지 않을 때 옵니다. 우리는 그 기적이 일어나기 전에는 우리에게 그 기적이 얼마나 절실히 필요했는지 알지 못할지도 모릅니다.

무슨 뜻인지 알겠습니까?

이 말은
아주 특별한 분,
아주 힘 있고 사랑을 베푸는 친절한 분이
당신을 지켜보고 있다는 뜻입니다.

오늘, '기쁨'으로 충만하십시오.
당신이 아무런 노력을 하지 않아도
하느님께서 당신 곁에 계시니 말입니다.

묵상 마침기도

예수님,
저는 더 적게 근심하고
더 많이 믿게 되기를 소망합니다.
제가 아니라
당신의 사랑이
세상을 아우른다는 것을
조금씩 깨닫게 하여 주시니
감사합니다.
아멘.

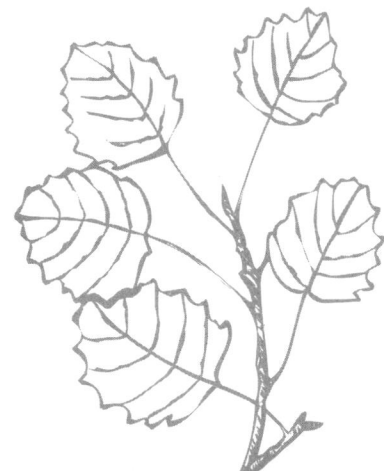

나는 그녀를 용서했다

내 친구 제인은 유방암으로 고통 받고 있었다. 제인은 이미 유방을 절제했고 화학치료와 방사선치료 과정을 거친 상태였다. 그녀는 재발된 암이 유난히 공격성이 강하다는 말을 들었다. 제인은 가톨릭 신자는 아니었지만 하느님을 믿었다. 제인에게는 네 살과 여섯 살 된 어린 아들이 둘 있어서, 그 아이들이 자라 성인이 되는 것을 간절히 보고 싶어했다.

암 이외에도 제인을 괴롭히는 더 큰 고통이 있었다. 2년 전 제인은 낙태를 하는 데 동의했다. 제인이 정기 산전검사를 하러 갔다가 다운증후군이 있는 아이가 태어날지도 모른다는 말을 들었을 때는 이미 임신이 꽤 진행된 상태였다. 당시 제인의 생활은 이미 스트레스로 가득 차 있었다. 그녀는 사업체를 운영하고 어린 두 아들을 키우면서 비협조적인 남편과 원만히 지내려고 애쓰고 있었다. 제인이 남편에게 태아에 대해 말하자, 남편은 태아가 법적 낙태 허용 기한이 지났음에도 불구하고 낙태를 해야 한다고 주장했다. 강도 높은 도움과 지원을 필요로 할 아이가 태어날 예정인 반면, 남편에게서는 어떠한 도움도 받지 못할 것을 알자, 제인은 내키지 않으면서도 수술을 했다. 그 직후 그녀는 잭이라고 이름 지은 아이의 장례를 치렀으며 잘 살아보려고 애썼다.

바로 그때 제인의 암이 재발했다. 처치와 치료를 받는 동안 그녀는 태아와 그 태아의 생명을 끝내기로 한 자신의 결정에 생각이 미쳤다. 제인은 암에 걸린 것이 자기가 한 짓에 대한 하느님의 벌이라고 보았다. 교회와 연관이 없는 '신앙 치료사'를 찾아간 이후 이러한 생각이 굳어졌다. 그가 제인에게 악행을 저질렀으니 아닌 게 아니라 하느님께서 벌하시는 것이라고 말했던 것이다. 제인의 마음은 황폐해졌고 죄책감과 후회에 더욱 깊이 빠져들었다. 치료를 계속 받으면서(또한 사업체를 운영하고 아들들에게 좋은 엄마가 되려고 애쓰면서) 그녀의 죄책감은 더욱 커졌고 그녀는 지극히 불행해졌다.

나는 친구를 도울 길을 찾다가, 잘 아는 신부님께 그녀를 만나 낙태에 대해 얘기해 주고 그녀의 소행에도 불구하고 하느님께서는 여전히 그녀를 아주 많이 사랑하시며 그녀를 용서하려고 기다리고 계신다는 것을 확신시켜 달라는 부탁을 드렸다. 우리는 제인이 신부님을 찾아뵐 날짜와 시간을 잡았다. 제인을 태우러 가던 길에, 나는 버밍엄 중심지에 있는 성 채드 대성당에 불쑥 들어갔다. 성당 안에는 아무도 없었지만 나는 하느님의 현존을 느꼈다. 시간이 별로 없었기에 최대한 열렬하고 간곡히, 두 눈을 감고 두 손을 모아, 제인이 낙태에 동의한 것에 대해 부디 용서해 주시고 그녀의 죄책감을 없애 주시기를 청하는 기도를 드렸다.

바로 그때 하느님이 분명하게 "나는 그녀를 용서했다."고 말씀하시는 소리를 들었다. 처음에는 깜짝 놀랐다. 내가 하느님이 제인을 용서해 주시기를 너무 절실히 원해서 그분의 응답을 상상한 것은 아닐까? 아니었다. 내게 말씀하고 계시는 분이 하느님이라는 것을 알았고, 그날 무슨 말을 들었는지도 안다. 나는 분명히 하느님이 제인을 용서했다고 말씀하시는 것을 들었다.

나는 우스터셔 지방 한가운데에 있는 쉐누(기도의 집)라는 아름다운 피정의 집으로 제인을 데리고 가서 그곳에 계신 신부님을 만나게 했다. 그분은 한참동안 제인과 말씀을 나누었고 그녀와 함께 기도했다. 그런 다음 그분은 제인에게 강복을 주었고, 그녀의 태아였던 잭이 지금은 천사이니, 제인은 잭을 위해서가 아니라 잭에게 기도를 해야 한다고 말씀하셨다. 제인은 마침내 하느님의 심부름꾼인 데니스 신부님을 통하여 하느님의 용서를 받아들일 수 있었다.

제인은 신부님과 대화하고 그분에게 강복과 기도를 받고 나서 진정한 안도감과 자유를 느꼈다고 말했다. 그녀는 진실로 하느님의 사랑을 경험했으며 해방감을 느꼈다. 그날 하느님은 제인을 마음의 고통에서 놓여나게 하셨으며 죄의식을 없애 주셨다. 그렇지만 그분은 제인의 암을 없애지는 않으셨다. 석 달 후 제인은 지역의 호스피스 병동에서 숨을 거두었다. 막내아들의 다섯 번째 생일 전날이었다. 그녀가 잭과 함께 평안히 잠들기를.

| 잉글랜드 웨스트미들랜즈 버밍엄에서 파트리시아 M. 그린

하느님 사랑의 증거

첫딸 애비게일은 출산 때의 잘못으로 장애를 가진 채 태어났다. 이때 나는 예수님을 알게 되어 치유와 인도를 청하며 날마다 기도했다. 나는 "오 하느님, 죄인인 저에게 자비를 베풀어 주십시오."라고 거듭해서 기도하곤 했다. 이 간결한 기도는 나에게 힘을 주었고, 내가 딸을 돌보는 힘겨운 날들을 견뎌 내게 해 주었다. 애비게일은 두 살 무렵 세상을 떴다.

9개월 후 나는 딸을 낳아서 앤이라고 이름 지었다. 나는 자비를 구하는 이 기도 외에도 성 안나께 매일 밤 기도했고, 만사가 순조롭다면 퀘벡에 있는 성 안나 성당에 가서 이 새로운 생명을 주신 데 대해 감사를 드리겠다고 약속했다. 어린 앤은 아주 건강하게 태어났다. 약속한 대로 우리는 성 안나 성당에 가서 앤을 주신 것에 감사를 드렸고, 아들 토마스가 태어난 후에 한 번 더 갔다.

토마스가 18개월일 때 내 차를 후진하다가 토마스를 치었다. 당시 일곱 살이던 앤을 불러서 내가 뭔가를 치었냐고 물었다. 그러자 앤은 토마스가 치였다고 말하는 게 아닌가! 당장 차를 앞으로 뺐더니, 토마스가 거기에 있었다. 아이는 방금 바나나를 먹어서 바나나가 잔뜩 묻어 있었다. 토마스가 꼼짝도 하지 않기에 하느님께 토마스의 목숨을 살려 달라고 빌었다. 나는 아이를 위층으로 옮기고 911(한국의 119-편집자 주)에 전화했다. 이 절박한 순간에 내가 할 수 있었던 기도는 오로지 "오 하느님 저희에게 자비를 베풀어 주십시오."밖에 없었다. 이 기도를 바치고 또 바쳤다.

나는 조심스럽게 아이의 얼굴에서 바나나를 닦아 내었는데, 그때 갑자기 아이가 눈을 떴다. 아이는 멀쩡했다. 나는 믿음이 모자랄 때면 그때마다 우리를 향한 하느님의 사랑의 입증으로 이 일을 떠올린다. 이 이야기가 나조차도 믿기지 않는 일이기에 나는 이 이야기를 여러 사람에게 하지 않았었다.

| 일리노이 위네트카에서 파트리시아 W. 콜먼

하느님의
가라테 수업

막내아이가 십대가 되어 대학 진학을 앞두고 있고 딸의 결혼이 다가오자, 나는 여러 해 동안 해 온 자원봉사 일을 그만두고 봉급을 받는 일을 해야 할 필요를 느꼈다. 나는 가톨릭 자선 기구에 취직하여 도움이 필요한 사람들을 집과 병원에서 돌봤다. 자선 기구에서는 나를 잘 훈련시켜 줬고 나는 내 일을 좋아했다. 그렇지만 몇 해가 지난 후 뉴욕 방문 간호사회에서 그곳에서 일해 달라는 요청을 해 왔다. 그때는 가톨릭 자선 기구에서 업무를 축소하던 때라, 그들의 제안을 받아들였다.

방문 간호사회에서 근무하는 것도 몹시 보람 있는 일이었고, 나는 환자 개개인에게 특별히 사랑을 쏟았다. 그렇지만 그중 일부 사람들을 돌보다 보면 신체적으로든 정서적으로든 진이 빠졌고, 어떤 때는 양면으로 진이 빠졌다. 나는 진지한 자세로 일을 했고, 내가 돌보는 환자의 고통에 공감했다. 내가 가장 속상했을 때는 더 이상 보험 혜택이 적용되지 않아서 환자들에게 도움이 필요한 경우였다. 나는 환자들의 고통을 개인적으로 받아들이지 말아야 한다는 것을 알았지만 그들의 고통을 받아들였다. 나는 그들의 고통을 모른 척할 수 없었다.

나는 우울해지기 시작했고 그 일이 몹시 버거워졌다. 우울증과의 10년 싸움이 시작된 것이다. 그 어둡고 깊은 수렁에 빠진 삶은 지옥의 심연처럼 느껴졌다. 지옥이라고 이보다 더 나쁠 것 같지도 않았다. 약을 먹고 치료를 받고 일을 해도 크게 도움이 되지 않았다. 나는 아침에도, 한낮에도, 밤에도 기도했지만, 내 인생에는 하느님이 계시지 않는 것 같아 보였다. 그분은 이 형편없는 인간을 받아들일 수 없는 거라고 확신했다. 그래도 여전히 그분을 소리쳐 부르며 "부디 부탁이니, 저를 낫게 하지 않을 작정이면 차라리 저를 본향으로 데려가 주십시오." 하고 애원했다. 나는 정말 죽고 싶었지만, 가족들이 받을 고통을 생각하니 자살하고 싶지는 않았다.

몇 년 후, 새로운 의사가 다른 약제를 처방했고 나는 마침내 다시 매일 미사에 갈 수 있을 정도로 건강을 되찾았다. 이 일은 내 고통을 좀 더 견딜 만하게 해 주었지만 고통이 아예 사라진 것은 아니었다. 죽고 싶지는 않았지만, 그렇다고 딱히 살고 싶지도 않았다. 그토록 많은 사람들이 나를 위해 기도하고 있었으니, 진즉에 아주 좋아졌어야 했다고 생각했다. 나는 내 인생을 되돌리고 싶었다. "예수님, 도와주십시오!" 하고 외쳤다.

어느 날 아침, 여느 날처럼 하느님께 간절히 비는 미사를 드린 후에 평소와는 다른 길로 집에 왔다. 나는 가게의 정면 유리창 너머로 흥미로워 보이는 광고를 보게 되었고, 들어가서 확인해 보고 싶었다. 책상에 있던 청년이 나를 반가이 맞으면서 석 달간 가라테 특별 수업을 받아보라고 권했다.

"가라테라고? 농담이겠지. 내 나이가 마흔다섯인데." 하고 생각했다. 진행 중인 수업을 지켜보았더니 아주 다양한 연령대의 사람들이 있었다. 그 수업에는 남자도 있고 여자도 있고 청소년도 있었다. "나는 할 수 있어." 하고 속으로 생각했다. 나는 어릴 때

말괄량이였고, 달리고 뛰어오르는 등의 신체 활동을 아직도 하고 싶었다. 또 새로운 약 덕에 힘이 좀 남아서 집안일을 좀 더 많이 해 놓을 수 있었다. 예전만큼 낮에 잠을 자거나 은둔해 있을 필요가 없었다.

나는 3개월간의 맛보기 수업에 등록했고, 곧 30분간의 운동이 몹시 격렬하다는 것을 알았다. 우리는 엎드려 팔굽혀펴기, 윗몸 일으키기, 팔 벌려 뛰기 등을 했다. 마치 신병훈련소에 와 있는 것 같았고 그만두고 싶었다. 너무 힘들었지만 3개월치를 선불했던 탓에 어쩔 수 없이 노력했다. 나는 우리 집의 부엌에서보다 그 수업 시간에 하느님께 더 많은 이야기를 했다!

가라테의 기술을 배우고 사람들을 상대로 그 기술을 연습하는 일은 많은 훈련을 요했다. 자제와 배려, 명상을 배웠고 수업 안팎에서 내 주위를 통합적으로 보게 되었다. 다른 사람과 대련할 때 상대방의 몸에 거의 닿을 듯이 치기와 발차기를 하는 법을 배웠으며, 그것이 나에 대한 실제 공격이라고 생각해야 했다. 때때로 이 대련은 아주 실감났다.

내 품계가 가장 높은 단계로 올라가면서 제압 기술도 더 어려워졌다. 대련하다 보면 나나 상대방이 다치는 경우도 몇 번 있었다. 때로는 나를 다치게 한 사람을 해치고 싶은 충동을 다스려야 할 때가 있었고, 그럴 때 자제력을 유지하려면 내가 더 열심히 기도해야 함을 알았다. 이 자제를 연습함으로써, 나를 해치려는 사람이나 사생활에서 아는 사람을 마주친다 해도, 내가 자제력을 잃고서 생각 없이 그들을 다치게 하거나 불구로 만들거나 죽이는 일은 없으리라는 것을 확신하게 되었다.

우리는 매 수업 전 10분 동안 명상을 한다. '보다 높은 힘'이 없는 사람은 자연이나 바다, 또는 자신의 영혼과 하나가 되도록 돕는 것이면 무엇에나 초점을 둘 수 있다. 우리 자신에게 집중하는 훈련은 수강생들이 유대감을 높이는 데도 도움이 되었다. 3개월 동안의 시험 기간이 끝날 무렵, 나는 가라테에 흠뻑 빠져 있었다. 나는 그 수업뿐만 아니라 그 수업 후의 집중 훈련 과정에도 등록했다. 가라테를 하고 6개월이 지나자 내 우울증은 사라져서 항우울제 복용을 끊을 수 있었다. 체중이 17kg이상 빠졌고 근육이 부쩍 늘었다.

명상하는 법을 배운 것은 내가 숙달한 가장 중요한 기술이었고, 내가 차라리 죽는 게 낫다고 생각한 운명에서 생각지도 못한 방법으로 나를 구해 주신 하느님께 감사를 드린 때도 바로 그 경건한 10분간의 명상 시간이었다. 내가 배운 호흡 기술 또한 내 영과 정신과 신체를 구하는 데 도움이 되었으며, 인생의 고비가 닥칠 때마다 언제나 그런 역할을 하고 있다. 하느님을 가라테 수업에서 만날 수 있다는 것을 누가 생각이나 했겠는가?

| 노스캐롤라이나 덴버에서 코니 안드레타

+ **가서 온 세상을 깨워… 그분을 찬양하는 노래를 부르자.**

〈복녀 마리암 바우아르디〉

\+ 영혼이 하느님을 찾고 그분과 단둘이 있기를 추구할 때, 영혼이 온 힘을 다해 그분을 향할 때, 영혼이 피조물에 전혀 집착하지 않을 때, 하느님께서는 그 영혼을 기쁨으로 채워 주신다. 〈복자 골룸바 마르미온〉

하느님께서
천사를 보내셨다

나는 스물한 살이었고 결혼했으며 교사 생활을 하고 있었다. 나는 곧이어 임신해서 6년 동안 다섯 명의 아들을 낳았다. 그것으로 내 교사 생활은 끝났다! 둘째 아이를 낳은 뒤, 넷째 아이를 낳은 뒤, 마지막으로 다섯째 아들을 낳고 2년 뒤, 나는 깊은 우울증에 빠져 여러 충격요법을 받았으며 병원에 입원하기도 했다. 사랑하는 남편은 다른 가족들과 함께 그 짐을 짊어졌으며 나를 위해 기도했다.

나는 어릴 때 하느님의 영원한 벌을 두려워하라는 가르침을 자주 받았다. 점점 악화되는 우울증과 싸우면서 하느님이 두려워 어쩔 줄 몰랐지만, 그래도 기도했다. 그분께 나를 치유하여 내 병에서 자유롭게 해 주시기를 빌었다. 몹시 신앙심 깊은 우리 부모님도 나를 위해 간절히 기도하셨다. 그러자 기적이 일어났다.

1972년, 새로 사제품을 받은 신부님이 우리 본당에 부임해서 내 고해를 들으셨다. 그분은 아주 인정스러운 분이셨고 우리 집에 와서 나를 도와주겠다고 제안하셨다. 그분은 예수님이 나를 사랑하신다는 것을 가르쳐 주셨고 그분을 두려워하지 말라고 나를 북돋아 주셨다. 이 신부님은 천사였다. 하느님의 사랑에 대해 알게 되면서, 나는 마음이 편안해져서 불안과 우울증을 서서히 떨쳐 냈다. 나는 차츰 희망을 갖게 되었고, 결국 우리 주님께 내어 맡기며 완전히 신뢰할 수 있게 되었다. 영적으로 치유되는 동안, 나는 정신과 의사를 만나 항우울제를 처방받았고 지금까지 그 약을 복용하고 있다.

지난 15년 동안 나는 그 어느 때보다도 기분이 좋았다. 영적 지도자의 꾸준한 인도와 적절한 약물 복용에 힘입어 깊은 고통에서 벗어났고, 이제는 하느님의 다정하고 영원한 사랑과 보살핌 안에서 건강한 해방감을 누린다. 나는 날마다 예수님께 진심으로 기도하며, 그분이 내 곁에서 내게 최선의 것을 이루어 주시고 싶어하신다는 것을 안다. 나는 그 오랜 세월 동안 내내 내 곁을 지킨 성실하고 근면한 남편을 주시고, 나를 절망에서 신뢰로 이끌 천사로 신부님을 보내신—신부님은 지금까지도 우리 집을 방문하신다—예수님을 찬양한다.

| 캐나다 온타리오 던빌에서 노린 M. 메이터

+ 의사가 자신이 아는 한 가장 효과적인 치료를 할 것이라고 당신이 믿는 바로 그런 태도로 하느님께 기도하는 법을 배워라. 그분께 병을 고백하여, 어떤 치료를 할지 그분이 선택하게 해 드려라. 〈성 아우구스티노〉

✛ 삶이 호흡과 불가분의 관계에 있듯이 기도는 예배와 떼려야 뗄 수 없는 관계에 있다. 우리가 그분의 권고에 따른다면, 성령께서는 늘 우리를 기도로 인도할 것이다. 우리가 그분을 자유롭게 일하게 해 드린다면, 그분은 항상 교회의 기도를 더 넓고 크게 이끌 것이다. 역으로 성령이 계시지 않을 때, 우리는 기도하지 않을 구실을 찾을 것이다. 우리는 이렇게 말할지도 모른다. "하느님은 이해하실 거야. 그분은 내가 그분을 사랑한다는 것을 알고 계셔. 하지만 나는 피곤해…. 나는 너무 바빠…. 지금은 적당한 때가 아닐 뿐이야…." 성령께서 계시지 않을 때 우리의 구실은 늘 그럴듯해 보이지만, 성령의 현존 안에서 우리의 구실은 사라지고 만다. 〈R. T. 켄달〉

사탕 공장

외벌이 가정의 여덟 형제 사이에서 자란 나는 검소한 생활을 하는 데 익숙했다. 우리는 차가 없었고 아버지는 남의 배를 타고 직장에 가셔야 했다. 우리 형제들은 옷을 대물려 입었는데, 일곱째인 내 경우에는 유난히 심했다. 그러나 우리는 우리가 가난하다고 여긴 적이 없었고 배를 곯지도 않았으며, 텃밭에서 난 신선한 양식을 먹었고 사냥철에는 사슴고기를 먹었다. 그럼에도 불구하고 나는 성인이 되면 무엇보다도 먼저 직장을 구해서 우리 집 형편으로는 누릴 수 없는 호화로운 생활을 즐길 수 있기를 꿈꾸었다. 나는 주일과 평일 미사에서, 일할 만한 나이가 되었을 때 근무하고 싶은 특정한 곳에 대해 자주 기도했던 것을 기억한다.

어린 시절이 흘러가는 동안 나는 학교를 다녔고, 여름에는 야외 운동을 하고 겨울에는 실내 운동을 했으며, 어머니를 도와 집안일을 했고, 형제들과 다투기도 했고, 일요일에 가족과 소풍을 가기도 했고 여름에는 배로, 겨울에는 얼음 위를 걸어서 호수 건너 친척집을 방문했다. 이 시기에 나는 내내 학업 외의 일을 열심히 했다. 열 살까지는 성탄을 지낼 추가 생활비 마련을 위한 방편으로 가족 전통을 이어 집집마다 다니며 성탄 카드를 팔았다. 십 대에는 아기 돌보는 일과 식당 종업원 일을 했다. 1960년대 초반에 고등학교를 졸업하자, 언니를 따라 대도시로 가서 취업 실무 과정을 이수했다.

일자리를 찾던 나는 병원과 법률 사무소에 지원했지만 경험 부족으로 퇴짜 맞았고, 기대치를 낮추자 마침내 사탕 제조회사의 회계 부서에 일자리를 얻었다. 그 첫 번째 일자리를 그만둔 지 몇 해가 지난 후에 나는 갑자기 어릴 적에 기도하던 일이 생각났다. 내가 꿈꾸고 기도한 직업은 바로 사탕 공장에서 일하는 것이었다! 성인이 되어 내가 얻은 첫 직장은 하느님이 내 어릴 적 기도에 응답하신 것이었다.

슬픈 일은 내가 당시에는 이 사실을 기억하지 못했다는 것이다. 그러나 마침내 그것을 깨닫게 된 후로는 내내 그 충격이 남아 있다. 그렇다. 하느님께서는 우리의 기도에 응답하신다. 때로는 우리가 그 사실을 깨닫지 못하더라도 하느님께서는 응답하신다. 하느님은 내가 취직을 청한 그 첫 기도를 바친 이래 50년이 넘은 지금까지 내 인생에서 계속 응답해 주고 계신다. 지금 예순이 넘은 나는 두 아이와 두 손자를 두었다. 나는 인생에서 정말로 중요한 것을 모두 얻은 진짜 복 받은 사람이다. 분명 시작은 보잘것없었고 일생동안 험한 일도 많이 겪었다. 그러나 온갖 괴로운 일을 하느님의 손길에 맡기면 삶이 훨씬 더 편하고 멋지다는 것을 마침내 깨달았다. 하느님께서 축복하시기를!

| 캐나다 노바스코샤 루넌버그에서 헬레나 코디

+   자기중심을 모두 벗어던지고 순전히 예수님만을 따르는 것, 이것이 당신의 온 노력, 당신의 기도, 당신의 소망이 되게 하라. 〈토마스 아 켐피스〉

+   사랑하기 어렵거나 원만하게 지내기 힘든 사람이 있다면, 그 사람을 하느님께 데려가라. 이 사람 문제로 하느님을 성가시게 하라. 그 사람 때문에 당신이 괴로워하지 말고, 그 사람을 하느님 어좌에 두고 오라. 〈찰스 스윈돌〉

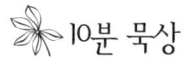 **10분 묵상**

그리스도인이어서 가장 신나는 것 중의 하나는 우리가 멋진 일이 일어나도록 '주관할' 필요가 없다는 것입니다.

사실 그리스도인의 경우, 우리가 내어 맡겨 주관하지 '않을수록' 멋진 일이 더 많이 일어납니다.

오늘, 길가에 예스러운 시골풍의 우편함이 있다고 상상해 보세요. 잡아당겨 여는 뚜껑과 작은 빨간색 깃발이 있는 구식 금속 우편함이어서, 편지를 안에 넣은 다음 우편집배원이 가져가게 하려면 그 깃발을 세워 놓아야 합니다.

그 우편함으로 걸어가면서, 하느님께서 당신에게 새로운 문을 열어 줄 것이라는 기대를 가지십시오.

그것이 무엇이든 받아들이려는 마음가짐이 되어 있습니까?

묵상 마침기도

예수님,
당신과 함께 걷는 길은
새롭고 도전적이며
흥미진진할 수밖에 없다는 것을
제가 깨닫게 하여 주십시오.
제 인생의 그 새로운 것이
첫눈에는
그리 멋져 보이지 않을 때에도
제가 '예'라고 말하도록 도와주십시오.
아멘.

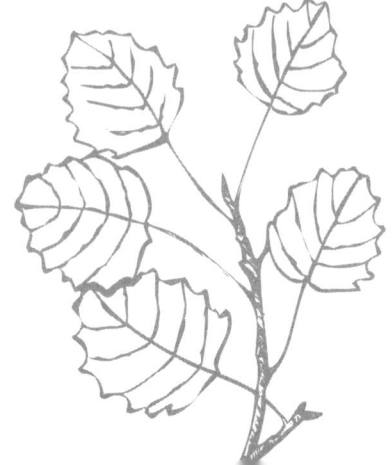

성모님의 전구

내가 열두 살 때 아버지가 곡물 창고를 물려받으셔서, 어머니가 아버지를 도와 그 창고를 운영하기 시작했다. 저녁마다 형제들과 나는 가톨릭 신자인 멕시코계 여성의 보살핌을 받았다. 근본주의 그리스도교 신앙 교육을 받고 자란 나는 가톨릭의 '그릇된' 신앙에 대한 온갖 터무니없는 이야기를 들어왔기에 궁금한 게 많았다. 우리 보모는 내 질문에 꼬박꼬박 대답을 해 주었고, 나는 물어볼 것이 아주 많았다. 보모가 들려주는 기적 이야기와 뭐라 설명할 수 없는 이야기들로 내가 혼란스러웠던 탓이다. 나는 특히 동정 마리아의 불가사의한 출현, 그분의 발현과 환시에 매혹되었다. 이런 일들이 도대체 일어날 수 있는 일인지 정말 궁금했다.

어느 날 밤, 나는 유치한 믿음으로 하느님께 부디 꿈속에서 제게 성모님의 환시를 보여 주십사 청했는데, 정말 그런 일이 일어났다! 나는 그분이 두 손을 벌리고 손바닥을 양옆으로 뻗어 마치 환영한다는 듯이 서 계신 모습을 보았다. 그분은 온통 흰 옷을 입었고 머릿수건까지 흰색이었다. 말씀은 한마디도 하지 않으셨다.

잠에서 깬 나는 가톨릭 신앙이 진짜이니 가톨릭 신자가 되어야겠다는 확신이 들었다. 물론 기다려야 한다는 것도 알고 있었다. 부모님이 내가 성당에 나가거나 가톨릭 신자가 되는 것을 결코 허락하시지 않을 것이기 때문이었다.

청년기에 접어들면서 나는 스스로에게 한 이 약속을 잊었고 그 꿈마저 잊었다. 30대 중반에 나는 이미 실패한 결혼들에서 두 아들이 있었고, 연거푸 그릇된 선택을 한 끝에 안정된 생활을 하려고 발버둥치고 있었다. 다행스럽게도 대학에 다니면서 가톨릭 신자인 교수와 함께 스페인어 과목을 들었다. 나는 그와 또 다른 두 명의 학생들과 친구가 되었다. 이번에도 나는 가톨릭에 대해 묻곤 했다. 친구 한 명이 유아세례를 하는 이유, 성인들에게 기도하는 이유 등등, 근본주의자들의 질문에 대한 솔직한 대답이 담긴 책을 내게 주었다. 나는 연구의 일환으로 6주간을 멕시코에서 보낼 일이 생겼다. 그 기간에 과달루페의 성모발현 성당을 구경하다가, 거기서 많은 가톨릭 순례객들이 각자 다양한 사연으로 기도가 필요해서 성모님을 통해 전구를 청하는 모습을 목격했다. 어떤 이들은 돌바닥 광장을 가로질러 성당까지 무릎으로 기어가기까지 했다. 이 모든 것이 나에게 강렬한 인상을 주었다.

몇 달 뒤 졸업한 다음, 셋째 아이를 임신하게 되었다. 나는 그저 가톨릭에 대해 더 잘 알기 위해 지역 성당의 예비신자 교육 과정 수업을 듣기 시작했다. 당시 나는 아직 가톨릭 신자가 되겠다고 마음먹지는 않았었다. 임신 3개월 무렵 피가 비쳐 병원으로 급히 가야 했고, 거기서 내가 하혈을 하고 있으며 유산의 위험이 있다는 것을 알게 되었다. 며칠 동안 꼼짝없이 병원 침대에 누워 있으면서 하혈이 멎고 유산이 방지되는지 지켜봐야 했다.

나는 내심 임신과 관련해 공포와 절망감을 이겨 내려고 씨름하던 중이어서, 임신이 되지 않았더라면 하고 생각했었고 때로는 유산되게 해 주십사 기도하고 싶었던 적도 있었다. 임신을 둘러싼 여러 상황과 이 임신이 내 인생에 가중할 문제들 탓이었다. 그러나 막상 아기를 잃을지도 모르는 지경에 이르자, 나 자신이 무엇보다도 그 아기를 원한다는 것을 알았다. 그렇지만 너무 심란해서 조리 있게 기도할 수 없었다.

친한 대학 동기 한 명이 신부님을 모시고 와서 나를 위해 기도해도 되겠느냐고 묻기에, 얼른 그러라고 했다. 신부님과 그 친구는 묵주를 가져와서 아기와 나를 위해 묵주기도를 바쳤다. 몹시 감동받은 나도 기도할 수 있게 묵주를 달라고 부탁했다. 나로서는 성모님이나 여타 성인들께 바치는 기도가 가톨릭 신앙을 받아들이고 이해하는 데에 아주 큰 장애였다. 나는 그들이 떠난 후 묵주기도를 100번 남짓 바친 다음에야 깊고 편안한 잠에 빠졌다.

나는 하혈이 멎었을 뿐만 아니라 태반 부분도 완전히 치유되었고(태반이 자궁벽에서 떨어지려 했었다), 침대에서 몇 주 쉬고 나자 아무 탈 없이 활동에 지장을 받지 않고 임신을 유지했다. 나는 만삭이 되어 4.3kg의 건강한 사내아이를 낳았다. 이 모든 것이 성모님의 전구 덕이며, 그런 후에 나는 완전히 교회의 일원이 되었다.

| 텍사스 퀸란에서 준 B. 코니시

특별한 표징

1995년 1월, 세 아들 중 돈이 스물일곱 나이에 설상차 사고로 죽었다. 이 참사가 더욱 안타까웠던 것은 돈이 항상 주일 미사에 참례하지는 않았다는 사실이었다. 나는 장례를 치르고 나서도 한참 동안이나 넋이 나가서 다른 것은 아무것도 생각할 수 없었다. 우리 집에는 90cm 정도 되는 파티마의 성모상이 있어서, 나는 매일 성모님께 얘기하며 울었다.

그해 4월, 성모님께 편지를 썼다. "예수님이 성전에서 설교하고 계셨을 때 예수님을 잃어버렸다고 생각한 일을 기억하시지요? 당신은 예수님을 발견할 때까지 샅샅이 찾아다녔고, 몹시 속상했지요. 그러니 제가 얼마나 속상한지도 분명히 아실 테지요. 저는 제 아들이 언제 예수님과 함께 있게 될지 알아야 하겠습니다." 나는 성모님께 나를 위해 예수님께 전구해 주실 것과, 어떻게 해서든 내 아들 돈이 구원받았다는 표징을 내게 내려 주시기를 청했다. 그 표징은 누군가가 내게 별다른 이유 없이 장미 한 송이(또는 여러 송이)를 주는 것으로 정했다. 그런 후에야 마음을 놓을 수 있었다. 나는 그 편지를 봉해서 금고 안에 넣어 잠그고는, 특별한 표징을 예수님에게서 받게 해 주십사 청했는데 혹시라도 정말 그렇게 되면 내 편지를 꺼내어 보여 주겠다고 가족들에게 말했다.

여러 달 동안 아무런 표징도 받지 못했다. 그러나 8월 25일, 돈이 살아 있다면 28번째 생일을 맞았을 날에, 꽃집에서 배달을 하려 하니 집에 있을 건지 묻는 전화가 왔다. 이상하기 짝이 없었다. 돈의 생일에 꽃을 받아 본 적이 한 번도 없었던 까닭이다. 꽃집에서는 나중에 장미 한 송이와 푸른색 카네이션 두 송이를 배달했다! 나는 그 장미가 예수님께서 보내신 것이라고 생각했다. 내가 청한 것이 바로 그것이었기 때문이다. 그리고 카네이션 두 송이는 복되신 어머니께서 자신이 이 일을 주선하셨음을 알리려 보내신 것이라고 생각했다. 나는 그 어느 때보다도 흥분했으며, 그날 이후로는 마음이 죽 평화로웠다.

알고 보니 그 꽃을 보낸 사람은 예전에 이웃에 살던 사람이었고, 그녀의 생일이 돈의 생일 하루 전날이었다. 나중에 꽃을 보낸 이유를 물었더니, 그녀는 자신도 잘 모르겠다며 그때는 그냥 그래야 할 것 같았다고 말했다. 나는 그녀에게 내 이야기를 하면서 예수님께서 그녀를 통해 이 모든 일을 하셨다고 생각한다고 했다. 설사 내 생각이 죄다 틀렸다 하더라도, 그 일은 당시 나에게 효과가 있었고, 나는 남은 일생동안 계속 걱정하며 살지 않게 되었다.

그때 이후 나의 신앙은 장족의 발전을 했다. 만약 지금 그런 일이 일어났다면, 나는 예수님께서 내 아들을 돌보아 주신다는 것을 그냥 믿었을 것이다. 돌이켜 보면 그토록 약했던 내 믿음이 창피하지만 그때 마음의 평화를 주신 예수님께 감사한다.

| 위스콘신 헬렌빌에서 매리언 M. 크로코프

+ 죄 외에는 아무것도 두려워하지 않고 하느님 외에는 아무것도 갈망하지 않는 설교자 백 명을 나에게 달라. 그들이 성직자든 평신도든 조금도 개의치 않겠다. 그런 사람만이 지옥문을 흔들고 하늘나라를 이 땅에 세울 것이다. … 하느님께서는 기도에 대한 응답이 아니면 아무 일도 하지 않으신다.

〈존 웨슬리〉

+ 오랜 기간 기도했는데도 청한 바를 얻지 못한 것 같을 때가 간혹 있다. 그

래도 우리는 슬퍼하지 말아야 한다. 나는 우리 주님의 의중이 우리가 더 적절한 시기나 더 풍성한 은총, 또는 더 좋은 은사를 기다려야 한다는 것임을 확신한다. 〈노리치의 율리아나〉

주차 공간

"청하여라, 너희에게 주실 것이다. 찾아라, 너희가 얻을 것이다. 문을 두드려라, 너희에게 열릴 것이다."라는 말씀을 읽을 때, 나는 하느님이 그 말씀대로 하시리라 믿는다. 나는 늘 내 차 안에서 기도해 왔다. 내가 몬 차들은 대개 낡아 수리한 것들이거나 심지어 찌그러지기까지 한 것들이어서, 아직도 굴러가는 것을 보고 놀라는 사람들이 많다. 차가 시동이 걸리기를 기도해야 할 때도 있다. 그렇지만 대부분의 경우, 나는 묵묵히 또는 소리를 내어 주차 공간을 찾게 해 주십사 기도한다.

언제부터 이런 기도를 드리는 버릇이 생겼는지 기억나지는 않지만, 나는 몇 년째 그렇게 하고 있다. 연세 드신 분들과 함께 일하면서 생긴 버릇이다. 나는 쇼핑몰과 월마트, 시내에서 주차할 곳을 찾게 해 주십사고 거의 항상 주님께 기도한다. 내 기도는 아주 간단하다. "주님, 제가 어디에 주차하면 좋을까요?" 내 친한 친구는 유태인인데, 나보다 더 좋고 가까운 주차 공간을 찾는 사람을 본 적이 없다는 말을 했다. 그녀는 주님께 주차 공간을 찾아 달라고 청하는 사람에 대해서도 들은 적이 없었다.

나는 팔이 부러져 고생한 끝에, 임시 장애인증을 받아 차에 붙였다. 어느 날 밤 친구와 내가 차에 같이 타고 있었는데, 주차 공간을 청하는 기도를 드리지 않았다. 그냥 빈자리가 있나 찾았다. 빈자리를 찾고 나니, 친구가 웃음을 터뜨렸다. 그 자리는 그 친구가 나를 알고 지낸 이후로 출입문에서 가장 멀리 주차한 곳이었기 때문이다. 장애인증을 붙이고서도 말이다! 나는 곧바로 대답했다. "오늘밤엔 내가 어디에 주차하기를 바라시는지 주님께 여쭈어 보지 않았어."

우리에게 주차 위치가 실로 중요한 까닭은, 내 친구 허리에 관절염이 있어 노상 아프고 때로는 걷기도 힘들기 때문이다. 나는 그 친구에게 우리가 거의 항상 출입문 가까이에 주차 공간을 발견하는 것은 주님이 그녀에게 호의를 베푸시고 연민을 보이시는 것이라고 말해 주었다. 이것이 주님께서 내게도 특별한 호의를 베푸시는 것임을 내가 깨닫지 못했던 까닭은, 내가 주차할 때마다 이 기도를 하기 때문이었다. 나는 친구가 그 점을 지적한 다음에야 알았다. 주님께서 훨씬 더 중요한 일이 아주 많으실 텐데도 그런 세속적인 기도를 귀담아 듣고 계셨다는 것을 깨닫자 황송했다.

| 워싱턴 스포캔에서 롤라 J. 윈크

+ 오늘날 이 땅에서 가장 훌륭한 사람들은 기도하는 사람들이다. 나는 기도에 대해 떠드는 사람, 기도를 믿는다고 말하는 사람, 기도에 대해 설명할 수 있는 사람을 말하는 것이 아니라, 시간을 들여 기도하는 사람을 말하는 것이다.

그들이라고 시간이 있는 게 아니다. 뭔가 다른 일에서 시간을 가져와야 한다. 이 다른 일은 중요한 일, 아주 중요하고 절박한 일이지만, 그래도 기도보다는 덜 중요하고 덜 절박한 일이다. 기도를 가장 우선에 두고, 인생 계획의 다른 요소들은 기도 뒤에 배치하는 사람들이 있다. 〈S. D. 고든〉

+ 설령 우리가 낮은 소리로 말할지라도, 우리가 입을 벌리지 않고 속삭일지라도, 우리가 마음속 깊은 곳에서만 그분께 외칠지라도, 우리가 입 밖에 내지 않은 말이 언제나 하느님께 가 닿으며 하느님께서는 언제나 들으신다.

〈알렉산드리아의 성 클레멘스〉

성녀 안나의 성유

1940년대 중반 여섯 살짜리 남동생이 엉덩이에 퍼세스 병이 있다는 진단을 받았다. 부모님이 동생을 의사에게 데려갔더니 의사들은 동생의 가슴 중간부터 한쪽 다리 전부와 다른 쪽 다리 반을 석고붕대로 감아 놓았다. 동생은 석 달가량 병원 침대에 누워 있어야 했다. 이런 시술로도 동생이 호전되는 것 같지 않자 전문의에게 가라는 권유를 받았는데, 우리 마을에는 전문의가 딱 한 사람 있었다. 그 전문의는 동생이 이 병에서 완전히 회복되지 못할지도 모른다고 했다. 동생은 병에 걸린 다리 쪽에 고정기를 대었고, 반대편 발에는 코르크 신발을 신었다. 우리는 동생이 늘 다리를 절게 될 것이라는 말도 들었다. 동생은 2년 동안 고정기를 대고 생활했다.

부모님의 친구 중에 가톨릭 신자는 아니지만 캐나다 퀘벡의 성 안나 성당으로 순례를 다녀오신 친구 분이 있었는데, 그분이 귀한 성녀 안나의 성유를 좀 가져다주셨다. 어머니와 동생은 매일 밤 그 성유를 동생의 엉덩이에 문지르면서 성녀 안나께 특별 기도를 바치곤 했다. 또한 이 시기에 어머니는 성 안나 성당의 책임자와 줄곧 연락을 취해 그쪽에서 성유를 계속 보내왔다. 2년 후 전문의에게 검사를 받아 보니, 엑스레이 검사에서 동생 엉덩이의 병이 완전히 없어졌다는 결과가 나왔고, 동생은 이제 다리를 절지도 않았다! 우리는 다른 의사들에게도 확인을 구했고 확인을 받았다.

우리는 이것은 기적이니, 언제고 기회가 되면 동생의 고정기를 성 안나 성당으로 가져가서 목발들이 걸려 있는 중앙 기둥에 걸어 놓아야 한다는 말을 들었다. 우리는 1957년이 되어서야 성 안나 성당을 방문하면서 동생의 고정기와 코르크 신발을 가져갈 수 있었다. 우리는 단 며칠간만 머물 예정이었기에, 우리가 집에 돌아간 다음에야 그것들이 기둥에 놓일 것이라고 생각했는데, 둘째 날에 기도하면서 기둥 주위를 걷다 보니 동생의 고정기와 코르크 신발이 눈에 띄었다.

이 일은 나에게 형언할 수 없을 만큼 깊은 영향을 주었다. 사실 나는 몸이 떨려 와서 멈출 수가 없었다. 우리를 향한 하느님 사랑의 경이로움은 얼마나 굉장한가! 동생은 청년이 되자 미 공군에 복무했고 현재 아주 건강하다. 하늘에 계신 아버지, 저희를 위해 전구해 주는 성인들을 저희에게 허락하시니 감사합니다.

| 펜실베이니아 요크에서 베르나데트 M. 리스트

\+   우리가 진정으로 사람들을 사랑한다면, 우리는 우리의 능력으로 그들에게 줄 수 있는 것보다 훨씬 더 많은 것을 그들을 위해 소망할 것이고, 이것은 우리를 기도로 이끌 것이다. 전구는 남을 사랑하는 한 가지 방법이다.
〈리차드 J. 포스터〉

\+   좋으신 주님, 당신과 함께 있고자 하는 열망을 제게 주십시오.
〈성 토마스 모어〉

\+   두루뭉술한 기도는 정확성이 결여되어 실패한다. 그것은 한 연대의 군인들이 다들 아무 데로나 발포해야 하는 것과 같다. 누군가를 맞힐 수도 있겠지만, 대부분의 적은 놓칠 것이다. 〈찰스 해든 스펄전〉

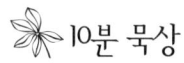 10분 묵상

당신의 세계를 확장하십시오. 우리 모두는 특히 치유와 화해의 기적이 필요한 사람들을 알고 있습니다. 각자의 가족 중에도 재정적으로나 다른 면으로 도움이 필요한 사람이 있지만, 나는 하느님께서 우리가 우리의 교제 범위 너머에도 손을 뻗기를 바라신다고 믿습니다.

우리는 기도로 온 세상의 곤경에 처한 이들에게 도움의 손길을 내밀 수 있습니다. 나는 실제로 누군가가, 내가 모르는 누군가가 나를 위해 기도하고 있다고 느낀 경험이 있습니다. 그때는 내 인생이 아주 암담했던 시절이었고 더 이상 내려갈 곳도 없는 밑바닥에 있었는데, 어떻게 하셨는지 하느님께서 내 어둠을 뚫고 나를 희망으로 인도하셨습니다.

나는 기도를 통해 내 어둠이 뚫렸다고 믿습니다. 오늘 누군가에게 한줄기 희망의 빛이 되어 주십시오. 당신은 당신의 세계가 사랑과 기쁨과 선행 안에서 얼마나 확장되는지를 보고 깜짝 놀랄 것입니다. 친절한 행위는 반드시 나에게 되돌아옵니다.

묵상 마침기도

예수님,
당신께 청하오니
오늘 당신의 사랑이
가장 필요한 이에게
사랑과 기쁨과 기적을
내려 주십시오.
아멘.

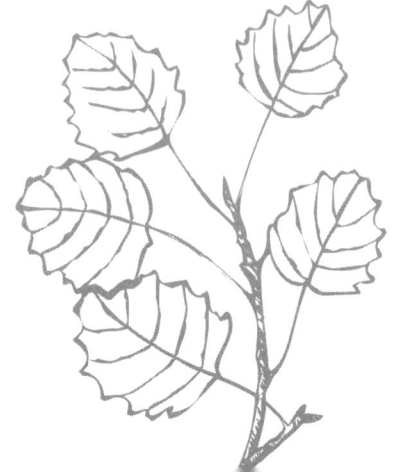

하느님의
여행 계획

내가 가장 사랑하는 가족 구성원 중 한 분인 에설 이모는 십대에 소아마비에 걸려 오랜 병원 생활과 여러 시술을 견뎌야 했다. 부분적으로 마비가 남은 이모는 평생 한쪽 다리에 긴 고정기를 해야 했다. 이모는 내가 아는 사람 중 가장 아름답고 우아한 여성이었다. 에설 이모는 인생 후반기에 가톨릭으로 개종했고 예수님과 복되신 우리 어머니를 몹시 사랑했다. 우리 어머니가 사경을 넘나들 때에 코네티컷에 살던 이모는 우리에게 와 주었고 매일 미사에 참례했다. 어느 비오는 날 몇 구획 떨어진 성당에 미사를 보러 가시는 이모를 태워다 드린 적이 있었는데, 그 일을 계기로 나도 가톨릭으로 개종하게 되었다.

암과의 사투 끝에 에설 이모가 돌아가셨다. 나는 장례가 다음 날 오전 11시에 치러진다는 소식을 목요일 저녁 7시 30분에 들었다. 어떻게 하면 플로리다 주 올랜도에서 북쪽 위스콘신 주 매디슨으로 단 몇 시간 안에 갈 수 있을까? 이게 가능하긴 할까? 우선은 비행기로 최대한 멀리 가서 대여 차량을 이용할 방법을 알아보기라도 해야 할 것 같았다. 컴퓨터를 켜서 생각나는 모든 항공편을 확인했다. 아무것도 해결책이 되지 못할 듯했다. 도착 시간이 너무 늦었고 대여 차량도 이용할 수 없었다. 시간은 점점 늦어지고 아침에는 출근해야 했기에, 나는 안 될 일이었나 보다 하며 안타까운 현실을 받아들여야겠다고 슬픔에 잠겨 생각했다.

남편과 함께 잠자리에 들었고, 나는 누워서 기도하고 울며 몹시 실망스러워하고 있었다. 남편이 침대에서 일어나면서 다른 길을 알아보겠다고 말하더니 컴퓨터를 다시 켰다. 그때 나는 불현듯 예전에 시외에서 온 손님이 착륙한 적이 있는, 올랜도에서 멀지 않은 곳의 작은 공항이 생각났다. 인터넷으로 그 공항 사이트에 들어갔더니, 두둥, 그곳 항공사에 내가 가려는 곳의 직항 노선이 있는 것이 아닌가! 게다가 공지 기간이 짧았던 탓에 요금도 다른 비행편이 600~800달러에 달하는 데 비해 편도 69달러밖에 안 했다. 그것은 다음 날 오전 8시에 출발해서 9시 50분에 도착하는 것으로, 우리에게는 비행기에서 내리고 차를 빌려 시간에 맞추어 성당에 갈 시간으로 1시간 10분이 주어지는 셈이었다.

나는 공항에서 성당까지 운전하는 시간이 1시간 22분으로 12분 정도 초과한다는 것을 알았다. 바람이 제대로 불어 준다면 비행기가 몇 분 일찍 도착할 거라고 혼잣말했다. 그리고 아마 금요일 아침 그 시간에는 도로에 차가 많지 않을 터였다. 한결 마음이 가벼워졌다. 하느님은 기적의 하느님이시다!

비행기를 예약하려 하자, 남편이 친정어머니께 함께 가겠느냐고 여쭈어보라고 했다. 나는 어머니도 에설 이모를 사랑하지만, 장례식은 질색하시는 분이라 가고 싶어하시지 않을 것을 아주 잘 알고 있었다. 그렇지만, "아 그래, 전화해서 손해 볼 것은 없잖아?" 하는 생각이 들었다. 5분 안에 비행기표를 예약하지 않으면 예약 과정을 처음부터 다시 되풀이해야 했지만, '좋아, 엄마에게 전화해야지.' 하고 마음먹었다. 엄마더러 가자고 설득하는 데는 오래 걸리지 않았다.

엄마와 나는 다음 날 새벽 4시에 일어나서 짐을 쌌다. 우리는 샌포드 공항까지 수월하게 운전해 가서 6시에 공항이 막 문을 열 때 도착했다. 보안대를 가뿐하게 통과했고 커피를 마셨으며, 에셀 이모의 삶을 추억했고 운전할 길을 알아보았다. 비행기에 탑승하면서 승무원에게 우리의 난처한 처지를 간략히 설명하고는 맨 앞줄 좌석이 비어 있으면 거기 앉아도 되겠느냐고 물어보았다. 승무원은 고맙게도 우리에게 그 귀한 자리를 허락했다.

우리는 착륙한 다음 서둘러 준비해 차량 대여 매장 쪽으로 잰걸음으로 갔다. 이런, 어쩌나. "5분간 자리를 비웁니다."라는 안내판이 있었다. 이 사람들은 우리가 여기로 서둘러 오는 것을 몰랐을까? 안내원들이 매장으로 돌아오자, 나는 "오, 예수님 고맙습니다." 하고 말했다. 우리는 안내원들의 5분 휴식시간 중 4분이 지났을 때 도착했던 것이 틀림없었다. 예수님, 고맙습니다, 정말 고맙습니다.

점원이 컴퓨터 용지에 계약서를 작성하는 동안 우리는 조급하게 기다렸다. 그런 다음 허겁지겁 계약서에 서명하면서 공항에서 나가는 길을 그 지역 지도에서 살펴보았다. 이 모든 일을 하는 동안 엄마와 나는 번갈아 화장실을 다녀와서 점원의 일처리에 지장을 주지 않았다. 우리는 마침내 주차장으로 가서 차량을 찾아 출구로 나갈 수 있었다. 드디어 도로 위를 달리며 성당을 향해 갔다.

"아차!" 나는 차를 몰다가 생각했다. 처음 회전한 것이 옳았기를 바랐다. "그대로 가는 편이 낫겠어. 됐어." 나는 안도의 한숨을 내쉬었고 길을 계속 갔다. 제한속도를 살짝 넘겨 운전하면서 주변에 있을지도 모르는 단속 경찰의 눈에 띄지 않기를 기도했다. 언덕을 올라갔다가 작은 골짜기를 내려간 다음, 가벼운 차량 혼잡을 뚫고 마침내 시내로 진입하는 마지막 모퉁이를 돌았다. 언덕을 또 하나 올라가서 굽은 길을 돌아 '텅 빈' 성당 주차장에 도착했다. 11시 59분이었다. "이제 어쩌지?" 우리는 생각했다. "성당에 전화해야겠다. 좋아, 휴대전화가 어디에 있지? 여기 있군. 이런…." 그곳은 휴대전화가 터지지 않는 지역이었다.

간략히 말하자면 나는 연락을 잘못 받았고, 장례식은 사실 그 다음 날로 예정되어 있었다! 우리는 일이 꼬인 것에 화나지 않았고, 장례식에 참석할 수 있어 그저 기뻤다. 사람들은 우리에게 잠잘 곳을 찾지 못할 것이라고 말했다. 시내에 어린이 운동 경기 행사가 있어서 '여관에 방이 다 찼을' 거라는 말이었다. 어디서 들은 얘기 같지 않은가? 음, 주님께서는 어떤 호텔이나 모텔도 따라오지 못할 만큼 아름다운 침대와 아침식사가 제공되는 집을 우리에게 찾아 주셨다. 같은 가격에 말이다!

하느님께서는 무엇이든 하실 수 있다! 그분의 선하심은 우리가 상상할 수 있는 범위를 뛰어넘는다. 그분은 어머니와 내가 에셀 이모에게 작별 인사를 하고 마지막 경의를 표할 수 있게 해 주셨다. 이모가 사신 삶의 방식과 이모의 흔들림 없는 믿음은 그리스도께서 원하시는 삶을 살아가는 내 여정 안에서 꾸준히 나를 북돋아 준다.

| 플로리다 키시미에서 디에나 D. 호비

+ 하느님께서 우리에게 당신을 따르라고 말씀하시는 것은, 우리의 도움이 필요해서가 아니라 그분을 사랑하는 것이 우리를 완전하게 해 준다는 것을 아시기 때문이다. 〈성 이레네오〉

+ 영혼이 하느님 안에 있고 하느님이 영혼 안에 계신 것은, 물고기가 바다에 있고 바다가 물고기 안에 있는 것과 같다. 〈시에나의 성녀 가타리나〉

내 삶을 바꾼 낙방

"하느님을 사랑하는 이들, 그분의 계획에 따라 부르심을 받은 이들에게는 모든 것이 함께 작용하여 선을 이룬다는 것을 우리는 압니다."(로마 8,28) 여러 해 전 나는 이 성경 말씀이 정말 진리임을 깨달았으며, 그것은 내가 실망스러운 일을 당해 눈물을 쏟기 전에는 몰랐던 사실이다. 그때는 내 인생에서 극도로 힘든 시절로, 나는 복지 혜택이 있는 일자리가 절실히 필요했다.

이에 앞서 주님께서는 취직을 청한 내 기도에 응답하시어, 나에게 복지 혜택이 없는 시간제의 정부 일자리를 주셨다. 나는 그 기회를 주셔서 주님께 몹시 감사했지만, 주택과 퇴직금, 의료, 보험 혜택을 주는 상근직을 계속 찾았다. 마침내 자리가 하나 나서 지원했지만 뽑히지 못했다. 65명의 지원자 중 내가 2등이었다는 사실도 큰 위로가 되지는 못했다. 내 상실감은 65등을 한 사람과 똑같았다.

　내가 얼마나 다른 일자리를 필요로 하는지 아시면서 하느님이 내 기도에 응답하시지 않는 이유를 도무지 이해할 수 없었다. 나는 울고 또 울었고, 기도하고 또 기도했으며, 그런 다음 또 울며 기도했다. 친한 친구 한 명이 나를 위로하려 애쓰면서, 한쪽 문이 닫히면 주님께서는 완벽한 때에 다른 문을 열어 주신다는 말을 내게 했다. 믿기 힘들었지만 친구의 말은 사실이었다.

　그 직후, 나는 지원 자격이 생긴 다른 일자리에 지원해서 고용되었다. 주님을 찬양하라! 결국 나는 승진해서 부서 전체의 장이 되었다. 정부 규정에 따르면 만약 내가 첫 일자리에 뽑혔더라면 두 번째 일자리에 지원할 자격을 갖추지 못했을 터였기에, 그것은 결국 내 인생의 전환점이었다. 지나고 나서 보니 그토록 여러 해 전에도 사랑하는 주님께서는 나를 돌보시고 내 미래를 확보해 주고 계셨던 것이다. 내가 그토록 원했던 첫 번째 일자리는 나에게 막다른 길이 되었을 터였다. 하느님께서는 나를 위한 그분의 계획을 아셨기에, 나는 계속 그분을 사랑하고 믿으며 그분이 내 기도에 응답하시기를 기다려야 했던 것이다. 나는 첫 번째 일자리에 그분이 응답하시지 않은 일에 대해 그 후로 내내 감사를 드렸다. 그 낙방이 내 인생을 바꾸었고, 그분이 계속 나와 함께 걷고 나를 이끄시는 밝고 보장된 미래를 내게 주었다. 주님, 고맙습니다!

　　　　　| 플로리다 클리어워터에서 아니타 J. 오버홀처

+ 무엇이든 하느님께 받을 만한 자격이 있어서 받은 사람은 아무도 없다. 인간은 타락하였기에 오로지 형벌과 죽음을 받아 마땅하다. 그러니 하느님께서 기도에 응답하신다면, 그것은 하느님이 선하시기 때문이다. 하느님은 선하심과 자애로움, 인정스러운 자비심에서 그렇게 하시는 것이다. 그것이 모든 일의 근원이다. 〈A. W. 토저〉

+ 오, 기도할 시간을 내는 이가 얼마나 적은가! 잠잘 시간과 먹을 시간, 신문과 소설을 읽을 시간, 친구를 만날 시간, 태양 아래 다른 무엇이든 할 시간이 있지만, 그 모든 일 중에서 가장 중요한 일, 무엇보다도 필수적인 일인 기도를 할 시간은 없구나! 〈오스왈드 J. 스미스〉

혼자 기도하지 않는다

1988년 12월, 좋은 친구이자 프란치스코회 사제인 작은 형제회의 루이스 발도나도 신부가 '향심 기도'에 관한 4회 연속 워크숍 참석을 권했다. 당시 나는 이제 곧 세상에 나올 첫아이의 출산을 앞두고 있었다. 나는 굳이 참석할 이유를 확신하지도 못한 채 4주 연속의 워크숍에 참석하러 무거운 배를 안고 꼬박꼬박 성당에 갔다.

우리는 매주 향심 기도 훈련을 했다. '렉시오 디비나(거룩한 독서)'로 시작해서 거룩한 독서 말씀을 곰곰이 생각했고, 그런 다음 한 회합에 두 번씩 20분간 조용히 앉아 우리 자신을 그리스도께 내어 드리는 시간을 가졌다. 우리는 '거룩한 단어'에 대해 배웠는데, 그것은 우리의 생각을 가라앉혀서 우리가 마음을 활짝 열고 그리스도의 신비로 우리 자신을 가득 채울 수 있게 도와주는 도구이다. 나는 내 기도 단어로 간결한 단어를 선택했고, 그것은 기도 시간 내내 내가 다시 정신을 모으는 데 도움이 되었다.

내 첫아이는 워크숍이 끝난 직후 태어났다. 엄마가 되어 처음 몇 해 동안은 연거푸 힘들고 가슴 아픈 유산과 큰 수술에 시달렸다. 그 시련의 시기 내내 향심 기도를 계속했고, 매일 고요함을 추구하며 하느님께 나를 내어 드리는 훈련을 꾸준히 했다. 향심 기도가 이론적으로는 아주 간단하지만, 실제로 연습하기는 어려울 때가 있다. 그래도 포기하지 않았다. 나는 기도 단어를 이용해서 집중할 수 있었고, 관상 기도에 대해 탐독한 책들은 내가 기도를 향한 평화로운 이 길을 고수하도록 북돋아 주었다. 맏이가 걷고 말하기 시작할 무렵, 아들의 수면 습관이 변했다. 아들은 아침에 남편이 출근한 후 나와 함께 일어났고, 내 곁에 앉아서 '향심 기도를 해도' 되느냐고 자주 묻곤 했다. 우리는 사이좋게 함께 앉아서 침묵을 맛보았다.

둘째 아들을 임신한 후에, 나는 피정 지도자이신 바질 페닝턴 신부님의 향심 기도 피정에 참가하는 행운을 누렸다. 어느 날 저녁 그분이 나를 멈춰 세우더니 임신 6개월의 불룩 튀어나온 배를 보고 깜짝 놀라며 감탄하시던 일을 결코 잊지 못할 것이다. 그분은 임신한 엄마가 향심을 하면 배 속의 아이도 엄마와 함께 향심을 한 것임을 잊지 말라고 내게 당부하셨다. 그분의 그 말씀은 내가 렉시오 연습—몇 분간 성경을 읽기—과 향심 연습—매일 두 번씩 20분간 마음을 비우고 하느님을 향해 열어 두기—을 계속하도록 마음 깊이 북돋아 주었다.

1994년, 나는 셋째 아들을 임신했다. 어린 두 아들을 둔 임신 8개월의 몸으로, 남편과 나는 중서부 지방으로 이사하는 큰 변화를 겪었다. 내 인생에서 이 시기는 툭하면 힘들고 외롭고 지치고 어려운 때였다. 나는 꼬박꼬박 매일 향심 기도를 계속했고, 그러자 그 시기는 내 인생에서 내가 진정으로 하느님을 내 친구로 마음속 깊이 경험한 시기가 되었다.

2001년, 네 번의 유산을 겪고 자궁 외 임신으로 죽음 직전에 이른 응급 상황도 한 번 겪은 후에 또 임신했다. 힘든 임신이었지만, 그 임신은 놀라운 기쁨이자 축복이었다. 나이 마흔에 가까웠고 아팠으며 세 아이를 쫓아다니느라 분주했다. 맏이가 열세 살, 둘째가 열한 살, 막내가 일곱 살이었다. 그 몇 해가 지나는 동안 대개는 하루에 두 번, 시간이 정 나지 않으면 하루에 한 번 향심 기도 연습을 꾸준히 했다.

황량하고 무미건조하며 절대적인 공허의 시기여서 괴로웠음에도 불구하고, 나는 줄곧 기도 시간이 되면 '얼굴을 내비치고', 기운을 내어 내 친구를 맞이했다. 깊은 강의 차갑고 거친 바닥을 따라 저층류가 흐르듯이, 그 '존재'는 아직 거기에 있었다. 그리고 그 존재는 언뜻언뜻 가만히 모습을 드러냈지만, 언제나 내게 그만두지 말라고 외치고 있었다.

넷째 아이가 태어나고 2년 후, 우리는 그전보다 훨씬 더 고통스러운 힘든 이사를 했다. 어쩔 수 없이 이사를 하면서 일리노이 북부로 훌쩍 떠나게 되어, 9년이 넘게 공들여 가꾼 생활 기반이 뿌리째 뽑혔다. 남편은 당장 새 거주지에서 일을 하기 위해 떠나야 했고, 나는 살던 집을 팔기 위해 9개월 동안 네 아이들과 함께 남아 있었다. 이따금은 삶의 무게가 나를 압도하는 것 같았다. 그래도 나는 꾸준히 내 향심 시간을 떠올렸고, 위안이 나를 피하더라도 위안을 추구했다.

이제 19년이 흘렀다. 여섯 살인 막내는 아침 일찍 내가 기도할 때 내 옆에 누워 있을 수 있게 자기를 깨워 달라고 항상 부탁한다. 열두 살인 아이도 자주 일찍 일어나서 담요로 몸을 감싼 채 내 옆에 올라와서 20분이나 25분 동안 조용히 누워 있다. 우리는 모두 다함께 은총이 가득한 아침시간을 소중히 여긴다.

뒤돌아보면, 나는 그 세월 동안 기도 시간에 충실한 덕에 나 자신의 계획을 버리는 데 성공했음을 깨닫는다. 날마다 하느님의 뜻을 추구함으로써, 차츰 우리 인생의 굵직굵직한 사건들은 물론 아주 사소한 일들 속에서 하느님의 거룩한 계획을 알아차리게 되었다. 나는 가능한 한 충실하게 하루에 두 번씩 텅 비고 목마르며 감사하는 마음으로 향심 기도 시간에 꾸준히 얼굴을 내비칠 것이다.

| 일리노이 라운드레이크비치에서 데보라 A. 아르멘타

+ 잠시나마 기도를 하지 않은 채 하루가 지나가게 하지 마십시오!

기도는 의무이지만, 예수 그리스도를 통한 하느님과의 대화인 까닭에 기쁨이 기도 합니다. 〈교황 요한 바오로 2세〉

+ 기도는 정신을 교화한다. 사람은 빛이신 하느님에게 교화되지 않고서 곧바로 하느님에게 제 영혼의 눈을 고정할 수 없다. 〈성 로베르토 벨라르미노〉

어머니의 기도

근 50년 전 내가 이십대 중반일 무렵, 나는 낮에 일하고 저녁에는 대학에 다니면서 교사가 되려고 공부하고 있었다. 나는 형제 중 막내여서 신부 들러리를 최소한 일곱 번은 한 상태였다. 이성과 교제를 전혀 하지 않은 것은 아니지만, 평생을 약속할 만큼 진지한 관계로 발전한 적은 한 번도 없었다. 어머니는 나를 위한 하느님의 계획이 아내와 어머니가 되는 것이라고 생각하셨기에 많이 염려하셨다. 어머니는 성당에 가서 성 안토니오께 내가 인정스럽고 다정한 남편을 찾도록 전구해 주십사 기도했다.

이 성당 길 건너에 출판사가 있었는데, 그곳에서 밤에 근무하는 공군 출신 재향군인이 있었다. 그는 낮에 대학에 다녔다. 그도 나름대로 이성 교제를 했지만, 아가씨들 중 누가 아내감으로 좋을지 결정하지 못했다. 졸업식이 다가오자 그는 누구와 결혼해야 할지 분별력을 주십사 기도하러 출근길에 성당에 들렀다.

그런데 이게 웬 걸, 우리 어머니와 이 재향군인은 같은 사람을 친구로 두고 있었다. 그녀의 이름은 메리였다. 메리도 저녁에 출판사에서 일했다. 메리는 결혼 중매인으로, 내 친구의 결혼식에서 나를 보자 그 재향군인과 함께 만날 약속을 잡았다. 그렇게 해서 남편과 내가 만났다. 일 년 후 우리는 어머니가 기도했던 바로 그 성당의 맨 앞줄에서 자정 미사 도중 결혼을 약속했다. 그리고 6개월 후 결혼했다.

| 뉴욕 노스포트에서 엘리노어 B. 크래파

초록색 스카풀라

　　남편 대니와 나는 최근 결혼 35주년을 맞았는데, 그날은 10월 7일 복되신 동정 마리아 기념일이었다. 나는 결혼하고 나서 여러 해가 지날 때까지 그 축일에 대해 알지 못했는데, 이제 알고 나니 우리의 결혼 생활 동안 일어난 모든 일이 더욱 경이롭게 느껴진다.

　우리 어머니는 내가 여태 우리 어머니 같은 분은 본 적이 없을 만큼 가톨릭 신앙을 사랑한 대단한 신자셨다. 대니와 내가 결혼하기로 했을 때, 어머니는 대니가 가톨릭 신자가 아니어서 염려하셨다. 그렇지만 그는 나와 함께 주말마다 미사에 참례했고, 미래의 우리 아이들을 가톨릭 안에서 양육하는 것에 아무 거부감이 없다고 말했다.

결혼하기 전 어느 날 밤, 나는 좀 미심쩍어 그에게 몇 가지를 물어보았다. "대니, 당신도 알다시피 우리에게 아이가 생겼을 때 아이들을 가톨릭 신앙 안에서 키워야 한다는 건 나에게 중요한 문제예요. 당신은 그렇게 해도 좋다고 말했지만, 당신이 진심으로 그런지 내가 어떻게 알겠어요?" 대니는 내게 거짓말을 한 적이 없었고 늘 나에게 진실했기에, 나는 그의 대답에 기분이 좋았다. 그는 말했다. "그 일이라면 문제없어요. 내가 당신을 사랑하니, 당신이 원한다면 우리 아이들을 가톨릭 신자로 키워도 좋아요. 또 내가 만약 교회에 나가게 된다면, 그건 가톨릭교회일 거예요."

내가 물었다. "이 말을 믿어도 되는지 어떻게 알겠어요? 이런 말을 하는 이유가 뭐지요?" "역사가 있으니까요, 수잔. 가톨릭교회는 그 모든 바른 역사가 있잖아요!" 그가 대답했다. 그에게서 그런 말을 듣다니 몹시 놀라웠고, 그 말을 하는 그의 진지한 태도는 내 마음에 깊이 와 닿았다. 그런 다음 그는 지갑을 꺼내어 벌렸는데, 그 안에는 초록색 테두리 안에 종교화가 그려져 있는 정사각형의 작은 헝겊 조각이 있었다. 나는 그게 뭔지 몰랐지만, 그 몇 해 전 내가 받은 자그마한 첫영성체 꾸러미 안에 그와 비슷한 갈색의 것이 있었던 것이 생각났다. 나는 그것이 가톨릭과 관련된 물건임을 알았다.

그는 누나가 가톨릭 신자와 결혼하기 전에 그에게 그것을 주었다고 했다. 그것은 그가 누나에게서 받은 것 중 가장 수수한 것이었지만, 그는 누나를 사랑했고 아무리 사소한 선물이라도 받아서 소중히 여기는 성격이었다. 그는 그게 뭔지는 사실 모른다고 내게 말했다. 나는 그것을 지갑 안에 넣어 두다니 이 사람은 참 훌륭한 동생이구나 하고 생각한 것만 기억날 뿐이다. 내 몸 속에서 뭔가가 치밀어 오르는 것이, 마치 누군가가 나에게 다 잘될 거라고 얘기해 주고 있는 것 같았다.

나는 이 일을 다른 누구에게도 말하지 않고 대니와 결혼했다. 나는 어머니가 여전히 우리를 염려하신다는 것을 알았고, 어머니가 매일 마음을 다해 기도하고 계시리라고 믿었다. 나는 이따금 주일 미사에 친구들이나 일가친척들과 함께 참례하기도 했지만, 남편과 함께하지 않아서 외로웠기에 투덜거리곤 했다.

불행히도 나는 임신하는 데 문제가 있어서, 첫아이를 낳기까지 근 9년이 걸렸다. 이 출산은 아주 오랜 나날 바친 기도에 대한 응답이었다. 나는 대니에게 마리아가 집에 온 직후(우리 어머니가 아기의 이름을 복되신 어머니의 이름을 따라 마리아로 지으라고 하셔서, 나는 그렇게 했다), 곧 성당에 가서 세례를 받게 해야 한다는 것을 상기시켰다. 그는 별다른 내색 없이 그러라고 했다.

나는 마리아와 함께 일요일마다 미사에 참례하자고 남편을 부추기기 시작했다. 만약 나 혼자 자기를 데리고 다닌다는 것을 알게 되면 마리아가 신앙을 외면할지도 모른다는 생각이 들었던 탓이다. 남편이 처음에는 딸이 너무 어렸기 때문에 우리와 함께 미사에 가려 하지 않았지만, 결국은 우리와 함께 일요일마다 미사 참례를 시작했다. 대니가 곧 가톨릭 신자가 되는 교육을 받기 시작했다고 말하고 싶지만, 그렇게 되지는 않았다. 시간이 좀 걸렸다. 하지만 결국은 그렇게 되었다. 교육을 받기에 앞서 그는 우리와 함께 주일미사에 꾸준히 참례했고, 우리 부모님과 나는 그의 회심을 위해 꾸준히 기도했다.

우리의 첫딸 마리아가 첫영성체를 받을 때, 우리 셋은 다함께 일어서서 성체 안에 계신 우리 주님을 받아 모실 수 있었다. 대니는 그 전 주말인 성토요일 밤에 가톨릭 신앙으로 완전히 들어왔던 것이다.

지금까지도 이 일을 생각하면 내 가슴은 부풀어 오르고 내 눈은 기쁨과 감사의 눈물로 차오른다. 나는 하느님께서 우리 어머니의 기도, 그리고 내 기도를 들어주신 것을 알았다. 남편은 지금까지 20년가량 충실하고 헌신적인 가톨릭 신자로 살아왔다. 우리는 우리의 결혼식 날이 묵주기도의 복되신 동정 마리아 기념일이라는 것을 복되게 여기며, 아주 오래전 대니의 지갑 속에 있던 작은 헝겊 조각이 초록색 스카풀라였음을 이제는 안다. 그것은 가톨릭 교회로의 회심을 바라는 기도가 담긴 작은 준성사였던 것이다!

| 인디애나 블루밍턴에서 수잔 L. 매코넬

+ 하느님께 기도의 은총을 주십사 청하라, … 그분께 끊임없이 청하라. 당신이 그분께 구걸하는 것은 자선이다. 당신이 끈질기게 청한다면, 그분이 당신을 거절하는 것은 불가능하다. 〈성 빈첸시오 드 폴〉

+ 천사가 베드로를 감옥에서 꺼냈지만, 그 천사를 불러낸 것은 기도였다.
〈토마스 왓슨〉

\+ 하느님께서 '안 돼'라고 말씀하셔야 할 때도 있다는 것을 우리는 잊는다. 우리는 하늘에 계신 우리 아버지께 기도하고, 여느 슬기로운 인간의 아버지처럼 그분은 자주 '안 돼'라고 말씀하시는데, 즉흥이나 변덕 탓이 아니라, 슬기와 사랑 때문에, 그리고 우리에게 가장 좋은 것이 무엇인지를 아시기 때문에 그런 것이다. 〈피터 마샬〉

당신에게 아기가

스물여섯 살에 새색시가 되었을 때, 나는 당장 엄마가 되고 싶었다. 남편과 나는 아기를 주십사 기도했다. 일 년이 지났건만 여전히 아기가 생기지 않았다. 몇 번의 공인된 의료 검진 끝에 내가 아이를 가질 수 없다는 결론이 내려졌다. 그래서 우리는 입양을 신청했다. 시간이 또 흘렀건만, 입양 관계자들에게서 아무런 연락을 받지 못했다. 우리는 아이를 몹시 원했다. 우리는 복되신 어머니께 갔다. 하느님의 뜻이라면 성모님께서 우리에게 사랑을 쏟을 아기를 찾아 주시리라는 것을 알고 있었던 것이다. 우리는 펜실베이니아 주 저먼타운에 있는 원죄 없으신 잉태 성당에서 9주간 9일기도를 바쳤다. 믿음을 갖고 매주 성당에 가서 아기를 주십사 기도했다. 넉 달 후, 우리가 9일기도를 시작한 바로 그 날짜에 반가운 말을 들었다. "당신에게 갈 아기가 있습니다."

우리는 전율했다. 하느님께서는 우리에게 사내아이를 주셨다.

이것은 41년 전 일이다. 나는 지금 과부이지만 멋진 남편과 원만한 결혼 생활, 그리고 사랑스러운 아들을 내게 주신 주님께 더없이 감사하다.

| 펜실베이니아 벤살렘에서 메리언 콜로드

+ 두려워하거나 슬퍼하거나 낙담하지 말라. 너희의 어머니인 내가 여기에 있지 않느냐? 내 도움이 피난처가 되지 않느냐?

〈성모님께서 성 후안 디에고에게 하신 말씀〉

남은 이들을 위하여

나는 오랫동안 방황하며 교회를 떠나 있었다. 그 시기의 대부분 나는 요구가 지나치고 제재가 심한 '구루(guru, 힌두교·시크교의 스승이나 지도자)'가 이끄는 동양의 명상 예배 그룹에 몸담고 있었다. 나는 성령께서 하신 일이라는 확신이 드는 일련의 사건들을 통해 훌륭한 가톨릭 신앙으로 되돌아왔다. 그 그룹에 남은 사람들(그 구루가 이끄는 잘못된 길을 가고 있지만 선한 의도를 지닌 영적이고 이상주의적인 사람들)을 위하여 기도하기 시작했다. 그 구루가 그들을 놓아주기를 자주 기도했다.

나중에 알고 보니 그가 죽었다. 그 구루가 자신의 추종자들을 놓아주게 해 주십사 기도했을 때, 그가 죽으라는 뜻은 분명히 아니었지만 결국 그렇게 된 것이다. 나는 그가 병들기를 소원하지 않으려고 아주 조심했었다. 나는 그가 조직을 해산시키기를 희망하고 있었다.

묘한 책임을 느꼈던 탓에 고해성사를 하며 신부님께 이 일에 대해 말씀드렸다. 신부님은 그 사람의 죽음이 그가 잘못된 길로 이끈 추종자들에게는 축복이라고 나를 안심시켰다. 그분은 또 그것은 '쉽지 않은 일'이었다고 덧붙이면서 고인이 된 구루를 위해 기도하라고 하시기에 그렇게 했다. 나는 그의 추종자들을 보고 나서, 그들이 스스로 어떤 선택을 하든지 그들은 정말로 더 좋은 상태에 있다는 것을 이제 깨닫는다. 그들은 자신의 자유의지를 되찾았다.

| 캘리포니아 샌프란시스코에서 로잘리 마샬

천사의 마차

아들 패트릭이 군에서 휴가를 얻어 집에 있다가 신병 훈련소의 마지막 임기를 마치기 위해 귀대할 준비를 하고 있었다. 아들은 버스로 세인트루이스로 가서는 거기서 메릴랜드 주의 애버딘 병기 시험장으로 가는 비행기를 탈 예정이었다. 아들이 버스 종점에 전화해서 세인트루이스에 가는 표가 있냐고 물어보았더니, 새벽 1시에 출발하는 버스를 타면 메릴랜드로 가는 9시 30분 비행기에 늦지 않게 도착할 수 있다는 말을 들었다. 아들이 미리 종점에 가서 버스표를 사 두어야 하느냐고 물었더니, 그쪽에서는 그럴 필요 없고 그날 저녁 종점에 도착해서 표를 구입하면 된다고 말했다. 새벽 1시 버스는 만석인 적이 거의 없으니 아들이 표를 사는 데 아무 어려움이 없을 것이라고 했다.

아들은 만사가 술술 잘 풀린다고 생각했다. 그날 밤 11시 30분, 아들의 친구 두 명이 집에서 60km 정도 거리인 버스 종점으로 아들을 태워 주었다. 나는 다음 날 출근해야 했기에 꼭 필요한 경우가 아니라면 그렇게 늦은 시각까지 깨어 있고 싶지 않았다. 어차피 내가 잠을 한 숨도 못 자리라는 것을 그때는 몰랐다.

아들 일행이 버스 종점에 도착하자, 표 판매원은 세인트루이스로 가는 버스에는 남아 있는 좌석이 없다고 말했다. 말할 것도 없이 패트릭은 몹시 당황했고 걱정했다. 아들은 판매원에게 세인트루이스 공항으로 가서 다음날 아침 9시 30분 비행기를 타야 하며, 그렇지 않으면 메릴랜드에 늦게 도착한다고 사정을 설명했다. 만약 그렇게 되면 아들은 탈영한 것으로 간주되어 큰 곤경에 처하게 될 터였다.

그들은 나에게 전화를 걸어 이런 상황을 얘기했다. 표 판매원은 버스에 탄 사람들 중에서 패트릭에게 자기 좌석을 주고 세인트루이스로 가는 다음 버스를 탈 사람이 있을지 기다려 보라고 제안했다. 불행히도 다들 중요한 약속이 있었기 때문에 아무도 아들과 자리를 바꾸려고 하지 않았다. 패트릭은 절망했다. 그는 자신이 군사 법정에 회부되리라는 것을 알았다.

그들은 나에게 다시 전화해서 상황을 설명했다. 우리가 생각해 낼 수 있는 유일한 해결책은 아들의 친구가 세인트루이스까지 운전해서 아들을 데려다 주는 것이었다. 나는 그들에게 우리 집에 와서 내 차를 이용하라고 말했다. 그들은 버스 종점까지 친구 매트의 픽업트럭을 타고 갔는데, 매트의 트럭이 그렇게 멀리까지는 가지 못한다고 생각했기 때문이었다.

첫 전화 후, 나는 딸에게 전화를 걸어 좌석이 생기도록 기도해 달라고 부탁했다. 딸은 내 전화에 잠을 깼지만 개의치 않았다. 우리는 둘 다 묵주기도를 바쳤고, 나는 생각나는 모든 기도를 죄다 바쳤다. 특히 여행자의 수호성인인 성 크리스토포로와 실현 불가능한 대의명분의 수호성인인 성 유다 타대오의 전구를 청했다. 하늘에 대고 집중 공세를 퍼부은 셈이다.

꾸벅꾸벅 졸며 묵주기도를 바치고 있는데 또 전화가 울렸다. 전화가 또 오리라고는 기대하지 않았더랬다. 그들이 집으로 돌아와서 내 차를 가지고 가기를 기다리던 중이었다. 이번에는 매트가 전화해서는 패트릭이 미주리 주 포트 레너드우드로 가는 버스를 타고 있다고 했다. 그곳은 아들이 기초 훈련을 받았던 군사기지였다. 그 버스는 그곳에서 군인들을 태워 세인트루이스로 갈 예정이었다.

나는 크게 안도의 숨을 내쉬고는 딸에게 이 소식을 알렸고, 다시 기도를 계속했다. 이번에는 아들에게 탈것을 마련해 주시고 아들을 보호해 주신 하느님께 감사를 드리는 기도를 바쳤다. 그렇지만 내가 그분께서 얼마나 많은 은총을 베풀어 주셨는가를 안 것은 이삼일이 지난 후였다.

    패트릭과 매트와 대화를 나눈 후, 나는 그날 밤 일어난 일을 자세히 알게 되었다. 매트는 그들이 패트릭의 더플백과 짐을 막 싣고 우리 집에 와서 내 차를 가져가려고 출발하려는 그때, 다른 버스가 종점에 들어왔다고 말했다. 그 운전사는, 포트 레너드우드로 가서 군인들을 몇 명 태워 세인트루이스로 데려가라고 하는 전화를 받았는데, 가는 길에 우리 아들이 있던 스프링필드 버스 종점에 잠시 들렀다고 말했다.

    그런 다음 패트릭이 내게 전화해서 자기가 겪은 이야기를 해 주었다. 아들은 버스를 탔고 그 버스는 포트 레너드우드로 갔다. 버스가 그곳에 도착했을 때, 세인트루이스로 갈 군인들에 대해 아는 사람은 아무도 없었다. 그래서 버스는 패트릭을 태우고 세인트루이스로 갔는데, 패트릭은 가는 동안 내내 유일한 승객이었던 탓에 적잖이 당황하고 겁도 났다. 그렇지만 아들은 공항에 여유 있게 도착했고, 메릴랜드로 날아가서 신병 훈련을 마쳤다.

    이따금 나는 세인트루이스로 가는 길에 아들과 아들의 '천사' 운전사가 무슨 얘기를 했는지, 그리고 그의 '천사의 마차'는 편안했는지 아들에게 물어본다.

| 미주리 모넷에서 돈나 윔샛

+   기도를 들어주시는 하느님에 대한 믿음이 기도를 사랑하는 그리스도인을 만들 것이다. 〈앤드류 머레이〉

\+   갓 태어난 아기가 울어야 하는 것은, 이렇게 해야만 그 아기의 허파가 확장되기 때문이다. 어떤 의사가 내게 갓 태어났을 때 숨을 쉬지 못했던 아기에 대해 말해 준 적이 있다. 아기가 숨을 쉬게 하려고 그 의사는 아기를 가볍게 한 대 때렸다. 산모는 틀림없이 그 의사가 매정하다고 생각했을 것이다. 그러나 사실 그는 최대한 인정스러운 일을 하고 있었던 것이다. 갓 태어난 아기들의 허파가 수축해 있는 것처럼, 우리 영혼의 허파도 그렇다. 그러나 하느님께서는 우리를 사랑하여 고통을 통해 우리를 때리신다. 그러면 우리의 허파가 확장되어 우리가 숨을 쉬고 기도할 수 있는 것이다. 〈사두 선다 싱〉

\+   기도는 내어 맡김, 곧 하느님의 뜻에 내어 맡기고 그 뜻에 협조하는 것이다. 내가 배에서 갈고리 장대를 던져 뭍에 걸어 잡아당긴다면, 뭍을 나에게로 잡아당기는 것인가, 아니면 나 자신을 뭍으로 잡아끄는 것인가? 기도는 하느님을 나의 뜻에 잡아당기는 것이 아니라, 나의 뜻을 하느님의 뜻에 맞추는 것이다. 〈엘리 T. 스탠리 존스〉

성녀 데레사의 응답

1984년 10월 8일 새벽 2시, 나는 남편 아치가 다리에 감각이 없다고 말하며 깨우는 통에 잠에서 깼다. 남편은 일주일이 넘도록 끔찍한 허리 통증으로 고생하고 있었고, 우리는 세 번이나 각기 다른 응급실에 갔다. 응급실에서는 다들 신경안정제를 주며 집에 돌아가 휴식을 취하라고 지시했다. 그들은 남편이 그저 허리를 삔 것이라고 말했다. 그날 아침, 남편은 침대에서 나와 화장실에 가려고 하다가 바닥에 엎어졌다. 나는 당장 911에 전화했다. 아이들이 모두 집에 있었기에, 나는 남편과 함께 병원에 갈 수 없었다. 몹시 무력한 기분이 들었다.

다음 날 아침, 아이들이 학교에 가자마자 당장 병원으로 차를 몰았다. 의사들은 뭐가 잘못되었는지 나에게 말해 주지 못했다. 그들은 썩 좋지 않은 것 같다고만 말했다. 남편은 허리 아래가 마비된 듯했고, 여러 합병증이 생길 가능성이 있었다. 그는 마흔다섯 살밖에 되지 않았지만, 체중이 많이 나가는 사람이었기에 의사들이 문제를 일으키는 원인을 콕 집어내기 어려웠던 것 같다.

아치와 나는 늦은 나이에 결혼 생활을 시작했고, 우리의 결혼은 하느님이 운명 지어 주신 것이라고 서로에게 자주 말하곤 했다. 둘 다 가톨릭 신자인 우리는 20대에 성당을 떠나 방황했지만 30대에는 돌아왔다. 시간이 좀 걸렸지만, 우리가 가까워짐에 따라 우리의 영성 생활도 깊어졌다. 우리는 자주 평일미사에 참례했고, 나는 성녀 데레사에 대한 특별한 신심을 키워 나갔다. 병원에 있을 때 나는 곧바로 경당을 찾아가 가장 좋아하는 성녀께 9일기도를 바치기 시작했다. 당신도 알다시피, 성녀께서 당신의 기도에 응답한다면 성녀는 당신에게 장미꽃 한 송이를 보낼 것이다.

남편이 혼수상태에 빠졌다가 깨어나기를 반복하며 여러 날이 지났다. 내가 보러 갔을 때 남편은 의식이 없거나, 깨어 있더라도 헛소리를 했다. 나는 겁이 나서 데레사 성녀께 남편의 목숨을 구해 달라고 청하는 9일기도를 계속 바쳤다. 결국 신경외과의는 나를 보고 아치가 살아날 것 같지 않다는 말을 했다. 의사들이 남편의 척수 안에서 폐색 물질을 발견했고, 그것을 제거하기 위해 수술할 수는 있지만 남편이 수술대에서 깨어나지 못할 가능성이 있었다. 나는 제정신이 아니었다.

우리 어머니가 아이들을 돌봐 주셨기에 나는 병원에서 밤샘을 할 수 있었다. 병원 경당에서 묵주기도를 바치고 9일기도를 계속하며 많은 시간을 보냈다. 데레사 성녀께서 나를 도와주실 것이라는 느낌이 강하게 들었다. 의사들이 폐색 물질을 제거하는 수술을 하기로 한 아침이 다가왔다. 내가 미리 아치와 얘기를 해 보았지만 그는 정신을 차리지 못했다. 의사들은 수술이 몇 시간 걸릴 터이니 나더러 집에 가서 기다리라고 말하면서, 남편이 의식을 회복하면 내게 알려 주겠다고 말했다. 나는 싫다고 했다. 혹시라도 남편이 잘못될 경우 그 자리에 있고 싶었다. 엄마가 나와 함께 계셨고, 우리는 간호사실 근처에 앉아서 줄곧 기도했다.

그들은 그날 아침 10시경에 남편을 수술실로 밀고 들어갔다. 10시 30분경 간호사들이 모두 책상에 앉아 근무하는 가운데, 한 간호사가 "이 노란 장미꽃이 어디서 났지?"라고 말하는 소리가 들렸다. 아무도 몰랐다. 아무도 그 꽃이 배달되는 것을 보지 못했고, 내내 거기 있었던 엄마와 나도 몰랐다. 간호사들은 그 장미를 내가 앉아 있던 곳으로 가져다 놓았다. 카드도 없었던 그 꽃을 그들은 나더러 가지라고 했다. 나는 울음이 터지면서 내 기도가 응답받았음을 알았다.

내가 고개를 들어보니 그들이 벌써 아치를 수술실에서 데리고 나오는 것이 보였다. 의사에게 달려갔더니, 의사는 수술을 하지 못했다고 말했다. 폐색 물질을 찾으려고 기구를 남편의 몸속에 넣었을 때 그 물질이 사라졌기 때문이었다. 그들은 당황했지만, 나는 그것이 성녀 데레사께서 내 9일기도에 응답하신 덕이라는 것을 알았다.

아치는 1985년 4월 휠체어를 타고 집에 돌아왔다. 그는 그 후 9년 동안 끊임없는 통증에 시달리며 살았지만 결코 불평하지 않았다. 우리는 둘 다 서로가 있어 행복했고 우리가 함께 지내는 동안 날마다 하느님과 성녀 데레사께 감사를 드렸다. 유감스럽게도 나는 내 영혼의 반려자인 아치를 2004년 2월 7일에 잃었다. 그는 지쳤고 갈 때가 되었던 것이다. 나는 아직도 그가 여기 내 곁에 있으며 나를 위해 매일 기도하고 있는 것 같다.

| 매사추세츠 아소넷에서 캐롤 G. 스푸어

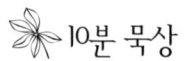 10분 묵상

오늘 당신에게 '열점hot spot'인 영역을 찾아보십시오. 당신의 감정을 부정적인 면으로 자극하는 것 말입니다. 당신을 부글부글 끓게 만드는 말 한마디, 누군가가 해서, 또는 하지 않아서 당신을 화나게 하는 행동이나 시선, 무엇이든지요.

그 열점은 무엇입니까?

예수님께 이 열점에 대해 터놓고 말씀드리십시오. 왜 당신은 툭하면 그 일로 분통을 터뜨리게 되는지 그분께 여쭈십시오.

예수님께서 응답하시기를 기다리십시오.

묵상 마침기도

예수님,
당신은 저의 친구이자
치유자이십니다.
제가 당신께
제 상처를 가져가
치유를 청하도록
도와주십시오.
치유됨을 받아들이는
겸손을
제게 주십시오.
아멘.

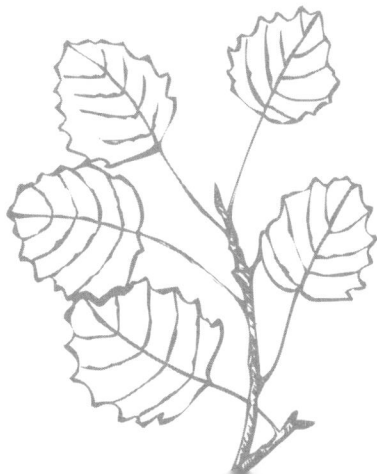

아무도 그에게
말을 걸지 않았다

내 안사돈은 세상을 뜨면서 그 아들인 우리 며느리의 남동생이 장례식장에 나타나 말썽을 일으킬까 무척 걱정했다. 그는 정신병을 앓는 청년으로, 주에서 운영하는 공동생활가정에 살고 있다. 과거에 그는 우리 며느리의 생명을 위험에 빠뜨린 적이 있기에, 그가 밤새 빈소를 지킬 때나 장례식에 나타나면 무슨 일이 일어날지 아무도 몰랐다. 남편과 나는 알렌(가명)이 힘든 이 시기에 말썽을 일으키지 않기를 기도했다.

그는 감시인 두 명과 간병인 한 명과 함께 빈소에 나타났는데, 그가 들어오자 아무도—형제나 친척, 친구—그에게 인사하지 않았다. 방 안 전체에 급하게 쉬쉬하는 소리가 났고 긴장감이 고조된 채 우리 모두는 그가 어떤 행동을 할까 궁금해했다. 우리는 알렌이 여기에 오기 위해 진정제를 투여받았다는 것을 알 수 있었다. 그는 한 구석에 거의 꼼짝도 않고 서서 그의 가족과 엄마의 사진을 뚫어지게 보고 있었다.

아무도 그에게 다가가지 않았고 아무도 그에게 말을 걸지 않았다. 나는 그가 몹시 측은하게 여겨졌다. 그가 이렇게 병이 심해지기 전에, 나는 가족 모임에서 그와 대화하는 것을 좋아했었다. 그는 가톨릭교회가 자신에게 어떤 의미가 있는지에 대해 나에게 말하곤 했다. 돌연 성령께서 나를 움직이셔서, 내가 미처 알기도 전에 나는 알렌에게 다가가고 있었다. 나는 그의 팔을 살며시 잡고서 인사를 했다. 그에게 혹시 내가 누군지 기억하느냐고 물은 다음 내 이름을 반복해서 말해 주었다. 나는 팔을 뻗어 그를 살짝 안으면서 그가 어머니를 잃어서 참으로 유감이라고 말했다.

그는 잠시 말을 더듬더니 자신의 어머니가 있는 관 쪽을 흘끗 보았다. 나와 같이 그쪽으로 가 보겠냐고 물었더니 그는 고개를 끄덕였다. 관에 가까이 가자, 알렌은 울기 시작하며 자신이 얼마나 가슴 아픈지 나에게 얘기했다. 내가 그와 함께 기도해도 되겠느냐고 물었더니, 그는 또 다시 고개를 끄덕였다. 우리는 같이 장궤틀에 무릎을 꿇었고, 나는 주님의 기도와 성모송을 바쳤다. 우리는 성호를 그었고 그가 일어났다. 알렌은 내게 고맙다고 했고, 바로 그때 그의 고등학교 동창이 들어와서 그 둘은 앉아 이야기를 나누었다.

장례식장의 긴장감은 이제 해소된 듯했고, 사람들은 다시 이야기를 나누기 시작했다. 그의 간병인에게 말을 걸었더니, 그녀는 알렌이 아주 많이 호전되었으며 아무도 자신에게 말을 걸지 않을까 염려했다는 말을 내게 했다. 그녀는 알렌이 다시 미사에 나가며 주일을 거르는 법이 없다고 말했다. 그는 시간제로 일도 좀 하고 있었는데 곧잘 했다. 슬픔과 애도의 시기에도 주님께서는 슬픈 상황을 기적으로 전환시키셨다. 나를 그릇으로 쓰신 하느님과 성령께 찬양을 드린다.

| 미시간 셀비타운십에서 주디 J. 콜로엔

+   기도는 하면 할수록 더 하고 싶어진다. 그것은 마치 물고기가 처음에는 수면 근처에서 헤엄치다가, 침잠하여 점점 더 깊은 곳으로 헤엄쳐 가는 것과 같다. 영혼이 하느님과 대화하는 기쁨에 침잠하면 흠뻑 빠져 저 자신을 잊는다.
〈성 요한 마리아 비안네〉

+   생각나는 대로 일일이 열거하며 청하기보다는, 사랑 안에서 굳건히 기도하며 그분의 선하심을 믿고 그분의 은총에 매달린다면, 그것이 하느님께 더 많은 찬양과 더 많은 기쁨을 드리는 것임을 나는 진실로 알게 되었다. 가장 좋은 기도는 하느님의 선하심 안에 쉬는 것이다. 〈노리치의 율리아나〉

성모송 세 번

나는 하느님을 두려워하는 가정에서 자라 다섯 아이를 두었으며, 겨우 열여섯 살에 아버지를 여의었다. 남편을 잃은 가정주부였던 어머니는 고통과 고난을 겪으면서도 우리를 잘 기르셨다. 나는 일생동안 늘 긍정적인 태도를 지닌 외향적이고 유쾌한 사람이었다.

8년 전 남편과 결혼한 이후, 매일 매 순간이 악몽이었지만 남편이 취해 있을 때는 더욱 심했다. 남편은 음주 문제로 직장을 오래 다니지 못했다. 그래서 한번은 기도를 열심히 드렸더니 하느님께서 자비를 베푸셨고, 나는 넉넉히 살아갈 만한 보수를 받는 일자리를 얻었다. 남편에게 돈을 주지 않는다면 내가 공개적으로 망신을 당하게 될 것을 알았던 탓에, 나는 남편이 당연한 듯이 돈을 받아 술을 사먹는데도 불구하고 그에게 돈을 주었다.

나는 내 처지를 직시하기보다는 거기서 달아나고픈 유혹을 느꼈지만, 어린 딸 때문에 늘 차마 그렇게 하지는 못했다. 미칠 지경이었지만, 포기하지 않으리라 다짐했다. 마침내 내가 남편이 가족 부양의 책임을 떠맡을 것이라는 생각에 직장을 그만두었지만, 남편은 전혀 개의치 않았다. 상황이 악화되면서 하느님에 대한 내 믿음은 더욱 굳세어졌다.

한번은 남편이 회사에서 일을 하다가, 회사에 알리지도 않고 일을 그만두었다. 그의 봉급은 들어오지 않았고, 설상가상 식료품을 사고 공과금을 내고 할 돈이 없었다. 나는 어쩔 줄 몰랐고 걱정이 되어 잠을 이룰 수 없었다. 누구에게 가서 도움을 청해야 하나?「성모 마리아지(誌)」를 뒤적이던 나는 '성모송 세 번으로 바치는 9일기도'를 통해 많은 간구가 응답받았다는 이야기를 읽었다. 나는 열렬히 9일기도를 바쳤고 남편에게 회사에서 마지막 봉급을 넣었는지 은행계좌를 확인해 보라고 부탁했다. 잔고가 없었다. 나는 또 다시 기도했다. 남편은 계좌를 확인했고 집에 와서 계좌에는 아직 잔고가 없다고 말했다. 나는 그래도 포기하지 않고 그 다음 날 남편을 다시 은행으로 보냈다. 그때는 남편이 직장을 그만둔 지 근 2주가 되었을 때였다.

세 번째로 은행에 다녀온 남편은 집에 와서, 계좌를 확인하러 자꾸만 그를 은행으로 보내도 아무 소용없다고 말했다. 이 모든 일에도 불구하고, 나는 희망을 포기하지 않았다. 굳은 결심을 하고 직접 남편과 함께 은행에 갔다. 복되신 어머니께 기도하고 간청하면서 내 처지를 그분의 손에 맡겼고 나를 실망시키지 말아 달라고 빌었다. 우리가 은행에 도착했을 때, 마지막으로 계좌를 확인하라고 남편을 들여보내고는 그동안 복되신 어머니께 지금 이 순간 저를 도와주십사 빌었다. 나는 '성모송 세 번으로 바치는 9일 기도'를 어마어마한 믿음과 확신을 갖고 바쳤으며, 맙소사! 정말 기적이 일어났다.

남편은 계좌에 다섯 자리의 숫자가 있는 것을 보고 자기 눈을 믿지 못했다. 남편은 눈물을 흘리며 나에게 달려왔고, 우리는 더할 수 없이 기뻤다. 우리 부부는 믿음을 갖고 다가갔더니 우리의 간구에 정말로 귀를 기울여 주신 복되신 어머니를 찬양하며 그분께 감사를 드렸다. 기적을 믿지 않고 믿음도 별로 없던 사람에게 그런 일이 일어나다니 기적이었다.

나는 재물과 금전이 아니라 남편이 술을 끊게 해 주시기를, 날마다 양식을 주시기를, 내 삶에 평화와 사랑과 만족을 주시기를 주님께 기도한다. 나는 그리스도를 우리 집의 주관자로 모시며, 내가 무슨 말이나 행동을 하든, 어디로 가든 항상 나와 함께해 주십사 복되신 어머니께 기도한다. 나는 하느님이 우리 가족을 인도하고 지켜 주시며 우리 모두가 대죄를 짓지 않게 해 주시기를 기도한다. 나는 자주 성체조배를 하러 가서 예수님께 내 마음을 몽땅 털어놓으면서 내 십자가를 가볍게 해 주십사 그분께 청한다.

지금까지도 남편은 지속적으로 술을 마시면서 우리 가정에 크나큰 분란을 일으킨다. 음주는 우리 가정을 파괴하는 근본 원인이

기에 나는 남편에게 술을 끊을 의지력이 생기기를 기도하며, 또한 이 글을 읽는 여러분도 모두 기도 중에 나를 생각해 주기를 기도한다.

| 인도 카르나타카 후블리에서 셀리아 루데스 카르도조

간결한 기도의 힘

나는 내 종기를 기적적으로 치유해 주신 하느님께 영광을 드릴 이와 같은 기회를 오랫동안 기다려 왔다. 이 일을 알리게 되어 무척 기쁘며, 하느님이 나에게 평온한 마음과 생각을 허락하시어 이 일을 정직하고 성실하게 전하기를 기도한다. 이 평화가 많은 사람의 마음을 어루만져서 그들이 간결한 기도의 힘과 하느님의 치유의 힘을 믿는 데 도움이 되기를 바란다.

1989년 12월, 방학 동안 목에 종기가 돋았는데 크고 아팠다. 숙모들이 약초를 이용해 종기를 터뜨리려고 애썼지만 허사였다. 어릴 때 우리는 성탄절에 숙모들과 할머니들 댁을 찾아가 동전과 사탕을 받곤 했다. 나는 종기 때문에 집에 남아서 형제들이 이 즐거운 방문을 하는 것을 지켜보아야만 했다. 창가에 서서 다른 아이들이 흥겨운 성탄 노래를 부르며 우리 집을 지나 그들이 방문할 곳을 향해 가는 것을 보았다. 나를 아는 아이들은 지나가며 내게 손을 흔들었다. 가슴 아팠지만 눈물을 흘리는 것 외에 달리 할 수 있는 일이 없었다.

나는 창가를 떠나 아버지의 침실로 곧장 가서 옷장 앞에 섰다. 옷장 문에는 크고 긴 거울이 붙어 있었다. 그 거울 앞에 서서 내 종기를 보며 말했다. "하느님, 저를 치유해 주시기를 바랍니다. 저를 치유해 주신다면 다시는 죄 짓지 않겠습니다." 이 짧은 기도를 막 마쳤을 때, 내 종기에서 흰 액체가 흘러나오는 것이 보였다. 나는 서둘러 어머니께 달려가서 이 소식을 큰 소리로 전했다. 어머니는 갑작스러운 일에 잠시 아무 말도 못하고 계셨다. 그때 형이 들어와서 형에게 여차여차해서 이렇게 되었다고 말하며 형이 함께 기뻐해 줄 것이라 생각했지만, 형은 기뻐하지 않았다.

형은 의심했고 나를 거짓말쟁이라고 불렀다. 형의 말은 쌍날칼처럼 내 가슴을 온통 아프게 후볐다. 견딜 수 없었던 나는 형에게 매정한 말을 했다. 내 마음은 며칠 동안 아팠고 아직도 이 사건을 떠올릴 때마다 아프다. 내가 한 맹세를 깨뜨렸음을 깨닫고 통곡하며 하느님께 용서를 청하는 기도를 드렸다. 나는 하느님께서 나를 용서해 주셨으리라 믿는다.

| 아프리카 가나 케이프코스트에서 어거스터스 멘사

+ 기도는 그리스도인이 지닌 가장 강력한 무기이다. 기도는 우리를 유능하게 한다. 기도는 우리를 행복하게 한다. 기도는 우리가 하느님의 분부를 수행하는 데 필요한 모든 힘을 우리에게 준다. 그렇다, 실로 당신의 전 생애는 기도일 수 있고 기도여야 한다. 〈성 호세마리아 에스크리바〉

+ 기도하는 동안 마음을 가다듬고 더욱 차분하게 되는 방법 중 하나는 하루 종일 당신의 생각을 헛돌게 두지 말고 하느님의 현존 가까이에 잡아 두는 것이다. 시시때때로 되돌아오는 습관이 들면, 당신은 기도 시간에 평화로운 마음 상태로 있는 것, 혹은 최소한 분심이 들었다가도 되돌아오는 것이 쉽다는 것을 알게 될 것이다. 〈로랑 형제〉

+ 기도하는 바른 방법은 우리가 두 손을 내밀어, 아버지의 마음을 지닌 분이라고 알고 있는 그 한분께 청하는 것이다. 〈디트리히 본회퍼〉

어려운 기도

24년간 나와 함께 산 충실한 가톨릭 신자인 남편이 쉰네 살에 급성 뇌종양이라는 진단을 받았다. 학교에 다니지 않고 홈스쿨 교육을 받은 우리 다섯 아이들 중 막내가 당시 여섯 살이었다. 의료기관은 이 특정 종양에 대한 치료로서 해 줄 만한 일이 거의 없었기에, 남편은 액체 약물을 24시간 정맥 투여받는 대체 요법을 집중적으로 받았다. 아들은 이 약물을 '약주머니'라고 불렀다.

수술 후 몇 달 간 '약주머니'는 효과가 있는 듯했다. 종양은 사라졌지만 남편과 나는 치료에 몰두하느라 지칠 대로 지쳤다. 그때 우리는 종양이 재발된 것을 알았다. 나는 절망했지만 남편은 이 새로운 사태가 못 견디게 괴롭지는 않은 것처럼 보였다. 종양이 아주 서서히 자라고 있었기에, 우리는 치료를 잠시 중단하고 캐나다 몬트리올에 있는 성 요셉 성당으로 순례를 떠날 계획을 세웠다. 이 8개월간의 시련 기간 내내 기도를 해 온 데다가 조상이 프랑스인이었기에, 우리는 이 성당의 설립자인 복자 안드레아 비제트께 유난히 친밀감을 느꼈다.

2003년 4월 8일, 남편의 55번째 생일 한 주 후인 이날은 그 며칠 전이나 몇 주 전과 다를 바 없어 보였다. 하지만 남편은 그날 두 번이나 내게 자기가 곧 죽을 것 같으며 나를 그리워할 것이라는 말을 했다. 나는 그의 걱정을 무시했다. 어쨌거나 그는 그 전날이나 그 전 주와 똑같았던 것이다. 그는 목이 지독하게 아프기는 했어도, 걷고 말하며 자기 몸을 돌볼 수 있었다. 하지만 그는 내 손을 잡고는 자기가 곧 죽을 것 같다고 두 번이나 속삭였다.

막내아들이 잠자리를 준비하면서 나에게 가만히 말했다. "엄마, 아빠가 금방 돌아가실까 봐 무서워요." 나는 대답했다. "아니란다. 아빠는 목이 심하게 아프시지만, 종양은 안정되어 있어서 그리 빨리 자라지 않는단다. 아빠는 괜찮으셔." 좀 있다가 이불을 덮어 줄 때, 아들은 생각에 잠겨 나를 응시하더니 말했다. "엄마, 만약 약주머니가 더 이상 효과가 없다면, 아빠가 가시도록 기도하는 편이 낫지 않을까요?"

나는 당황해서 대답을 하지 못했다. 마침내 내가 말했다. "그래, 그래야겠구나." 어떻게 그런 말을 할 수 있었냐고 당신은 물을지도 모르겠다. 그렇지만 우리가 자녀들에게 이 삶은 우리의 진정한 집에 가기 위한 준비, 성삼위와 함께하는 사랑의 삶을 위한 준비에 불과하다고 가르치지 않는가? 우리 아이들에게 하늘나라가 더 좋은 곳이라고 가르치지 않는가?

그때 아들이 말했다. "그 기도를 지금 당장 바치는 게 어때요?" 나는 그렇게 할 수 없었다. 나는 남편의 죽음을 주십사 기도할 수 없었다. 나는 가만히 있었고 아들도 그랬다. 얼마간 정적이 흐른 후, 나는 아들이 잠들 때까지 아들 곁에 누워 있었다. 세 시간 후 남편이 죽었다. 남편이 왜 그날 밤에 죽었는지 의학적으로는 설명되지 않았다. 이 시기의 고통과 혼란이 다소 누그러졌을 때 나는 아들에게 그 기도를, 아빠가 가시기를 바라는 그 기도를 바쳤는지 물었다. 아들은 그렇다고 대답했다.

자신을 온전히 하느님과 가족에게 내어 준 아버지, 나를 위해 대체 치료를 받은 아버지, 아이들에게 몹시 사랑받은 아버지가 영원한 생명에 들어 더 이상 이 땅의 고통을 받지 않기를 막내아들은 기도했던 것이다. 하느님께서 우리의 기도를 모두 듣고 응답하시는 분이기는 해도, 나는 한 아이가 드린 기도의 힘을 결코 잊지 못할 것이다.

4년 반이 지난 지금, 아들은 이 일을 기억하지 못한다. 내가 이 글을 쓰면서 아들에게 그 이야기를 했더니, 아들이 말했다. "글쎄요, 기억나지는 않지만, 저를 그렇게 기도하게 만드신 분은 틀림없이 제 안에 계신 성령이셨을 거예요." 정말이지 성령께서 하신 일이었다.

| 미시간 허시에서 패 D. 프레슬리

보호 장벽

약 4년 전 나는 성인이 된 아들 롭이 자동차 사고를 당하는 심란한 생각이 걷잡을 수 없게 든 적이 있다. 아들이 열여섯 살 때 죽을 뻔한 사고를 당한 적이 있는데, 나는 끔찍하게도 그 사고가 생각나는 것일 뿐이라고 스스로에게 말하곤 했다. 이삼일 동안 이 생각이 불쑥불쑥 내 머리에 떠올랐다. 며느리가 밤늦게 전화해서 아들이 자동차 사고를 당했다고 말하는 것을 상상하기도 했다. 그건 틀림없이 성령께서 롭의 안전을 위해 더 열심히 기도하라고 내게 권하시는 것이라고 여겼다. 롭은 회사 일로 매일 먼 거리를 운전하고 다녔기 때문이다.

나는 그런 생각이 들 때마다 기도했다. 성령과 복되신 어머니께 롭과 롭의 차 주위에 보호 장벽을 세우시어 롭이 운전할 동안 그의 안전을 지켜 주시기를 청했다. 나는 또 롭을 위해 성모송을 많이 바쳤다. 가슴 속에 납덩이가 있어서 복부까지 내려온 것 같은 기분이 들 때도 있었다. 말로 설명할 수는 없지만 정신적으로 아주 강하게 느껴졌다.

약 일주일 후, 밤 10시가 막 지나 내가 잠자리에 들려고 할 때 전화가 울렸다. 몹시 당황한 우리 며느리의 전화였다. 롭이 방금 차에서 전화했는데, 끔찍한 자동차 사고를 당해서 안전띠에 매달린 채 도랑에 거꾸로 처박혀 있다는 것이었다. 그곳은 집에서 1km도 안 되는 곳이었기에 며느리는 손자들을 차에 태워 서둘러 사고 현장으로 갔다. 며느리와 손자들이 현장에 도착해 보니, 소방대원들이 뒷유리창을 통해 '조스오브라이프'로 롭을 차에서 끌어내고 있었다. 조스오브라이프는 사고 희생자를 구출하기 위해 금속을 절단하는 유압식 장비이다.

아들은 키가 196cm이고 중간 크기의 회사 차를 몰고 있었다. 아들은 집으로 차를 몰고 오면서 휴대전화 문자를 확인하는 무시무시한 잘못을 저질렀다. 온종일 비가 내리고 있었고 안개가 자욱한 날이었다. 아들이 도로에서 눈을 떼자 차는 시골의 우체통을 박고 튕겨 나갔다. 안전띠를 맨 덕에 깨어진 유리창 사이로 끌려 나올 때 입은 상처 외에 다른 상처는 입지 않았다.

며칠 후 우리가 차를 보러 갔을 때 차 내부를 들여다보았더니, 아들이 자기 몸을 자궁처럼 감싸 준 곳이라고 말한 우묵한 곳을 제외하고는 지붕이 납작해져 있었다. 내가 롭에게 그 사고 전에 내가 겪은 일을 말했더니 롭의 눈에 눈물이 고였다. 롭은 그의 안전을 위해 엄마를 통해 역사하신 성령께 몹시 고마워했다.

그 사고가 일어난 지 2주 반 후, 롭의 장녀가 첫영성체를 했다. 그날 아침 미사 시간에 앉아 있자니, 그렇게 멋진 순간에 아들이 그 자리에 없다는 것은 상상할 수도 없었다. 성령께 찬양과 감사를 드렸다. 나는 우리 아들을 위해 보호 장벽을 청하는 기도를 드리도록 나를 독려하신 분이 성령임을 아무런 의심 없이 믿는다.

| 미시간 셸비타운십에서 주디 J. 콜로엔

+ 우리는 그분을 따르고, 그분은 사랑으로 우리를 그분께 이끈다. 기도는 영

혼이 하느님과 하나가 되게 한다. 〈노리치의 율리아나〉

+   예수님의 마음에 가만히 기대어 쉬지 않고 안달복달하며 시간을 보내는 것은 참으로 어리석은 일이다. 〈리지외의 성녀 데레사〉

+   기도는 단순히 우리가 곤경에 처했을 때 이따금 충동적으로 바치는 것이 아니다. 기도는 생활 태도이다. 〈월터 A. 밀러〉

분실한 예술품

여러 해 전 딸이 중학교에 다닐 때 일이다. 딸은 해야 할 수업 과제가 있었는데, 설명을 돕기 위해 우리 집 벽에 걸려 있는 예술품 몇 개를 가져가도 되는지 물었다. 우리 집에는 꽤 값나가는 예술품이 있었는데, 딸은 당연히 그 작품들이 필요했다. 과제를 발표하기로 한 날, 딸은 커다란 가방 안에 값비싼 예술품을 가득 넣어서 갔다. 나는 딸이 집을 나설 때, 부디 딸이 들고 가는 그 가방에 유의하게 해 주십사 하느님께 기도했다. 나는 하느님께서 내 딸을 돌보아 주신다고 전적으로 믿었기에 잃어버릴까 봐 심하게 걱정하지는 않았다.

그런데 딸은 빈손으로 집에 왔다! 딸은 눈물을 흘리며 작품이 어디에 있는지 모르겠다고 말했다. 나는 그것이 돌아오기를 기도하며 하느님께 그것을 찾게 해 주십사 청했다. 나는 또 누가 되었건 작품을 훔쳐 갔을 사람을 위해 기도하며 주님께 그 도둑일지도 모르는 사람의 마음을 바꾸어 주시기를 청했다. "주님, 부디 누구든 그 그림들을 가지고 있는 사람에게 뉘우치는 마음과 우리에게 돌려주고 싶은 마음을 일으켜 주십시오."라고 기도했다. 나는 몹시 중압감을 느꼈으며, 그 비싼 것들을 찾고 싶고 찾아야 하는 마음에 내가 딸에게 부담감을 주었다는 것을 안다.

딸이 여기저기 찾아보고 이 사람 저 사람에게 물어보며 한 주가 지났건만, 그림은 나타나지 않았다. 그러다가 드디어 어느 날 한 줄기 빛이 내 머리에 떠올라서 나는 기도했다. "주님, 이것들은 물질에 불과합니다. 주님이 저희에게 많은 것을 주시어 축복하셨으니, 저는 이 그림들을 놓아주겠습니다. 제가 이 그림들에 부여한 중요성을 놓아주겠습니다. 주님께서 풍성하게 주시는 모든 것에 감사를 드리며 주님을 찬양합니다." 나는 더할 나위 없는 해방과 안도를 느꼈고, 내 사랑하는 어린 딸도 그랬다. 딸에게 이제 더 이상은 그 작품에 대해 걱정하지 말라고 말했고, 내 딸이 그 어떤 물질적인 것보다 훨씬 더 소중하다고 말했다.

바로 그 다음 날 딸이 교실에 들어갔더니, 교실 앞 칠판 가장자리에 그림들이 모두 줄지어 놓여 있는 게 아닌가! 딸은 당장 선생님께 달려가 그것들이 모두 자기 것이라고 말했다. 딸은 그것들을 보자 몹시 기뻤다! 선생님은 바로 그날 그 가방을 발견했는데 가방에 이름이 적혀 있지 않아서, 그림들을 늘어 놓고 자기 것이라 말하는 사람이 있는지 보려고 했다고 설명했다.

딸은 그 그림들을 집에 가져올 수 있어서 몹시 기쁘고 뿌듯했다. 주님께서는 사실 그분의 때에 그분의 방식으로 우리의 모든 기도에 응답하신 것이다. 그분은 이 모든 상황을 이용하여 내게 잊지 못할 교훈을 가르치셨다.

| 워싱턴 켄트에서 데브라 J. 이시이

+ 백 년을 살 것처럼 일하고, 내일 죽을 것처럼 기도하라. 〈벤자민 프랭클린〉

+ 마음이 갈피를 못 잡거나 뒤숭숭하다면, 마음을 원점으로 살며시 되돌려 주님의 현존 안에 부드럽게 놓아라. 그 시간 내내 마음을 되돌려서 주님의 현존 안에 다시 놓는 일 외엔 아무것도 못한다 할지라도, 되돌려 놓을 때마다 마음이 달아나 버릴지라도, 그 시간은 아주 잘 보낸 시간일 것이다.

〈성 프란치스코 드 살〉

+ 기도하라, 그리하여 하느님이 걱정하시게 하라. 〈마틴 루터〉

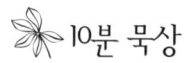 10분 묵상

혼란. 큰 폭풍이 불어 당신의 정원을 덮쳤다고 상상해 보십시오. 폭우와 거센 바람, 천둥과 번개. 이 기상 재해가 지나간 후 정원에 가서 주위를 둘러보니, 이토록 엉망진창이 되었다는 게 믿기지 않습니다.

곰곰이 생각해 보십시오.

그 폭풍이 발생하는 것을 막을 수 있었습니까?

번개가 당신이 가장 좋아하는 나무에 내리치는 것을 방지할 수 있었습니까?

바람이 그 나무를 쓰러뜨리는 것을 막을 수 있었습니까?

폭풍은 지나갔습니다. 거세게 몰아닥쳤지요, 하지만…

이제는 태양이 빛나고 있는 것이 보입니까. 꽃들이 살며시 고개를 들기 시작합니다. 다람쥐는 부러져서 접근하기 쉬워진 해바라기, 와작와작 씹어 댈 맛있는 먹이가 든 해바라기를 즐거운 듯이 이리저리 살피고 있습니다.

보세요. 나무가 서 있을 때에는 볕이 들지 않았던 정원 한구석까지 이제는 햇볕이 듭니다. 아마 새로운 종의 꽃을 그곳에 심을 수 있겠지요? 햇빛이 필요한 꽃을요.

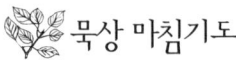 **묵상 마침기도**

예수님,
제 눈을 열어 주시어
제가 곤경에 빠졌을 때에도
저를 향한 당신의 사랑을
알아보게 해 주십시오.
곤경은 종종
새로운 기회로 가는
문을 열어 줍니다.
아멘.

날마다 감사를

우리는 플로리다에 살고, 딸 스테파니는 수천 킬로미터 떨어진 캐나다에 산다. 1989년 딸의 가슴에 멍울이 발견되어 수술을 해야만 했다. 수술은 잘 되었지만, 몇 주 후 유방종양 절제수술을 받는 동안 가슴에서 뇌로 이동한 것이 분명한 혈전이 중증 출혈소인자, 곧 뇌졸중을 일으켰다. 우리는 캐나다의 세인트메리 병원에서 우리 딸이 중증 뇌졸중이 생겨 몸의 왼편이 완전히 마비되었다는 내용의 전화를 받았다. 병원에서는 우리에게 되도록 빨리 와야 한다고 말했다. 추수감사절 닷새 전이라 항공사에 전화했더니 비행기가 모두 만석이어서 한 주 후에나 자리가 있었다.

우리는 몹시 슬펐고 우리 앞에 놓인 상황에 어찌 대처해야 할지 난감했다. 그렇지만 남편과 나는 열렬한 기도의 전사이며 주님을 굳게 믿는 사람이다. 당시 우리는 본당의 온라인 기도 선교회에 몸담고 있었다. 그 모임의 모든 회원에게 기도해 달라고 알렸다. 마침내 병원에 도착한 우리는 스테파니의 병실을 찾았고, 병실 문밖에 멈추어 서서 예수님의 치유의 권능이 딸의 육신에 내리기를 기도했다. 병실에 들어가 보니, 가엾은 우리 딸은 얼굴이 뒤틀렸고 왼팔을 움직이지 못했으며 말도 할 수 없었다. 딸의 고운 눈에서는 초롱초롱함이 사라졌다.

신경과의사는 우리에게 스테파니가 앞으로 혼자 살 수 없거나 다시 직장을 다니지 못할 가능성이 있다고 말했다. 그는 우리 딸이 살아 있는 것만도 천운이라고 설명했다. 우리는 의사에게 딸을 살린 것은 운이 아니라 주님이시라고 말했다. 병실로 돌아가 기도하며 딸의 온몸에 성당에서 가져온 축성된 성유를 발랐다.

스테파니는 이틀 후에 퇴원 허가를 받았고 우리는 함께 최고의 추수감사절 저녁을 보냈다. 스테파니는 이 힘든 시기에 자기와 같이 있어 준 우리를 얼마나 사랑하는지 우리에게 알리고 싶어 말을 하려고 애썼다. 우리는 딸에게 음식을 먹여 주어야 했다. 딸이 뇌졸중의 후유증으로 얼굴과 입의 각도가 틀어져 제대로 먹을 수가 없었던 까닭이다. 그렇지만 온 가족이, 스테파니, 나(엄마), 아빠, 그리고 두 손자인 조이와 니나가 한 자리에 모였다는 점이 중요했다.

남편은 출근하기 위해 미국으로 돌아가야 했다. 나는 8주 동안 스테파니 곁에 남아서 딸이 고된 물리치료를 받는 것을 도왔다. 스테파니는 처음에는 썩 잘하지 못했지만, 몇 주가 흐르면서 한 번에 한 단어씩 느릿느릿 말을 하기 시작했고, 다시 웃으려고 애썼다. 딸은 우울증을 몇 차례 겪었지만(그 정도의 중증 뇌졸중에는 흔히 있는 일이었다), 마침내 딸이 친구들을 몇 명 만나러 가고 싶어하는 때가 왔다. 이것은 딸이 다시 여러 사람들 앞에 나설 준비가 되었다는 괄목할 만한 진전이었다.

치료를 받기 시작한 지 4주쯤 되자 딸의 치유는 보다 확연해졌다. 조금씩, 한 가지씩 딸은 나아졌다. 딸은 내 도움을 받아 손과 팔을 올릴 수 있었다. 딸은 혼자 음식을 먹을 수 있었고 굳은 음식을 소화시키는 것도 훨씬 나아졌다. 얼굴 표정과 정신이 온전히 돌아오지 않았고 노랫소리도 예전 같지 않았지만(뇌졸중으로 성대가

위축되었다), 스테파니는 다시 출근해도 될 만큼 호전되었다. 이제 딸은 몸 왼쪽을 다 움직일 수 있고 자동차를 운전할 수도 있다. 딸이 보다 복잡한 일을 하려면 누군가의 도움을 받고 살아야 하기는 하지만, 우리는 하느님께서 정말 자비롭게도 우리의 귀한 딸이 한 부분씩, 조금씩 치유되도록 허락하셨음을 느낀다.

이런 까닭에 우리에게는 매일매일이 감사절이다. 우리는 날마다 기도하면서 성인이 된 네 아이와 네 명의 손자들 모두를 예수님과 마리아와 요셉(성가정)께 바친다. 하느님은 우리에게 자비를 베풀어 주셨고, 아무리 예후가 비관적이라는 소식을 접하더라도 기도할 능력을 주셨다. 이 글을 쓰는 지금, 스테파니는 곧 마흔두 살이 되며 일주일에 닷새를 치과 조무사로 근무한다. 스테파니는 주님을 사랑하며, 뇌졸중에서 자신을 치유한 분을 사람들에게 알리는 일에 주저하지 않는다.

| 플로리다 보카라톤에서 도린 K. 단젤로

티나의 상처

나는 24년간 펜실베이니아 주 타렌텀에서 헤드스타트 프로그램(Head Start program, 저소득층 자녀를 위한 무상 유아교육 제도)의 교사 보조로 일했다. 어느 날 한 여자아이와 남자아이가 장난감 하나를 놓고 다투고 있었다. 남자아이는 자기가 그 장난감을 가지고 놀 차례라고 주장했고, 여자아이는 그것을 넘겨줄 생각이 없었다. 달리 어찌할 바를 몰랐던 프레디(가명)는 쏜살같이 티나 쪽으로 가서 티나의 손바닥 윗부분을 깨물었다. 프레디답지 않은 행동이었다.

티나는 귀가 째질 듯한 비명을 질렀고, 우리는 아이를 도우러 달려갔다. 아니나 다를까, 프레디가 그 아이를 깊이 깨물어 살이 찢겨 피가 났다. 몇 바늘 꿰매어야 할 성 싶었다. 이 문제에 대해 다른 직원과 이야기를 나눈 다음, 나는 티나를 구급약품 상자가 있는 인접한 방으로 데려갔다. 네 살짜리 어린 티나를 달래면서, 나는 하느님께 왜 이런 일이 이 아이에게 일어나게 하셨는지를 조용히 여쭈었다. 티나의 가정에는 각종 문제가 있었고 아이의 아빠는 한 주 전에 사망했다. 오, 이 아이 대신 내가 깨물렸으면 얼마나 좋았을까.

작은 가슴에 슬픔을 주체할 수 없었던 티나는 가벼운 상처에도 엉엉 울었다. 나도 가슴 깊이 연민을 느꼈고 내 탓이 아닌 줄 알면서도 티나와 함께 울었다. 나는 찢어진 상처에 나비 모양 반창고를 붙여 주면서, 하느님께 이 아이를 도와주시어 치유해 주시기를 기도했다. 그런 다음 그 반창고 위에 일반 반창고를 붙이고는, 아이의 손을 꽉 눌러 피가 멎게 하는 동안 앉아서 아이와 대화를 나누었다. 마침내 피가 멎은 것 같아 우리는 다시 교실로 갔다. 평소 같으면 부모에게 전화했겠지만, 티나의 어머니가 일을 마치고 30분 안에 오리라는 것을 알고 있었기에 따로 전화하지 않았다.

낮잠 시간이어서 티나가 자기 이불 위에 누울 때, 나는 반창고 외부를 살펴서 피가 나는 기미가 있는지 확인했다. 나는 두 번 확인하고 난 다음, 혹시 피가 나면 내게 오라고 아이에게 말했다. 곧 아이의 엄마가 출입구에 모습을 드러내었다. 티나는 벌떡 일어나서 엄마에게 달려가며 말했다. "엄마! 엄마! 프레디가 저를 깨물었어요!" 우리는 아이의 엄마에게 일이 일어난 상황을 설명했고, 티나는 엄마에게 손을 보여 주었다. 아이가 반창고를 떼어 내고 말했다. "엄마, 보세요." 우리가 아이의 손을 보았을 때 손에는 아무 상처도 없었다. 정말 아무것도 없었다.

우리는 모두 서로를 바라보았고, 티나의 엄마는 아마 틀림없이 우리를 약간 정신 나간 사람으로 생각했을 것이다. 티나는 계속 자기 손을 살펴보면서 상처를 찾고 있었다. 아이는 심지어 반대쪽 손도 확인했다. 그쪽도 아무 상처가 없었다. 나도 믿기지 않아 아이의 양손을 다 살펴보았다. 깨문 자국이 아주 컸는데, 어떻게 우리가 못 찾을 수 있었을까? 티나는 "응, 엄마, 걔가 나를 깨물었어. 나를 깨물었다고요, 엄마!" 하며 계속 말했다.

우리는 프레디가 깨문 것을 알고 있었다. 우리도 그것을 보았다. 내가 아이의 치유를 위해 기도하기는 했지만, 기적을 기대한 것은 아니었는데! 생각해 보면 아주 간단했다. 나는 진심으로 기도했을 뿐이며, 그 나머지는 하느님께서 하신 것이다!

| 펜실베이니아 타렌텀에서 주디 V. 크란츠

+ **기도는 청원일 뿐만 아니라, 청을 드리는 것이 지극히 자연스러운 분위기를 조성하는 마음가짐이다.** 〈오스왈드 챔버스〉

\+ 하느님께서는 우리의 미래와 우리의 개성, 우리의 청취력을 아시기에, 결코 그 순간에 우리가 다룰 수 있는 것보다 더 많은 것을 우리에게 말씀하시지는 않을 것이다. 〈찰스 스탠리〉

아무 이상 없다

어느 날 갑자기 아랫배가 살살 아팠다. 별일 아니라고, 그저 잠시 몸이 불편한 것이라고 여겼지만 처음에는 매주, 그 다음에는 이삼일에 한 번씩 통증이 찾아왔다. 그러다가 매일 통증이 찾아오더니, 결국에는 노상 달고 살게 되었다. 통증의 강도는 무지근한 통증에서 칼로 베는 듯이 날카로운 통증까지 오락가락했다. 두어 달이 지나자 통증은 한결같은 나의 동반자가 되었다.

가톨릭 신자인 나는 성인들에 대해 배웠고 이것이 성인들처럼 내 고통을 봉헌할 절호의 기회임을 알았다. 하지만 여섯 달이 지나자 더 이상 통증을 감당할 수 없어서, 진찰 일정을 잡았다. 내 몸 어딘가에 암 같은 심각한 이상이 있다는 느낌이 들었다.

나는 브리지 매케나 수녀님이 전구기도회로 선언한 성령기도회의 회원이다. 수녀님은 치유 은사로 전 세계에 널리 알려진 분인데, 우리의 기도 모임을 방문하신 적이 있었다. 진료받기 전날, 나는 기도 모임에 나를 위해 나와 함께 기도해 주기를 부탁했다. 회원들에게 내 문제를 얘기했지만, 정작 나는 몸이 불편해서 그리 열심히 기도할 수 없었다. 회원들이 15분에서 20분 정도 기도했지만, 아무 일도 일어나지 않았다. 나는 몸이 좋지 않아서 집으로 갔다. 기도를 부탁했을 때, 사실 나는 용기를 얻어 의사 만나는 일을 겁내지 않기를 더 바랐다. 그때가 수요일 저녁이었다. 목요일 아침에 일어나서 집안일을 하기 시작했다. 불현듯 나는 통증이 없다는 것을 알아차렸다!

처음에는 그럴 리가 없다며 통증이 곧 다시 찾아오리라고 생각했다. 한 시간이 지나자 나는 점점 초조해졌고 흥분한 채 통증이 다시 찾아오기를 기다렸다. 나는 집안을 돌아다니며 일을 하는 척했지만, 사실은 어떤 일이 생길지 마음을 졸이며 기다리고 있었다. 그런데 웬걸, 아무 일도 일어나지 않았다! 통증이 사라진 것이다! 온종일 기다렸지만 통증은 다시 찾아오지 않았다.

나는 무안해하며 의사에게 갔다. 응급 예약을 하면서 지독한 통증이 있다고 딱한 사정을 말했는데, 이제 그 통증이 사라진 탓이다. 그래도 어쨌든 병원에 가기로 했다. 의사는 내 몸에서 아무 이상을 찾을 수 없었고, 그 의사가 나를 건강 염려증 환자로 생각했더라도 나는 별로 놀라지 않았을 것이다. 그 다음 며칠간 다시 통증이 찾아올까 싶어 초조해했지만 그렇지 않았다. 그 일은 벌써 십 년 전에 일어난 일로, 그 통증은 다시는 돌아오지 않았다.

| 일리노이 시카고에서 할리나 아카 마코우스키

+ 기도가 얼마나 막강한 힘이 있으며 어떤 결과를 가져올 수 있는지, 경험으로 체득한 사람이 아니면 아무도 믿지 못한다. 그것은 극한 상황에 처해 기도

에 매달려야 할 때 중요한 문제이다. 나는 내가 열성을 다해 기도하면, 그때마다 하느님께서는 내 기도를 충분히 들으시고 내가 기도한 것보다 더 많은 것을 베풀어 주셨다는 것을 안다. 하느님께서는 사실 가끔은 지체하셨지만, 결국에는 오셨다. 〈마틴 루터〉

+ 기도할 때 다른 무엇보다 경계할 일은, 그분을 믿지 않을 뿐만 아니라 하느님이 무슨 일을 하실 수 있는지 안다고 제멋대로 생각함으로써 그분에게 제한을 두는 일이다. 우리가 청하거나 생각하는 그 모든 것을 뛰어넘는, 전혀 예상 못한 일을 기대하라. 〈앤드류 머레이〉

하느님이 취소시킨 항공편

"주님, 남편이 너무도 보고 싶습니다. 주님은 못하는 일이 없는 분이시니, 저를 위해 남편이 탈 비행기를 멈추어 주시겠습니까?" 하고 나는 기도했다. 내 기도 요청은 너무나 터무니없는 듯했다. 남편은 시간제로 일하면서 석사학위 공부를 하고 있다. 남편은 지난 5주 동안 뉴욕시에서 공부했고, 우리는 서로를 몹시 그리워했다. 우리에게는 두 살 된 아들과 14개월 된 딸이 있어서 남편과 떨어져 있는 것은 우리 모두에게 힘든 일이었다.

그 주말에 남편은 뉴욕시에서 뉴올리언스로 출장을 가는 도중 애틀랜타 공항에서 30분간 경유하기로 되어 있었는데, 그곳은 우리 집에서 가장 가까운 공항이었다. 애틀랜타 공항은 아주 넓어서

30분 가지고는 누구를 만나기는커녕 보안 검색대를 통과해서 탑승구로 되돌아가기에도 빠듯했다.

　나는 하느님과 짧은 대화를 나누기 시작해서, 그분께 믿음이 충만한 남편을 주셔서 내가 얼마나 감사하게 여기는지를 말씀드렸다. 다만 몇 분이라도 아이들과 내가 아빠를 보는 것이 얼마나 큰 의미를 지니는지도 말씀드렸다. 나는 또 출장 다니는 남편을 둔 친구에게 우리를 위해 기도해 줄 것을 부탁했다. 기도 전사들에게 우리를 도와 달라고 해서 해될 것은 없다.

　남편이 비행기를 타는 날 오후, 나는 남편에게 애틀랜타에서 뉴욕으로 가는 비행기를 알아보고, 만약 만석이라면 남편은 다음 비행기를 타게 해 달라고 요청할 수 있고, 우리는 서로를 볼 수 있을지도 모르겠다고 말했다. 하지만 항공사 웹사이트에 가보았더니, 예전에 다른 항공편을 확인했던 것처럼 좌석 여부를 확인할 수가 없었다. 사실 항공편이 다 나와 있지도 않았다. 나는 볼일을 보러 가야 해서 나중에 다시 확인하기로 했다. 차에 타면서 언뜻 이상한 느낌이 들었다. 하느님께서 내가 그날 밤 남편을 만날 것이라는 소식을 내 마음에 전하신 것이 그때였다.

　볼일을 마치고 돌아온 나는 항공편을 다시 확인하려 했지만 웹사이트에는 여전히 아무 정보가 올라와 있지 않았다. 곧이어 항공사에 전화했더니, 항공사측 대리인은 항공편이 취소되었다고 말했다. 나는 당장 남편에게 전화를 걸어서 그 소식을 알렸고, 그래서 남편은 다른 항공편을 예약할 수 있었다. 남편은 다시 내게 전화해서 그날 밤을 집에서 보낼 수 있을 것이라고 말했다. 남편의 항공편은 다음 날 아침에 있었던 것이다! 나는 하느님께서 나의 터무니없는 기도 요청에 응답해 주셨음에 너무나 기뻤다!

| 조지아 페이엇빌에서 크리스틴 A. 솜머

+ 묵상의 진수는 일정 기간 따로 시간을 내어 주님을 관상하고 그분께 귀를 기울이며 그분이 우리 영혼에 스며들게 하는 것이다. 〈찰스 스탠리〉

+ 기도하려는 소망은 그 자체로 기도이다. 〈조르주 베르나노스〉

+ 하느님께 더 이상 아무것도 드릴 말씀이 없을 때가 온다. 말로 기도를 계속해야 한다면, 나는 이미 말한 것을 되풀이해야 할 것이다. 그런 때에는 하느님께 이렇게 말씀드리는 것이 좋다. "주님, 제가 당신의 현존 안에 머물러도 되겠습니까? 당신께 더 이상 아무것도 드릴 말씀이 없지만, 저는 당신의 현존 안에 머무는 것이 정말 좋습니다." 〈O. 할레스비〉

완벽한 임시 교사

처음부터 이야기해야겠다. 나는 3년간 고전학, 즉 라틴어와 그리스어, 고대 문화를 가르치는 교사로 일했다. 나는 내 일을 좋아했고, 되도록 직분을 다하면서 훌륭한 신자가 되려고 노력했다. 내 영웅이자 이런 노력을 하도록 영감을 주신 분은 19세기 이탈리아에서 가난한 어린이들을 아주 많이 보살핀 이탈리아인 사제인 성 요한 보스코이다.

나는 내 일을 사랑한다. 또한 남편을 사랑하며, 하느님께서는 우리 사랑을 축복하시어 8월에 출산 예정인 아기를 주셨다. 임신은 순조로워서 7월에 학기가 끝나는 네덜란드의 학교에서 내가 맡은 직분을 다하는 데에 아무 문제가 없었다. 그래서 나는 출산휴가에 육아휴가와 여름방학을 합치면 도합 석 달간 아기와 함께 집에 있을 수 있겠다고 판단했다. 12월까지는 출근하지 않아도 될 터였다. 단 한 가지 걱정은 학교에 있는 아이들이었다. 물론 학생들이 보고 싶겠지만, 그보다 더 큰 걱정은 학생들이 그 다음 학년 첫 학기에 라틴어와 그리스어를 공부할 수 있도록 내가 열심히 가르쳐 왔다는 점이었다. 훌륭한 고전학 교사는 말할 것도 없고 고전학 교사 자체가 여기 네덜란드에서는 몹시 드물었다.

그래서 나는 기적을 청하는 기도를 드리기 시작했다. 라틴어와 그리스어, 고대 문화를 가르칠 수 있는 훌륭한 임시 교사를 찾는 기적을 말이다. 기도를 드리면서, 나는 우습게도 내 나이 열한 살에 예쁜 바비 인형이 몹시 갖고 싶었을 때 같은 기분이 들었다. 나는 용돈을 모으고 또 모으면서, 충분한 돈이 모이면 어느 날 엄마 아빠가 나를 장난감 가게에 데리고 갈 것이라 확신했다. 온통 그 생각밖에 없었다. 아니나 다를까, 나는 결국 바비 인형을 얻었다! 그 인형은 내가 갖고 있었던 인형들 중에서 가장 예뻤고, 그날 나보다 더 행복한 사람은 없었다.

그래서 내가 예수님을 완전히 신뢰하고 있었음에도 불구하고,

그 열한 살짜리 어린 소녀 같은 기분이 들어서 예수님께 그 문제를 거듭해서 가져갔던 것이다. 나는 그 일에 대해 잠자코 있을 수 없었다. 학생들에게 훌륭한 교육을 받게 하고 싶은 강렬한 소망이 나를 움직인 동력이었다. "하느님, 부디 임시 교사로 저만큼, 아니 가급적이면 저보다 훨씬 훌륭한 분이 오게 해 주십시오!"

나는 원래 몹시 굼뜬 사람이지만, 이 문제가 내 기도 생활을 그렇게 자극한 까닭에 나는 성령께서 분명히 활동하신다는 것을 진짜로 느꼈다. "청하여라. 받을 것이다." 내가 9일기도에 서투르고 9일을 연달아 기도할 만한 훈련이 되어 있지 못할 것이라고 생각했기 때문에 9일기도를 잘 바치지 않았다. 하지만 이 일이 내게 너무도 중요했기에 엄마가 9일기도 초를 내게 사주셨고(나는 돈이 없었다), 나는 일요일에 성심께 바치는 9일기도를 시작했다.

나는 초를 집에 가져와서 나나 남편이 집에 있을 때마다 초를 켰다. 알고 보니 기도하는 것은 내가 생각했던 것보다 훨씬 쉬웠다. 기도하면 늘 기분이 좋았고, 9일기도가 끝나갈 무렵에는 크나큰 안도감과 신뢰를 느끼게 되어 놀랐다. 예전에는 그렇게 느낀 적이 없었다. 눈에 띄게 해결된 것은 없었지만, 예수님이 곁에 계시면서 보살펴 주신다는 것을 이성적으로가 아니라 영적으로 믿었다. 너무나 좋은 느낌이어서 그 기분에 기도를 계속했다.

9일이 지났고 초는 반밖에 타지 않았지만 9일기도는 끝났다. 그 주 금요일 밤, 우리 학교의 모든 교사들이 참석하는 학년말 회식이 있었다. 그 회식이 절반쯤 진행되었을 무렵, 지리 교사가 내게 고개를 돌려 임시 교사 문제는 잘되어 가느냐고 물었다. "그게 말이지요, '어떤 분'이 애써 주고 계시긴 한데…." 하고 내가 대답했다. 동료는 내 대답에서 그 '어떤 분'이 하느님을 뜻한다는 것을 알아차리지 못했겠지만, 그 말은 당장 사실임이 드러났다. 그가 말했다. "아, 저기, 아직도 사람이 필요하다면 내 친구 부인이 그 일에 관심이 있을지도 몰라요." 나는 당연히 그 부인에게 연락해서 내게 알려 달라고 그에게 부탁하며 졸랐다.

다음 주 그녀는 관심이 없다는 소식을 전해 왔다. 그녀는 '수업 시간이 너무 많다'며 자기 아이들과 더 많은 시간을 보내고 싶어 했다. 그리고 나서 나는 그 주 후반에 다른 학교장으로 있는 친구에게 내 얘기를 했다. 그 친구도 고전학 교사를 찾고 있었다. 그는 '요즘은 훌륭한 고전학 교사를 찾기가 거의 불가능하다'고 확인해 주었다(맞아요! 빔 콕스, 고마워요. 나는 그 말이 필요했던 거예요).

그때 내가 어떤 기분이었는지 상상할 수 있는가? 나는 아직 태울 초가 남아 있었고 절망한 것도 아니었지만, 누가 "임시 교사를 구하는 문제를 어떻게 할 생각입니까?" 하고 물을 때면, 그저 잠자코 있을 수밖에 없었다. 나도 알지 못했기 때문이다. 그 일이 있고 나서 곧 다음 학년의 교육 과정을 준비할 시기가 되었다. 나는 응급조치로 우리가 시간차를 두고 교육하는 방법도 있다고 해결 방안을 제시했다. 첫 학기에는 방과 후 수업이 없고 내가 복귀한 후에 두 배의 양으로(혹은 두 배의 양에 근접하게) 수업하는 것이다. 이 해결 방안을 제출한 다음 날, 나는 구약성경에서 사라이가 참을성 없이 아브람에게 하가르와 잠자리에 들라고 부추기는(하느님의 계획을 꼬이게 만드는) 부분을 읽었다. 사라이가 자신이 소망한 기적이 일어나지 않을 것이라 생각한 탓이다!

그 이야기는 나에게 용기를 되돌려 주었다. 나는 하느님께서 내가 소망한 바로 그것을 내게 주실 것이라고 과감히 믿어야 한다는 것을 느꼈다. 초가 아직 타고 있는 것을 보고 생각했다. "초가 다 타고 나면 어떤 일이 생기는지 두고 봐야지."

그날 오후, 별안간 전화가 울렸다. 가까운 동료인 한나가 흥분하여 거의 펄쩍펄쩍 뛰다시피 하며 "임시 교사를 찾은 것 같아요!" 하고 소리쳤다. 그녀가 이어서 설명하기를, 독일어 교사가 퍼뜩 그의 오랜 이웃을 기억해 냈는데 그 사람은 다년간의 경력이 있는 고전학 퇴직 교사로, 우리가 쓰고 있는 바로 그 교재로 가르친 적이 있는 사람이니 관심이 있을지도 모른다는 말이었다! 그녀가 내게 말했다. "내가 그 사람에게 전화해 봤는데, 집에 없었어요. 오늘 밤 다시 전화해 볼 생각이에요."

이삼일이 지나자 초가 거의 다 탔다. 내가 6시에 집에 왔을 때는 사실 촛불이 가물가물했는데, 평상시 화요일에 비하면 두 시간가량 늦은 귀가였다. 불신자 사도 토마스의 축일이었던 그날, 나는 내 임시 교사를 내 눈으로 직접 보았다. 그는 내가 소망했을 법한 것을 모두 갖춘 사람이었다. 그는 다년간의 경험이 있었고, 정규직을 찾고 있지 않았으며, 수다스럽고 막무가내로 밀어붙일 때도 있는 내 동료의 균형을 잡아 줄 사람임이 입증되었다. 그럼에도 불구하고 그 동료는 그를 몹시 좋아하는 게 아닌가!

나는 몹시 흥분한 나머지 며칠 동안 얼굴이 상기되어 있다시피 했다. 사실 나는 이 놀라운 경험에 아직도 얼이 빠져 있다. 나는 예수님의 시대에 살았던 복된 사람들, 예수님이 자신들을 위해 기적을 일으키신 후에 아무리 그들에게 잠자코 있으라고 해도 도저히 그럴 수 없었던 사람들이 된 기분이다!

이 이야기의 마지막 축복은 8월 8일에 예쁜 우리 딸 로자가 태어난 일이다. 로자는 이제 거의 생후 2주가 되어 가며, 더할 나위 없이 사랑스럽다. 나는 남편이 요즘처럼 자주 노래를 흥얼거리는 것을 들은 적이 없다.

| 네덜란드 조이트홀란트 헤이그에서 리아 포스트

+ 왜 하느님과 함께 있는 것, 그것도 산꼭대기에서 하느님과 단둘이 있는 것이 그토록 중요한가? 그 까닭은 당신이 '사랑하는 사람'이라고 부르는 분의 음성에 귀 기울일 수 있는 곳이 그곳이기 때문이다. 기도하는 것은 당신을 '내 사랑하는 딸', '내 사랑하는 아들', '내 사랑하는 자녀'라고 부르는 분에게 귀 기울이는 것이다. 기도하는 것은 그 음성이 당신 존재의 한복판에, 당신의 몸속 깊은 곳에 말씀하시게 해 드리는 것이며, 그 음성이 당신의 온 존재 안에서 메아리치게 해 드리는 것이다. 〈헨리 나웬〉

+ 한결같은 기도의 진가는 그분이 우리의 말을 들어주신다는 점이 아니라, 우리가 그분의 말씀을 듣는다는 점이다. 〈윌리엄 맥길〉

+ 기도가 당신을 위해 상황을 변화시키지 않을지도 모르지만, 상황을 대하는 당신의 태도를 변화시키는 것은 확실하다. 〈사무엘 M. 슈메이커〉

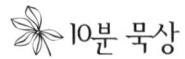 10분 묵상

용기란 열린 마음으로 새로운 길을 택하는 것입니다. 그 길이 당신 앞에 열린다면 말이지요.

지금 아름다운 당신의 정원을 걷고 있다고 상상해 보십시오. 이른 아침이라 해가 막 떠오르면서 당신 앞에 놓인 길 위에 장밋빛 햇살을 보냅니다. 길을 따라 걷다 보니, 그 길은 당신이 한 번도 본 적이 없는 곳으로 뻗어 있군요. 어라?

그 길을 따라가야 할까요? 당신은 그쪽으로 한 번도 가본 적이 없습니다. 앞을 보니 예수님께서 이 길 위에 당신보다 앞서서 계시는 것이 보이네요.

새로운 모험, 발견의 시간이 당신 앞에 놓여 있습니다. 계속하겠습니까?

이 길은 어쩌면 누군가를 바라보는 새로운 길, 당신이 닫아 두었던 인간관계를 보는 분별력일지도 모릅니다. 오늘 예수님께 그분이 당신 앞에 열어 놓으신 새로운 길을 당신에게 드러내어 주십사 청하십시오.

그 길이 새로운 기도의 길이든, 새로운 방향의 길이든, 새로운 희망의 길이든 간에, 기쁨과 흥분을 품고 앞으로 나아가 십시오. 예수님께서 당신 앞에서 가고 계시니까요.

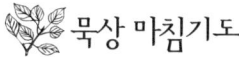 **묵상 마침기도**

예수님,
하루하루가
성장할 수 있는
새로운 가능성을 선사합니다.
제가 늘
당신의 인도하심에
열려 있게 해 주십시오.
아멘.

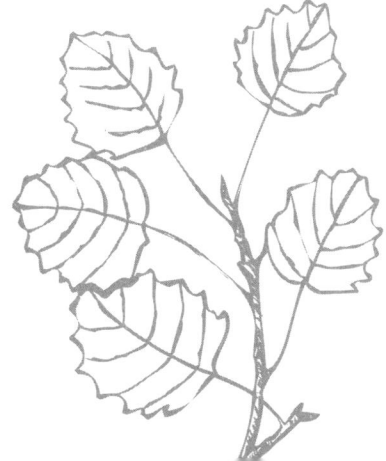

벼랑 끝으로
내몰리다

　　　　내가 할 이야기는 다년간의 기도가 전혀 예상 못한 응답을 받게 했지만, 사실은 내 삶을 보다 나은 방향으로 완전히 바꾸어 놓은 이야기이다. 어릴 때, 나는 언젠가는 대기업에서 근무하며 집과 가족과 애완동물을 소유하겠다는 원대한 꿈을 지녔다. 말하자면 전형적인 아메리칸드림이었다. 나는 회계학 학위가 있어서 시내의 지역 은행에서 출납원으로 근무하게 되었다. 대학 졸업자에게 꼭 맞는 꿈의 직장은 아니었지만 그게 시작이었다. 지역 신문의 기자로 일하는 남편과 내가 악착같이 일해도 우리는 일 년에 이만 달러를 벌기도 힘들었다. 우리가 스물여덟 살이 될 즈음에는 아이가 둘이나 있어서 우리가 살던 소형 아파트는 좁아 터질 듯했다.

　　우리는 집을 사기로 결정했다. 얼마 안 되는 계약금을 내기에도 빠듯했지만, 아들이 막 6개월이 되었을 때 새 집으로 이사했다. 딸 지나는 세 살이었다. 늘 그렇듯이, 새 집으로 이사할 때는 전혀 생각지도 못한 추가 비용이 들기 마련이다. 그뿐만 아니라 내 건강도 썩 좋지 않아서 십대 이후로는 자주 위가 탈이 나는데다가 알레르기도 좀 있었다. 사용 금액이 커지면서 신용카드 결제대금도 커졌다. 나는 우리의 금전 문제를 해결할 방안을 주십사 거듭해서 기도했다. 그냥 이대로 있다가는 새로운 재앙이 발생할 터였다. 아들 마커스는 두 살 때 면역체계 결핍이 생겨서 치료를 위해 한 달 간격으로 병원을 들락날락하고 있었다.

남편이 늘 한없이 이해심 많은 사람은 아니었고, 소심하여 현실을 직시하기 두려웠던 나는 빚이 점점 늘어난다는 사실을 감추게 되었다. 나는 그저 해답을 구하는 기도를 꾸준히 드리고 있었다. 90년대 중반, 우리 성당은 성체조배 경당을 개방했다. 나는 매주 한 번꼴로 거기 가서 재정 문제를 도와주십사 기도했다.

나는 은행에서 근속 연수가 늘면서 진급도 여러 번 했지만, 봉급이 늘 때마다 청구서도 늘었다. 곧 아이들이 가톨릭 학교에 다니게 되어 수업료와 교복, 급식비 등을 내야 했다. 그때까지도 나는 해결 방안을 주십사 꾸준히 기도했다. 지역의 대규모 기업 은행에서 부행장보의 직함으로 지점장 자리에 올랐다. 직무의 중압감이 대단해서 이제 재정적 안정뿐만 아니라 정신적 긴장감이 가라앉기를 구하는 기도를 하고 있었다. 나는 꼬박꼬박 매주 경당에 가서 이 모든 난국이 끝나기를 기도했다.

유감스럽게도 나는 내 손으로 일을 해결하기로 마음먹으면서 하느님께서 내 일을 도와주시리라 생각했다. 내가 담당한 고객 중에 계좌에 아주 큰 금액을 상환해야 하는 고객이 있었다. 나는 이 돈을 상환했는데, 알고 보니 우리 지역 법인도 이 돈을 상환했다. 그 고객이 나에게 전화를 걸어 그 상황을 알렸을 때, 나는 이것을 임시로 문제를 해결하라는 하느님의 표징으로 여겼다. 나는 그 돈을 받아 우리 앞으로 온 청구서 대금을 지불하는 데 썼다. 그 일은 발각되지 않고 넘어갔다. 시간이 지나면서 이와 비슷한 일들이 일어났고, 나는 그런 상황에서 이익을 챙겼다.

나는 똑같이 감쪽같은 방법으로 약간의 돈을 채워 넣곤 했다. 그러다가 마침내 나는 신용이 우수한 내 이모에게, 이모가 이용하고 있지 않은 이모의 신용한도를 이용해서 우리 청구서 대금을 좀 갚게 도와 달라고 부탁할 생각을 해냈다. 이모는 전화로 마지못해 승낙했고, 내가 이모에게 서류를 보내어 서명하게 할 것으로 여겼지만 나는 그러지 않고, 이모의 이름으로 내가 직접 서류에 서명했고 이모의 돈으로 수천 달러가 되는 우리 빚을 갚았다. 이런 온갖 나쁜 짓을 하면서도 꾸준히 기도했다. 약속한 대로 이모의 계좌에 정기적으로 입금했지만, 결국 그것이 내 발목을 잡았다.

어느 날, 회계감사관이 와서 내 장부를 살펴보았다. 재미있는 것은, 그 감사관은 사실 내가 아니라 곤경에 빠진 고객을 도우려고 하다가 내 소행을 알아냈던 것이다. 은행이 조사해서 이것이 횡령임이 밝혀지자 나는 해고되었다. 물론 남편은 이런 일이 일어나고 있었는지 전혀 몰랐다. 내가 해고되자 남편은 은행을 탓했다. 남편에게 은행 탓이지 내 탓이 아닌 것으로 믿게 했기 때문이다. 그러던 어느 날, 지역 경찰서에서 온 전화를 받았다. 무슨 일이 있었는지 남편에게 사실대로 말해야 한다는 것을 알았다. 그러는 동안 나는 고작 한 달 만에 내가 학위를 받았던 지역 대학인 스투벤빌의 프란치스코 대학에 새 일자리를 얻었다. 그들도 당연히 내가 직장을 잃은 이유를 몰랐다.

결국 죄책감을 이기지 못해 나는 경찰서에 가서 자백했고, 그런 다음 남편에게 가서 고백했으며, 신부님께 가서 고해했다. 내가 주위 사람들의 삶을 망쳐 놓은 것 같은 기분이 들었다. 심리 치료사를 만나러 다녔고 자살을 기도했다. 나는 여러 해 동안 알고 지내며 신뢰하던 친한 친구에게 편지를 썼다. 그에게 일이 일어난 경위를 털어놓고 내가 없으면 다들 더 잘 살 것 같다고 느낀다고 썼다. 결국은 이 친구와 더불어 내 직장 사람들 속에서 내가 여러 해 동안 바친 기도의 응답이 왔다. 그때가 2004년 중반이었다. 나는 재정적 부담과 정신적 중압감에서 벗어나고자 근 10년 동안 기도해 온 것이다.

천사와도 같은 이 친구는 전화를 해서 내가 은행에 빚진 돈을 자신이 갚겠다고 말했는데, 그러면 내가 법정에서 감옥행을 면하는 데 크게 도움이 될 터였다. 나는 내 귀를 의심했고, 그가 왜 그러려는지 이유를 말할 때까지는 그의 제안을 받아들이고 싶지 않았다. 그는 하느님께서 그에게 그렇게 하라고 말씀하셨다고 했다. 하느님께서 그에게 이렇게 하면 나를 살릴 수 있다고 말씀하셨다는 것이다. 내가 어떻게 하면 이 은혜를 갚겠냐고 물었더니, 그는 내 모든 짐을 십자가 아래에 내려놓으라고 했다. 그는 그저 나 자신을 사랑하고 내 가족을 사랑하면 그것이 그에게 보답하는 길이라고 말했다.

나는 사랑과 감사로 가슴이 벅찼다. 하느님께서는 또한 그때가 바로 대학교의 상사에게 사실을 말할 때임을 내가 알게 해 주셨다. 그분들 또한 몹시 이해심이 많은 분들이었다. 사실 인사부장은 나를 끌어안으며 말했다. "우리는 누구나 실수를 합니다. 당신은 있고 싶은 만큼 오랫동안 여기서 계속 일해도 좋습니다." 결국 남편도 나를 용서했다. 나는 법정에서 집행유예 3년에 처해졌고,

내 일과 내 집, 무엇보다도 내 가족과 친구들을 지킬 수 있었다.

나는 정말 믿기 힘든 회심을 체험했다. 예수님께서 우리의 모든 죄를 대신 갚아 주신 것처럼, 이 친구는 내 빚을 대신 갚아 주었다. 이제 내 삶은 소박하다. 나는 대학교에서 비서로 일한다. 남편과 아이들과 나는 소박한 생활을 하고 있으며, 우리는 이제 늘 서로에게 모든 것을 털어놓는다. 나의 최우선 순위는 하느님을 찬양하고 늘 그분의 뜻에 따라 그분의 일을 하는 것이다.

나는 본당의 성체조배 경당에서 같은 시간에 조배를 계속하고 있다. 이제 더 이상 그런 식의 문제에서 구제해 주시기를 기도해야 할 필요가 없지만, 하느님께서 그런 기도에 대해 나에게 주신 멋진 응답을 결코 잊지 않을 것이다.

| 오하이오 토론토에서 캐시 A. 지애나모어

캐시 지애나모어는 자신의 회심에 관한 실화인 『십자가 아래에서At the Foot of the Cross』의 저자로, 이 이야기는 그 책의 내용을 간략하게 줄인 것이다. '실수'를 한 적 있으며 하느님께서 얼마나 사랑을 베풀고 권능이 넘치며 그 실수를 통해 그들을 구하려는 분인지를 알고 싶은 사람이면 누구나에게 용기를 주는 멋진 책이다.

+ 매일 아침 잠시
하늘나라의 창턱에 두 팔을 괴고
주님을 응시하라.
그런 다음, 마음속 혜안으로
굳세어져서 하루를 맞이하라. 〈토마스 블레이크〉

+ 우리가 시간을 내어 경청하지 않는다면 하느님께서 어떻게 우리에게 말씀하실 수 있겠습니까? 침묵은 경청에 필수입니다. 너무 바빠 귀담아 들을 수 없다면, 들을 생각이 없는 것입니다. 하느님의 말씀을 경청할 준비를 하려면 시간과 침묵이 필요합니다.

　　내 영혼아, 오직 하느님을 향해 말없이 기다려라,

　　그분에게서 나의 희망이 오느니! (시편 62,6) 〈찰스 스탠리〉

+ 행동이 있는 곳에 기도가 있다. 〈존 웨슬리〉

나 자신을 위해

　　섬유근육통은 무수한 간헐적인 통증, 그 중에서도 원인을 알 수 없는 통증을 뭉뚱그리는 포괄적 용어가 된 듯하다. 섬유근육통이 있는 우리 같은 사람들에게 통증은 현실이며 피해 갈 길이 없다. 나는 관절염을 동반한 섬유근육통과 유전적 원인이라고 생각하는 퇴행성질환을 지녀서, 거의 매일 밤낮으로 간간이 몸이 불편하다. 몇 해 전에는 이렇지 않았다.

　　몇 해 전에는 통증이 훨씬 더 심해서, 거의 매일 진종일 통증에 시달렸다. 통증이 너무 심해서 몇 가지 약물을 달고 살았다. 그 중에는 근육이완제, 항불안제와 항우울제가 있었고, 잠을 충분히 자지 못했으므로 잠들게 도와주는 약, 잠을 깨지 않게 하는 약과 위산 역류 방지 알약, 스트레스에 좋은 이런저런 약이 있었다. 게다가 비타민까지. 언제 무슨 약을 먹을지 알려 주는 신호기와 함께 약상자를 늘 가지고 다녀야 했다. 이 모든 상황이 3초 만에 바뀌었다.

컴퓨터 앞에 앉아서 친구가 보낸 이메일을 읽고 있었다. 내가 속한 멋진 모임에서는 필요할 경우 기도 요청 메일을 보내면 우리는 우리가 알게 된 그 특별한 기도를 퍼뜨린다. 나는 그때 틀림없이 유난히 드리고 싶은 기도가 있었을 것이다. 썩 자주는 아니지만 그런 경우에 종종 그러듯이, 컴퓨터 앞 그 자리에서 기도하기 시작했다. 내 가족과 친구들, 내 친구들의 가족들, 내 가족의 친구들을 위해 바라는 많은 것들을 청하는 기도를 바쳤다. 목록이 꽤 길어서 그토록 많은 것을 청하다 보니 몸이 좀 아파왔지만, 그래도 기도를 계속했다. 몇몇 사람들을 위해서는 청할 것이 아주 많았다. 어떤 이들은 내가 알고 사랑하는 사람들이었고, 다른 이들은 내가 사랑하는 사람들이 사랑하는 사람들이었다. 그리고 어떤 이들은 내가 친구들에게서 기도 요청을 받은 낯선 사람들이었다. 마침내 기도를 끝마치자, 나는 그토록 많은 것을 청하다니 내가 무척 이기적이고 탐욕스럽게 느껴졌다. 나는 그분이 그 모든 일을 잘 처리하실 줄 알고 있다. 단지 하느님께 '해야 할 일'의 목록을 건네주듯이 기도하고 싶지는 않을 뿐이다.

그러나 하느님께서는 우리가 보는 방식으로 보시지 않는다. 나는 그 즉시 사랑이 담긴 남자 목소리, 온화하지만 분명한 목소리가, "네 자신을 위해서는 아무것도 청하지 않아서 그렇단다."라고 하는 것을 들었다. "나 자신을 위해서는 아무것도 안했다고?"라는 생각이 들기 무섭게 허리 아래에서 어떤 느낌이 들더니 올라오기 시작했다. 마치 뭔가 따뜻한 것이 올라오는 것 같은 느낌이었다. 그것은 몸으로 느끼는 안도감이었다. 통증이 내 몸에서, 내 양어깨 위에서 툭 떨어져 나가는 것이 확연히 느껴졌다.

나는 내가 정말로 그 음성을 들었을 뿐만 아니라 내 등에서 최소한 두 가지의 치료 불가능한 병의 증상이 방금 없어졌음을 불현듯 깨닫고는 놀라서 어안이 벙벙한 채 앉아 있었다. 하느님의 자비는 얼마나 장엄한가! 꿈만 같았다! 나는 또한 어찌된 일인지 등의 통증이 사라지기는 했지만 그 정도로 호전된 병이 여전히 내가 짊어져야 할 십자가의 일부임을 이해했다. 나는 완전히 낫지는 않았지만, 몹시도 고마운 병의 휴지기를 받았다. 내가 무엇을 위해 기도했는지를 떠올려 보았더니, 내가 원하는 것을 위해 기도하기는 했지만 나를 위해 청한 것은 한 가지도 생각나는 게 없었다.

이제 약한 통증과 불편함이 다시 찾아오고 있다. 나는 이 통증을 연옥에 있는 거룩한 영혼들을 위해 봉헌하며, 이 봉헌이 그들에게 약간의 위로나 복된 해방을 주기를 희망한다. 나는 그들의 전구에 고마움을 느끼며, 몇 해를 덤으로 얻어 가족과 친구들과 더 많은 활동을 할 수 있었음에 감사한다. 나는 하느님이 우리보다 더 잘 보신다는 사실에 감사하다. 아, 내가 청한 그 온갖 기도는 어떻게 되었냐고? 그분은 기도 대부분에 긍정적인 대답을 하셨고, 나는 그 일에 대해서도 감사하다.

| 미시시피 폭스워스에서 데보라 F. 플린트

\+ 다함께 기도하는 것만큼 그리스도인들의 마음을 결속하는 데에 도움이 되는 일은 없다. 기도 중에 서로의 마음이 솟아오르는 것을 볼 때 우리는 참으로 사랑하고 있는 것이다. 〈찰스 피니〉

하늘나라의 각목

"안녕하세요, 스파이크 신부님, 시간 좀 있으세요? 드릴 말씀이 있습니다." 스파이크 신부님은 내가 미사에 참례하는 성 프란치스코 하비에르 성당의 사제 중 한 분이다. 그분이 그런 별명을 얻은 것은 그분의 머리 모양이 한 달 주기로 바뀌었기 때문이다. 신부님은 사제가 되기 전에 치과의사였기에, 내가 제1형 당뇨병을 관리하기 위해 인슐린 펌프를 부착하는 문제로 조언을 구할 때 그분의 의학 지식과 성직의 조화가 여러 모로 도움을 주리라 생각했다.

"물론이지요. 제의실 일을 마무리하고 있으니, 여기서 만나지요." 나는 의사가 내게 준, 인슐린 펌프를 사용한 환자들에 대한 온갖 참고 자료들을 떠올렸다. 모든 환자들이 단연코 그 펌프를 추천했다. 대부분 당뇨병과 관련해 악몽 같은 사연이 있는 사람들이었다. 내가 보기에 그들은 모두 나보다 병이 중한 사람들이었다. 그들의 이야기에서 내가 가장 참작할 만한 것은, 매일 여러 가지 주사를 맞아야 하는 상황보다는 펌프를 부착하는 편이 더 낫다는 얘기였다. 나는 여전히 의심을 떨칠 수 없었다. "10분 후에 성당에서 뵙겠습니다."라고 전화에 대고 말하면서, 나는 어린 두 아들을 목욕시키고 있는 남편에게 작별의 입맞춤을 했다.

"저는 남은 일생동안 기계를 달고 사는 문제로 심각하게 고민하고 있습니다." 나는 스파이크 신부님께 말했다. "그 기계를 부착하면 당뇨병 환자로 살아가기가 더 수월해집니까?" 신부님이 물었다. "제가 알아본 바로는 환자들이 모두 그 펌프로 인해 더 좋아졌다고 말합니다. 이 단계를 밟아야 할지 정말 모르겠습니다. 제가 정상이 될 수는 없을 테니까요." "당뇨를 앓은 지 얼마나 되었습니까?" 신부님은 기다렸다. 이것은 명백히 수사적인 질문이었다. "이 장치가 자매님의 혈당 조절을 더 쉽게 하고 담당의사가 그것을 추천한다면, 자매님은 과감히 그것을 해야 한다고 생각합니다." "감사합니다. 저는 친구에게서 그런 말을 듣는 것이 필요했습니다."

나는 방금 사제에게 거짓말을 했다. 내 딜레마는 스파이크 신부님의 말이 인슐린 주입 펌프를 착용하는 것에 대한 내 심한 불신을 가라앉히지 못했다는 것이었다. 나는 신부님이 기적적으로 낫는 법이 있다고 말해 주기를 바랐다. 신부님이 기도나 순례를 통해 30년간 날마다 시달린 당뇨병에서 해방시켜 줄 기적을 일으킬 수 있는 법을 말해 주기를 바랐다. 나를 낫게 해 주어서 내가 당뇨병 때문에 매일 매 순간을 희생하지 않아도 되게 해 줄 기적을 원했다. 설교자가 내 이마에 크게 쪽하고 입 맞추면서 "치유되었노라." 하고 선언해 주기를 원했다.

나는 실망한 채 집으로 가서 우리 집 지하실의 오락실에서 개

냄새와 통밀 과자 냄새에 둘러싸여 앉아 있었다. 집안의 소음이 가라앉기를 기다렸다. 사방이 조용해지자, 나는 씩씩거리며 방을 돌아다니면서 뼛속 깊이 느꼈던 묻어 둔 독기를 쏟아 내기 시작했다. 결국 그 순간 나를 몹시 실망시킨 하느님을 향해 맺혀 있던, 울분에 찬 긴 열변이 터져 나왔다. "이게 뭡니까? 이제 나더러 기계를 달고 다니라고요? 잘 때에도? 샤워할 때에도? 이 고질병에서 벗어나는 평화의 순간은 결코 오지 않는 겁니까?" 나는 이리저리 돌아다니며 하느님을 향해 주먹을 휘둘렀고, 조물주 앞에서 해서는 안 되는 행동을 하고 있음을 알았지만 개의치 않았다.

"의사들은 30년 전 제게 나을 거라고 말했습니다. 이 인슐린 펌프는 낫는 게 아닙니다. 이건 구속이에요. 제가 겨자씨만한 믿음을 가져야 하는 건가요? 그러려면 믿음이 얼마나 많아야 하나요? 분명 제가 가진 것보다는 훨씬 많아야겠군요." 멈출 수가 없었다. 나는 계속 응석받이처럼 굴었다. "제게서 얼마나 더 많은 것을 앗아가실 겁니까? 이제 제 신장은 단백질을 거르지 못합니다. 다음 차례는 투석인가요? 다른 약인가요? 제게 원하는 게 또 뭐가 있습니까? 저는 이런 일이 신물 납니다. 저는 당신도 싫고 당신의 은근한 요구도 싫고 제가 얼마나 당신을 사랑하는지 입증하라는 당신의 시험도 싫습니다. 당신은 그렇게 자신이 없습니까?"

볼멘 외침은 사랑싸움 꼴이 되기 시작했다. 더 분별 있는 쪽인 그분은 내가 히스테리를 부리다 지치도록 가만히 내버려 두었다. 나는 눈물을 흘리며 소파에 주저앉았지만, 머릿속에서는 아직도 악담과 항변이 소리 없이 활개치고 있었다. 마침내 나는 계단을 올라가 욕실로 가서 잠자리에 들려고 이를 닦았다. "내가 어떻게 이럴 수 있지? 남은 일생동안 기계를 달고 살 수는 없어."

나는 좁은 욕실에 서서 잠옷 매무새를 고치고 있었다. 그 말을 마음속으로 내뱉자마자, 나는 커다란 야구공에 뒤통수를 맞은 것처럼 말 그대로 얼굴을 바닥에 대고 엎어졌다. 잠시 멍하니 타일 위에 누워 있었다. 몸을 추스르고 욕조 가장자리에 앉았다. 나는 좁은 욕실을 둘러보며 샤워 커튼 뒤에 누가 곤봉이나 각목을 들고 서 있나 살펴보았다. 뒤통수를 만져보았다. 혹이 없었다. 아프지도 않았다. 손가락을 살폈더니 피도 묻어나지 않았다. 서서 거울을 들여다보았다. 바닥에 닿은 뺨에는 아무런 자국도 보이지 않았다. 혹시 저혈당 증상을 겪었나 싶어 서둘러 혈당을 검사했다. 혈당측정기의 화면에는 72라는 숫자가 나타났다. 좀 낮긴 하지만 '기절할 만큼' 낮지는 않았다.

불현듯 나는 평화로운 느낌에 휩싸였다. "너는 괜찮다."라는 말이 언뜻 머릿속에 스쳤다. 입으로 말한 음성은 아니었고 그저 병적으로 흥분해 있던 나 자신을 가다듬게 한 일침이었다. 나는 하늘나라의 각목에 얻어맞았다. 그것은 나를 감사의 길로 되돌려 놓기 위한 사랑의 일격이었다. 인슐린 펌프 치료에 대한 온갖 고민이 사라졌다. 나는 만사가 다 잘될 거라는 확신으로 충만했다. 나는 나지막이 "고맙습니다." 하고 말했다.

| 버지니아 리치몬드에서 모린 F. 레굴린스키

+   기도가 중요하다고 믿는 것과 기도가 필수적이라고 믿는 것 간에는 차이가 있다. '필수적'이라는 것은 기도를 하지 않으면 일어나지 않을 일이 있다는 뜻이다. 〈디 듀크〉

+   아침에 하느님에게서 도망치는 사람은 남은 하루 동안 여간해서는 그분을 찾지 않을 것이다. 〈존 버니언〉

언제나
그분의 보살핌
아래

나는 어린 시절 내내 고양이를 갖게 해 주십사 기도했다. 어떤 고양이라도 상관없었으나, 가장 꿈꾸었던 것은 아비시니아 고양이였다. 우리 남편은 스놀리아 넛멕 토카이로 그 꿈을 이루어 주었다. 내 첫 번째 아비시니아 고양이였다.

공군의 명령으로 벨기에에서 살게 되었을 때, 우리는 세 아이들과(한 명은 도중에 합류했다) 일곱 고양이와 함께 즐겁게 그곳으로 갔다. 우리 고양이들은 사랑을 듬뿍 받았고, 그들에게서 태어난 새끼들도 마찬가지였다. 우리 고양이를 맡아 본 사람은 너나 할 것 없이 여태껏 본 애완동물 중 최고라고 말했다.

처음 몇 해 동안 우리는 수컷을 유럽의 암컷에게 교배시켰지만, 낯선 고양이들을 집안으로 데려오는 행위가 다른 고양이들을 자극하게 되자 교배시키는 일을 그만두기로 했다. 그때 예전에 우리 집 고양이와 교배한 적이 있는 고양이를 둔 벨기에 여성이 전화를 했기에, 우리가 이제는 고양이를 교배시키지 않는다는 말을 하려고 머릿속으로 플랑드르어(벨기에 서부를 중심으로 네덜란드 서부와 프랑스 북부에 걸쳐 있는 지방에서 사용하는 언어-편집자 주) 문장을 만들기 시작했다. 그런데 그녀가 말을 마쳤을 때 내 입에서 플랑드르어로 나온 말은, "물론이지요. 고양이를 이리로 보내세요."였다.

전화를 끊고 나서 남편에게 내가 왜 그런 말을 했는지 모르겠다고 하면서 남편이 원한다면 그녀에게 다시 전화하겠다고 했다. 마이클이 한 번 더 교배시키는 것쯤은 괜찮을 거라고 말해서 우리는 그렇게 했다.

그 여성의 암고양이와 교배를 시킨 지 한 달이 못되어, 우리 집이 불에 타 못쓰게 되었고 소중한 고양이들도 모두 잃었다. 물질적 손해는 부차적이었다. 온 가족은 고양이들을 잃어 가슴 아팠다. 고맙게도 그 여성이 화재 소식을 듣고는 우리를 위해 새끼고양이 두 마리를 남겨 두겠다고 말했다. 나는 그 여성이 자기 고양이와 교배시킬 의사가 있는지 알아보려고 우리에게 전화했을 때, 하느님께서 내 의도와는 다른 말이 내 입에서 튀어나오게 한 것이 기적이었다고 생각한다. 그분께서 그렇게 하지 않으셨다면, 하늘나라에서 우리를 기다리는 소중한 고양이들을 생각나게 하는 사랑하는 티미와 토미는 우리에게 없었을 것이다.

우리는 이제 고양이를 교배시키지 않지만, 주인 없는 고양이를 데리고 와서 죽은 고양이의 이름을 붙여 준다. 하느님께서 내게 주신 이 기적은 그분이 우리의 필요를 미리 알고 계시며 우리가 언제나 그분의 보살핌 아래에 있다는 것을 깨닫게 해 주었다. 하느님께서는 모든 불행을 거두시고 행복을 내려 주실 수 있으며 반드시 그렇게 하실 분임을 알기에, 나는 미래를 걱정하지 않는다.

| 버지니아 요크타운에서 데보라 M. 터너

+ 기도 없는 하루는 축복 없는 하루이며, 기도 없는 인생은 힘없는 인생이다. 〈에드윈 하비〉

+ 하느님과 수시로 대화를 나누는 삶보다 더 달콤하고 즐거운 삶은 이 세상에 없다. 〈로랑 형제〉

+ 효과적인 기도는 구하는 바를 이루는 기도이다. 하느님을 움직여 목적을 달성하는 것이 기도이다. 〈찰스 G. 피니〉

+ 기도하는 친구를 둔 사람이 부자이다. 〈재니스 휴즈〉

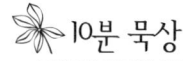 10분 묵상

교통차단막들. 이따금 도저히 앞쪽으로 움직이지 못할 것 같은 때가 있습니다. 이런 일이 생길 때 당신은 당혹감을 느낍니까?

어쩌면 이런 때는 잠시 방향을 바꾸어야 할 때일지도 모릅니다. 교통차단막들은 보통 대안 경로를 마련해 놓습니다. 우회로는 가려는 길을 약간 벗어나게 할지도 모르지만, 우리가 그 길을 받아들여 편안한 마음으로 그 길을 간다면 결국에는 목적지에 도착할 것입니다.

오늘, 당신의 인생에서 굳게 닫힌 문 앞에 와 있다고 상상해 보십시오. 몇 번이나 열려고 시도했어도 문은 열리지 않습니다. 하던 일을 멈추고 주위를 둘러보세요. 그리고 하느님께 기도하면서 어느 방향으로 가야 계속 앞으로 가게 될지 여쭈어 보십시오.

묵상 마침기도

예수님,
저는 늘
제가 나아가야 한다고
생각하는 방향의 도로 지도를
품고 다닙니다.
교통차단막이 나타났을 때
조급해하지 않게 해 주십시오.
우회로로 간다고
목적지에 도착하지 못하는 것은
아니라는 것을 알게 해 주십시오.
시간이 더 걸릴 수는 있지만,
새로운 길은
한 번도 찾아보지 못했던
새로운 가능성을 열어 줄 것입니다.
제가 마음을 열고
그 가능성을 보게 해 주십시오.
아멘.

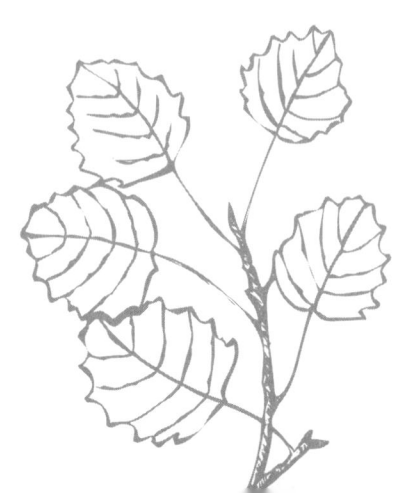

좋은 일이
일어날 것이네

캘리포니아 주 로스오소스에 사는 내 친구 크레이그는 제1형 당뇨병을 앓고 있다. 2007년 3월, 친구는 억수로 퍼붓는 빗속에 오토바이를 타고 다른 주에 사는 어머니와 새아버지를 만나 뵌 후 양측 폐렴에 걸리고 말았다. 숨만 쉬려고 해도 통증을 심하게 느꼈고 계단을 올라갈 때는 아예 가슴을 부여잡곤 했다. 크레이그는 당뇨도 악화되어서 매주 발작을 겪고 있었다. 내가 보기에 그는 삶을 포기하기 시작한 것 같았다. 곧 예순 살이 되는 그는 훌륭한 아내와 두 딸, 세 명의 손자 손녀가 있었지만, 나에게 "지금 죽어도 여한이 없다네."라고 말하기 시작했다. 나는 죽는다는 얘기가 듣기 싫어 그에게 말했다. "테일러(그의 맏손자)에게 자네가 몹시 필요하고, 그건 다른 가족들도 마찬가지네. 내가 자네를 내 기도 목록에 올려놓고 기도할 테니, 좋은 일이 일어날 것이네."

나는 이메일 기도 모임의 회원이다. 이 모임에는 가족과 친구들은 물론 '작은 형제회'의 전前 총장이신 존 본 신부님, 산타마리아의 성모의 집(공동체의 기도 발전소)에 계시는 은퇴한 프란치스코회 수녀님들, 캐나다의 침례교인 친척들, 페루에 있는 복음 선교사 시누이가 회원으로 있다. 나는 기도의 힘과 다함께 기도하도록 사람들을 이어 주는 일의 중요성을 확실히 믿는다. 나는 4월에 셋째 아이를 가진 딸을 도와주러 델라웨어로 가서 두 달간 있었다. 내가 돌아오자 크레이그는 자신이 겪은 기적 이야기를 말해 주었다.

내가 로스오소스를 떠난 지 두어 주 후, 그는 컴퓨터단층촬영 검사CT를 받으러 의사에게 갔다. 크레이그는 20년간 담배를 피웠지만 그 전 해에 끊었다. 의사는 크레이그가 그동안 얼마나 아팠는지 알고 있었기에 시커멓고 병든 폐를 보리라 예상하고 있었다. 그 의사는 크레이그를 불러 검사를 한 번 더 하자고 하면서, "저희가 뭔가 실수한 것 같으니 환자분의 폐를 다시 한 번 살펴봐야겠습니다." 하고 말했다. 의사는 결과를 믿을 수 없었던 것이었다.

두 번째 검사 후 의사가 크레이그에게 말했다. "놀랍습니다. 당신의 폐는 아기 폐처럼 깨끗합니다." 크레이그 또한 놀랐으며, 그를 위해 기도해 준 사람들에게 몹시 고마워했다. 생활습관을 좀 고치고 새로운 유형의 인슐린을 처방받은 후, 크레이그는 더 이상 발작을 겪지 않고 있다. 그는 2007년 9월 29일 자신의 예순 번째 생일에 이 이야기를 또다시 내게 말했다.

| 캘리포니아 로스오소스에서 캐롤 M. 발린 자렉

+ 기도는 청이 아니다. 그것은 영혼의 갈망이다. 자신의 약함을 날마다 인정하는 것이다. 기도할 때에는 마음 없는 말보다는 말 없는 마음을 지니는 편이 낫다. 〈마하트마 간디〉

+ 한 시간을 기도하고도 기도하지 않았을 수 있고, 잠시 주님을 만나 뵙고도 온종일 그분과 친교를 나눌 수 있다. 〈프레드릭 위슬로프〉

+ 우리의 기도는 보편적인 축복을 청하는 것이어야 한다. 왜냐하면 하느님께서 우리에게 좋은 것을 가장 잘 아시기 때문이다. 〈소크라테스〉

세례의 은총

나는 줄곧 아이를 원했음에도 불구하고 아이가 없어서, 남편의 친자녀들이 다 큰 다음 처음으로 여자 아기를 입양했고 다음에 한 명 더 입양했다. 유감스럽게도 두 번째 아기가 우리 인생과 우리 마음에 들어온 지 사흘 후, 아기의 생모가 아기를 돌려 달라고 요구했다. 그 아기는 개인끼리 비공식적으로 입양한 아이였기 때문에 우리는 아기를 돌려줄 수밖에 없었다.

아기를 돌려주고 두 달이 지난 후, 어느 날 아침 전화로 아직도 그 아기를 원하느냐는 질문을 받았다. 당연히 원했기에 당장 아기를 데리러 차를 타고 갔다. 일러 준 대로 그 집에 가서 보니 아기는 몹시 아팠다. 그래서 우리는 일단 아기를 우리 동네 성당으로 데려가 세례를 받게 했고, 그런 다음 우리가 다니는 병원의 응급실로 데려갔다. 아기를 진찰한 우리 가족 주치의가 말하길, 안됐지만 집에 데려가서 사랑해 주는 것 외에는 아기에게 별로 해 줄 것이 없다고 했다. 이때가 토요일이었다.

그 다음 월요일, 아기가 호전되지 않아서 목요일로 진료 예약을 했다. 그 이후 며칠 동안 우리는 아기가 앞도 못 보고 귀도 안 들리는 것이 틀림없다고 단정했다. 아기의 귀 가까이에서 무슨 소리를 내거나 아기의 눈길이 닿는 곳에 무슨 물건을 놓아도 전혀 반응을 보이지 않았기 때문이다. 아기의 생활은 울고 먹고 울고 자고 또 울고 하는 것이 전부였다. 작은 체구는 바짝 긴장해서 뻣뻣하다시피 했다.

그나마 우리가 진료를 예약할 수 있었던 날 중 가장 빠른 날이 아기를 집에 데려오고 닷새 후였다. 바로 그 목요일 아침, 남편과 여동생과 함께 내가 커피를 마시는데 초인종이 울렸다. 아기에게 세례를 주었던 신부님이 문 앞에 와 계셨고 우리에게 아기를 보게 해 달라고 하셨다. 아이에게 세례를 받게 한 후로는 그분과 연락을 하지 않은데다가 그분이 우리 집에 오신 적도 없었기에 아주 뜻밖이었다. 우리는 아기의 상태가 계속 좋지 않아서 두 시간 후에 진료를 받기로 했다고 신부님께 말했다. 그분이 아기를 안아도 되겠냐고 묻기에 아기를 요람에서 꺼내어 그분께 건네었다. 그분이 아기를 두 팔에 받은 순간 아기가 진정되어 잠잠해졌다. 그 조그마한 몸이 더할 나위 없이 평화롭다는 듯 긴장이 풀렸다. 그분은 아기를 위해 기도하기를 원하셨고, 그래서 아기에게 두 손을 얹고 기도했다. 그 기도는 내가 여태껏 들은 기도 중 가장 아름다운 기도였다.

그런 다음 그분이 돌아가셨고 우리는 의사에게 진료를 받게 아기를 병원으로 데려갔다. 의사는 아기를 진찰해 보고는 지극히 건강한 정상적인 아기라고 했다. 그 아이는 이제 스물네 살로, 총명하고 건강하며 하느님에 대한 아주 두터운 믿음을 소유하고 있다. 나는 하느님께서 그 아이를 정성을 다하여 보살피시며 그 아이의 삶에 특별한 의도를 두고 계신다고 진심으로 믿고 있다. 늘 우리의 기도를 들어주시는 하느님, 감사합니다.

| 뉴멕시코 포탈레스에서 버지니아 슈머크

+ 하느님이 말씀하실 때, 그분의 음성은 종종 우리 쪽에 용기 있는 행동을 요구할 것이다. 〈찰스 스탠리〉

+ 기도에는 혀보다 마음이 더 필요하다. 〈애덤 클라크〉

+ 기도 없이 7일을 지내면 나약해진다. 〈앨런 바틀렛〉

용서로 가는 열쇠

1991년 내가 막내 여동생의 세 딸인 레이첼과 젬마, 비안카의 후견인이 된 것은 그들 부모의 생활이 불안정했던 탓이다. 나는 아이들에게 가족적인 생활이 필요하다는 것을 알았고 그런 환경을 만들어 주려고 애썼다.

법원 조사관이 열여섯 살이던 레이첼에게 내가 그 아이에게 자유를 더 많이 허락하지 않은 것이 잘못이라고 하자, 레이첼이 사라졌다. 그 아이는 저녁에 내게 전화해서 극장에 가는 중이라고 했다! 나는 '지금 당장' 집에 오라고 말했다. 그 아이는 머리끝까지 화가 나서 집에 들어오더니 내 얼굴에 대고 말로 분통을 터뜨렸다. 레이첼이 통제가 불가능한 지경이어서 나는 경찰을 불러야 했고, 경찰은 레이첼이 자살하겠다고 으름장을 놓았기 때문에 그 아이를 정신병원으로 데려갔다. 레이첼의 부모는 내게 화가 났고 가족이 뿔뿔이 흩어졌다. 나는 망연자실한 채, "오, 사랑하는 예수님! 이 가족을 다시 합쳐 주십시오." 하고 날마다 기도를 드렸다.

1992년 부활절 직전, 레이첼은 다른 시설에 있었는데, 그 아이의 치료사가 내 여동생 부부와 내가 참석하는 가족 면담을 원했다. 그것은 기름에 불 켠 성냥을 갖다 대는 격이었다. 그 작은 방 안을 메운 긴장감은 마치 모기 한 마리가 내 머릿속에서 큰 소리로 앵앵거리는 것 같았다. 나는 집중해야 했고 마음의 평화를 잃지 말아야 했다. 내 소박한 기도가 유일하게 내게 위안을 주고 있었다. 나는 몇 번이고 거듭해서 나 자신에게 되뇌었다. "오 하느님! 이 가족은 치유가 필요합니다! 제가 이 상처 받고 있는 저들의 마음에 용서를 들여오는 문이 되게 해 주십시오!"

나는 내 여동생이 이 문을 여는 '열쇠'임을 깨닫지 못했다. 동생의 자비가 없으면 그 문은 아마도 영원히 잠겨 있을 터였다. 조마조마한 만남을 마치고 다 같이 건물을 나설 때, 여동생이 갑자기 몸을 돌려 나를 껴안으며 사랑한다고 흐느꼈다. 나는 엄청난 평화의 기운에 감싸여 마치 공중에 붕 뜬 것 같았다. 몸을 돌려 제부를 얼싸안았다. 치료사가 헉 하고 크게 숨 들이마시는 소리가 들렸다. 나는 예수님께서 우리를 어루만지셨다는 것을 알았다. 동생을 통해 열쇠는 자물쇠를 찾아 돌아갔고, 용서로 가는 문이 활짝 열렸다. 우리 가족을 위해 기도드린 모든 시간이 응답받았다. 우리는 다시 한 가족이 되었고 치유받았다.

어떤 사람이 이렇게 말한 적이 있다. "친자식을 키우는 것은 본성대로 걷는 것이고, 남의 아이를 키우는 것은 하느님과 함께 걷는 것이다." 이 말에 전적으로 동감한다.

| 캘리포니아 소쿠엘에서 마사 돌치아모어

+ 하느님의 해답이 당신의 해답보다 더 슬기로운 것에 감사하라. 〈윌리엄 컬버트슨〉

+ 우리는 보통 하느님께 그분의 뜻이 이루어지기를 기도하지 않고 그분이 우리의 뜻을 승낙하시기를 기도한다. 〈헬가 버골드 그로스〉

+ 당신의 사랑을 위해 자신을 온전히 내어 주신 그분을 온전히 사랑하라. 그분의 아름다움을 해와 달이 흠모하며, 그분의 선물은 한없이 풍부하고 값지며 크다. 〈아시시의 성녀 클라라〉

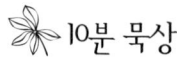 **10분 묵상**

시간이 너무 빨리 갑니까? 어쩌면 오늘은 당신의 10분을 '찾아볼' 날인 듯싶습니다. 괜찮은 조용한 장소를 찾아내서—근사한 곳이면 더 좋겠지요—그저 보고 들으며 만끽하십시오.

묵상 마침기도

예수님,
아무 일도 하지 않고
당신과 함께
시간을 보내는 것이
그 무엇보다도 중요합니다.
아멘.

예기치 않은 축복

"나는 여러분을 기억할 때마다 나의 하느님께 감사를 드립니다." (필리1,3)

「네덜란드Holland」라는 시는 튤립과 풍차, 나막신, 에담치즈, 온실, 볼렌담 어부 전통 의상의 부자연스러운 조화에 대해 이야기한다. 그 시는 또한 뉴욕의 고층 건물, 미술관, 박물관과 사적지에 대해 이야기한다. 네덜란드와 뉴욕에 대한 이 비교는 평범한 건강한 아기와 특별한 도움이 필요한 아기의 탄생을 두 장소와 상황에 다르게 반응하는 태도에 비유한 것이다.

롤란도 아드리엘은 1978년 3월 1일에 태어났다. 그 아이의 출생은 뉴욕이 아니라 네덜란드로 우리 가족을 데려갔다. 네덜란드로의 여행은 출산에서부터 시작되었다. 그 아이는 합병증으로 뇌성마비를 지닌 채 태어났다. 롤란드(우리는 이렇게 불렀다)는 애초부터 투사였고 하느님의 빛으로 충만한 아이였다. 하느님께서는 14년간의 그의 존재로 우리 가족과 우리 사회에 은총을 내려 주셨다.

그 아이는 솔직히 말해서 키가 크지는 않았지만, 성품과 우리 삶에 미친 영향 면에서는 거인이었다. 날이 지나고 해가 바뀌면서, 나는 내 품에 안긴 그 예쁜 아기가 평범한 다른 아이들이 하는 행동을 절대로 하지 못하리라는 것을 깨달았다. 아이는 걷지 못했고 말 한마디 못했으며 제 몸을 돌보지도 못했지만, 아름다운 다갈색 눈으로 무수한 말을 했다. 롤란드는 우리 가족에게 끊임없이 기도하는 법, 다른 이의 필요에 공감하는 법, 하느님의 뜻을 받아들이는 법, 하느님께서 우리를 얼마나 사랑하시는지 이해하는 법을 가르쳤다. 그는 사랑, 호의, 자애, 평화, 기쁨, 의연함, 끈기 있는 기도, 이해, 지혜와 같은 성령의 온갖 열매를 분명하게 보여 주었다.

롤란드가 죽은 지도 15년이 되었다. 나는 네덜란드가 뉴욕은 아니지만 나름의 아름다움과 독특함을 지닌 근사한 곳임을 깊이 이해한다고 진심으로 말할 수 있다. 롤란드는 하느님의 사랑을 알게 해 준 아이였고, 무력했지만 나에게는 실제보다 크게 느껴지는 아이였다.

| 텍사스 헤브론빌에서 아잘리아 C. 페레즈

주 : 다음은 에밀리 펄 킹슬리의 「네덜란드에 오신 것을 환영합니다Welcome to Holland」라는 시이다. 이것이 원래의 시이지만, 필자(아잘리아 C. 페레즈)는 「네덜란드」라는 시가 이탈리아가 아닌 뉴욕으로 여행갈 예정이었던 내용으로 기억했다. 나는 에밀리 펄 킹슬리의 허락을 받아 그녀의 시를 여러분과 함께 나눈다. 이 시는 무척 아름다워서, 이 시가 그렇게 많은 다른 장소에 적용된 이유를 알 만했다. 아잘리아도 그런 경위로 이 시를 알았던 것이다.

네덜란드에 오신 것을 환영합니다
– 에밀리 펄 킹슬리(1987) –

나는 장애아를 키운 경험을 얘기해 달라는 부탁을 자주 받는다. 그런 독특한 경험을 해 보지 못한 이들이 그것을 이해하도록, 즉 어떤 기분인지 상상하도록 도와 달라는 것이다. 그것은 다음과 같은 일이다.

출산을 앞둔 것은 근사한 휴가 여행을 떠날 계획을 세우는 것과 같다. 이를 테면 이탈리아로 말이다. 당신은 여행 안내서를 한 꾸러미 사서는 멋진 계획을 짠다. 콜로세움, 미켈란젤로의 다비드 상, 베네치아의 곤돌라. 유용한 이탈리아어 표현을 몇 마디 배워 둘지도 모르겠다. 온통 정말 신나는 일이다.

몇 달간 학수고대한 끝에 드디어 그날이 온다. 당신은 가방을 싸서 출발한다. 몇 시간이 지나자 비행기가 착륙한다. 승무원이 들어오더니 이렇게 말한다. "네덜란드에 오신 것을 환영합니다."

"네덜란드라고요?!?" 당신은 반문한다. "네덜란드라니, 무슨 말입니까?? 나는 이탈리아로 가기로 계약했어요! 이탈리아에 와 있어야 한단 말입니다. 나는 평생 이탈리아로 가는 것을 꿈꾸어 왔어요."

하지만 비행 계획에 차질이 생겼던 것이다. 비행기는 네덜란드에 착륙했고, 당신은 그곳에 머물러야 한다.

중요한 것은 역병과 굶주림, 병폐가 만연한 끔찍하고 넌더리나며 지저분한 곳으로 온 것이 아니라는 점이다. 그저 다른 곳일 뿐이다.

그러니 당신은 밖으로 나가 여행 안내서를 새로 사야 한다. 그리고 전혀 새로운 언어를 배워야 한다. 그러면 당신은 지금까지 한 번도 만나 본 적 없는 전혀 새로운 부류의 사람들을 만날 것이다.

그저 다른 곳일 뿐이다. 이탈리아보다 변화가 더디고, 이탈리아보다 덜 화려하다. 하지만 그곳에서 잠시 지낸 후 한 숨 돌리고서 주위를 둘러보면, 당신은 네덜란드에는 풍차가 있고 튤립도 있다는 것을 알게 될 것이다. 더구나 네덜란드에는 렘브란트의 작품들이 있다.

그러나 당신이 아는 사람들은 모두 이탈리아를 다녀오느라 바쁘고, 다들 그곳에서 얼마나 멋진 시간을 보냈는지 자랑하고 있다. 그러면 당신은 남은 평생 이렇게 말할 것이다. "그래, 나도 그곳에 갔어야 했는데. 내가 가려고 했던 곳은 그곳이었어."

그리고 그 아픔은 결코, 절대로, 언제까지나, 영원히 가시지 않을 것이다. 그런 꿈을 잃은 것은 엄청나게 큰 타격이기 때문이다.

그러나 이탈리아에 가지 못했다는 사실을 애석해하면서 평생을 보낸다면, 당신은 네덜란드의 아주 특별하고 아주 사랑스러운 것들을 마음껏 누리지 못할지도 모른다.

버스 정비 기사

1997년, 나는 아일랜드 마요 지방의 아킬에 있는 기도의 집에 가는 순례단을 인솔했다. 목적지를 3km 남짓 남겨놓고 갑자기 우리 버스가 멈추었다. 운전사 말로는 가속 케이블이 끊어졌다고 했다. 그 당시 우리는 휴대전화도 없이 아주 외진 곳에서 오도 가도 못하고 있었다. 나는 복되신 어머니의 도움이 필요하다고 판단했기에, 순례 단원들에게 나와 함께 묵주기도를 바치자고 부탁했다.

첫 번째 신비 끝 무렵에 일부 순례객이 무지개가 뜬 것을 보았다. 그때 자동차 한 대가 버스 앞에 서더니 선홍색 곱슬머리를 한 남자가 풀쩍 뛰어내렸다. "안녕하세요! 버스가 고장 났나요? 제가 버스 정비 기사인데, 도와드릴까요?" 와, 버스 정비 기사라니! 성모님께서 우리 기도에 천 배로 응답하신 것이다. 우리의 수호천사인 톰은 우리 운전사와 잠시 얘기를 나눈 다음, 버스 통로의 바닥판을 들어 올렸다. 그는 운전사에게 자신이 연료 흡입 조절판을 누르는 동안 시키는 대로 버스를 조종해 달라고 부탁했고, 어느새 버스는 다시 도로 위에 있었다.

우리는 미사 시간에 딱 맞추어 기도의 집에 도착했고, 신부님은 우리가 기도의 힘으로 도움을 받은 일에 대해 감사를 드렸다. 게다가 톰은 우리가 미사에 참례하는 동안 우리 버스의 수리를 끝마쳐 놓았다. 묵주기도는 진정 큰 힘을 지닌 기도이다.

| 잉글랜드 랭커셔 스켈머스데일에서 폴라 C. 헤이건

손을 잡고 하늘나라로

내가 하느님과의 체험을 쓰기로 결심한 것은 조만간 그

일을 잊게 될까 봐 두려워서인 것 같다. 어쨌거나 내가 진정으로 예수님을 내 마음에 모시게 된 것은 아들 제이슨의 죽음을 통해서였다. 나는 다른 가족이 있기에, 늘 제이슨과 제이슨이 겪었던 일을 생각하고 있을 수는 없다. 노상 제이슨 생각만 하고 있다면 다른 가족을 위해 사는 것을 그만둘 테니까. 제이슨을 다시 만날 것을 알기에 그때를 생각하면 내 마음이 아파온다. 그때 나는 다시 한 번 그 아픔을 온전하게 느낄 것이기 때문이다. 그때까지 나는 이 현실을 열심히 살아나갈 것이다.

내가 일곱 살 때 어머니는 호지킨병을 앓으셨다. 나는 그 당시 그 병이 얼마나 위중한지 몰랐고, 다만 어머니가 병원에 자주 가셔야 한다는 것만 알았다. 나는 그때 가톨릭계 초등학교에 다녔다. 종교 수업 시간에 우리가 십계명을 잘 지키고 기도하며 성당에 다닌다면, 하느님께서 우리가 청하는 것을 주실 것이라는 말을 들었던 것이 기억난다. 그래서 나는 그분께 우리 어머니의 병세가 호전되게 해 주십사 청하곤 했지만, 어머니는 점점 악화되었다.

내가 열 살 무렵, 남동생들과 나는 가진 돈을 모두 모아 성당에 가서 '요술 양초'에 불을 붙였다. 봉헌초에 불을 붙이고 기도하면 하느님께 바로 전달되기 때문이었다. 우리 어머니는 그 당시 수술을 받아 살아나셨고, 우리는 그것이 '요술 양초' 덕이라고 믿었다. 그러다가 내가 열세 살 때 어머니는 점점 더 편찮아지시다가 돌아가셨다.

나는 그때 이후로 몇 년 동안 하느님이 내 기도에 응답하시지 않거나 내 기도를 들어주시지 않는다고 여겼다. 그분이 내게 화가 나신 것이라고 생각했다. 내가 무슨 잘못을 한 게 틀림없었다. 특히 그때 이후로 아버지가 술을 많이 마시기 시작했기 때문이었다. 그래서 나는 요리하고 청소하며 당시 아홉 살, 열두 살, 열세 살인 남동생들을 돌보았다. 성당에 관한 한, 하느님께서 나를 원하지 않는 것 같은 기분이 들었다. 그분이 우리 어머니를 데려가신 것이 바로 그런 의미였다. 나는 힘들 때면 그분이 나를 용서하셨고 이제 내 기도를 들으시려나 싶어 하느님께 기도를 하곤 했다. 나는 하느님을 믿지 못할까 봐 두려웠지만 내 의심을 떨치지 못했다. 나는 그분이 나를 원하시지 않는다고 믿었다.

고등학교를 졸업하고 친구들이 대학으로 떠나고 직장을 구하고 있을 때, 나는 오로지 훌륭한 남자와 결혼하여 아이들을 낳기를, 그래서 내가 성장기에 누릴 수 없었던 가족과 전통, 행복한 추억을 누릴 수 있기를 바랐다. 부자가 아니라도 좋았다. 내가 원한 것은 오로지 사랑 안에서 함께 지내는 것이었다. 나는 빌을 만나 예쁜 세 자녀를 두었으며, 내 꿈이 모두 실현되었다. 나는 하느님께 축복을 주시고 다시 내 기도를 들어주신 데 대해 매일 감사를 드렸다. 하느님을 친구로 두어 참 기분이 좋았으며, 날마다 그분께 감사를 드렸다. 아버지는 이제 어머니가 돌아가신 직후처럼 술을 많이 드시지는 않았고, 우리는 아주 가까워졌다. 제이슨은 아버지에게 우리를 키울 때에는 힘든 일을 겪느라 누리지 못했던 기쁨을 주는 아들이 되었다.

그때 제이슨이 백혈병이 걸렸고, 내 삶은 산산이 무너져 내렸다. 나는 하느님께 청했다. "대체 제가 뭘 했기에 이러십니까. 그게 무엇이든 다 제가 잘못했습니다. 부디 제 아들을 낫게 해 주십시오." 의사들은 우리 아들에게 골수이식이 필요할 것이라고 했다. 골수 공여자가 되기에 가장 좋은 사람은 형제인데, 그래 보았자 공여자로 적합할 가망성은 고작 25%밖에 되지 않는다는 것이었다. 우리는 모두 검사를 받았고, 결과를 기다리는 동안 나는 한 번도 기도한 적이 없는 사람처럼 기도했다. 내가 무슨 잘못을 저질렀는지 모르면서도 용서해 주십사 기도했다. 용서해 주시기를, 그리고 제이슨의 건강을 주시기를 기도했다. "부디 형제 중 한 명과 골수가 맞게 해 주십시오." 하고 기도했다. 결과를 들으러 다시 갔을 때 의사들은 깜짝 놀라며 경이로워했다. 한 아이뿐만 아니라 둘 다 일치했던 것이다. 의사들은 이런 경우는 처음 본다고 우리에게 말했다. 마치 세 쌍둥이처럼 일치한다는 것이었다.

나는 하느님 덕분이라고 믿었다. 그 시점 이후로 나는 하느님이 듣고 계신다는 것을 믿었고, 이렇게 일치하는 것은 그분이 제이슨을 데려가지 않겠다는 것을 우리에게 알리는 것이라고 믿었다. 나는 사람들에게 이렇게 말하곤 했다. "하느님은 제이슨이 나에게 얼마나 소중한지를, 내가 그 아이 없이는 살 수 없다는 것을 알고 계셔요. 그분은 그 아이를 데려가지 않으실 테고 그 아이를 낫게 하실 거예요."

제이슨은 이식을 받기 전에 두 달 동안 집에 와 있을 수 있었다. 만사가 아주 순조로웠고, 아이의 몸은 의사들이 준 경구용 항암제에 반응을 보이고 있었다. 우리 모두의 영혼은 고조되었다. 우리는 진심으로 이 병을 이길 것이라고 믿었다. 우리는 집에 있는 동안 가족끼리 함께하는 시간을 많이 가지려고 애썼다. 그러던 어느 날 밤, 너무나 무서운 일이 내게 일어났다. 나는 홀로 소파에 누워 기도하고 있었다. 설핏 잠들었다가 거칠고 매몰찬 목소리에 잠이 깼다. "너는 왜 본 적도 없는 사람을 믿고 있느냐?"라는 소리였다. 벌떡 일어나 누구 소리인지 보려 했지만, 방 안에는 아무도 없었다. 나는 너무나 겁났고, 아무도 보지는 못했지만 누군가가 거기 있는 게 느껴졌다. 내가 대답했다. "저한테는 그분밖에 없으니까요. 혼자서는 이 일을 도저히 감당할 수 없습니다. 저는 하느님이 필요합니다." 그러자 그 목소리는 사악하게 웃더니 사라졌다. 나는 너무 무서워서 꼼짝도 못하고 앉아 있었다. 그 목소리나 그 웃음소리를 다시는 듣지 못했다. 당시에는 그것이 뭔지 전혀 알 수 없었지만, 지금은 그것이 사탄이 나를 끌어내려 한 시도였다고 믿는다.

'메이크어위시(Make-A-Wish, 난치병 어린이 소원성취 봉사재단)'에서 제이슨의 소원을 들어주러 온 날이 기억난다. 우리가 리무진을 타고 론스타에 가서 점심을 먹고 시내에 가서 컴퓨터를 사는 동안 아이는 몹시 들떠 있었다. 그날 제이슨이 그렇게 들떠 있는 모습을 지켜보며 우리는 정말 즐거웠다. 옷을 갖추어 입고 계단을 내려올 때, 아이는 리바이스 셔츠와 청바지를 입고 카우보이 부츠와 모자를 쓰고 있었다. 제이슨은 시골을 좋아했다. 그 아이는 노상 컨트리음악을 들었다. 그날 아이는 진짜 카우보이처럼 보였다. 아이에게 정말 멋져 보인다고 말해 주었다. 아이는 빌과 나를 보고 느닷없이 말했다. "이식수술을 받고 살아나지 못하면 이 옷을 입고 관에 들어가고 싶어요." 나는 그 말을 듣고 몹시 놀라서 아이에게 말했다. "제이슨, 만사가 아주 순조롭게 되어 가고 있단다. 너는 죽지 않을 거야. 그런 일은 생각도 하지 말거라." 아이는 그저 키득거리기만 했고 우리는 모두 그 말을 흘려들었다.

BJ가 공여자가 되기를 원했다. 그 아이는 열한 살이었다. 그 아이가 남자여서 의사들은 어쨌거나 그 아이 쪽으로 기울고 있었다. BJ는 자신이 뽑혀서 몹시 기뻐했다. 설령 겁이 났더라도 아무에게도 말하지 않았다. 그 아이는 이식하기 직전 나흘 동안 주사를 맞아야 했다. 그것은 온몸의 뼈가 쑤시는 몹시 고통스러운 주사였다. 그런 다음 이식수술이 진행되는 동안 아이는 양팔을 네 시간 동안 벌린 채 움직이지 말아야 했다. 아이가 아주 잘 견뎌 주어 몹시 자랑스러웠다. 아이는 불평하거나 마음을 바꾸지도 않았다. 제이슨은 형이 자신을 얼마나 사랑하는지를 알고 몹시 감격했다. 제니는 BJ의 방과 제이슨의 방을 오가며 자기가 도울 일이 있는지 살폈다. 나는 세 아이들 사이에 지속되는 사랑을 보고 몹시 감동했다. BJ의 수술이 끝나자 우리는 모두 제이슨의 방으로 갔다. BJ의 골수가 제이슨의 몸 안으로 들어가는 것을 지켜보았다. 마치 하느님께서 우리와 함께 바로 그곳에 계시는 것 같은 기분이 들었다. 의사들은 BJ에게서 천만 개의 골수세포가 필요했는데 그 아이는 사천만 개를 주었다. 다시 한 번 의사들은 놀랐다. 그렇게 어린 공여자가 그렇게 많은 골수세포를 기증한 적이 없었던 것이다. 의사들은 결과에 몹시 전율했고 흥분했다. 나는 하느님의 축복에 줄곧 감사했다. 만사가 아주 순조로웠다.

이식수술을 하고서 일주일가량 후, 일이 잘못되기 시작해 제이슨이 이식거부반응을 보였다. 아이는 아프기 시작하더니 닷새 연속 날마다 점점 더 악화되었다. 의사들은 아이를 중환자실에 두었다. 아이는 인공호흡장치를 달았고 혼수상태에 빠졌다. 악몽이 다시 처음부터 되풀이되었다. 의사들은 아이가 죽을지도 모른다며, 아이에게 이식대숙주병(면역거부반응)이 있어 장이 훼손되었다고 말했다. 아이는 간에도 문제가 생긴 징후를 보이고 있었다. 제이슨은 결국 약 2주 후에 안정되었고 의사들의 노력으로 혼수상태에서 벗어나기 시작했다. 나는 하느님께 끊임없이 기도하며 "부디 이 아이를 제게서 앗아가지 마십시오."라고 거듭하여 청했다.

제이슨은 차츰 정신이 들어 우리에게 나지막이 말할 수 있을 정도가 되었다. 아이는 여전히 인공호흡기를 끼고 있었지만, 의사들은 인공호흡기를 제거해 주려고 애쓰던 중이었다. 어느 날 제이슨이 나에게 하늘나라가 어떤 곳인지 물었다. 나는, "나도 모른단다. 하지만 내가 듣기로는, 네가 여태까지 가장 행복했던 때를 생각해 봤을 때, 하늘나라에서는 그 열 배로 행복하다고 하더구나."라고 대답했다. 제이슨은 그저 빙그레 웃으며 고개를 끄덕였다. 그러더니 자기가 죽게 되냐고 물었다. 나는, "의사들 말이 네가 죽을 뻔했지만, 지금은 호전되고 있다고 하더구나."라고 대답했다. 제이슨의 눈에 눈물이 그득했다. 왜 그러느냐고 물었더니 아이는 이렇게 말했다. "제가 죽으면 엄마는 어떻게 해요? 엄마는 항상 엄마에겐 우리가 전부라고 하셨잖아요." 내가 대답했다. "아아, 아가야. 나도 모른단다. 하지만 의사들이 네가 죽을 거라고 말했을 때, 나는 너를 곁에 두기 위해 내가 할 수 있는 일이 아무것도 없다는 것을 알았단다. 그것은 하느님께 달려 있었지. 그래서 나는 하느님께 기도드리면서 9년 동안 너를 내게 보내 주셨음에 감사를 드렸단다. 네가 없었더라면 나는 9년 동안 그렇게 행복할 수 없었을 테니까 말이야."

빌이 주님의 기도를 바칠까, 하고 제이슨에게 물었다. 제이슨이 고개를 끄덕여 기도를 드리기 시작했는데, 기도를 반쯤 드렸을 무렵 제이슨이 우리에게서 고개를 돌려 방 저쪽을 보고 있었다. 기도를 마치자 제이슨은 우리를 쳐다보며 저쪽에 서 있는 천사가 보이냐고 물었다. 우리는 "아니."라고 대답했다. 아이는, "천사가 바로 저기 서 있어요. 예수님이랑 같이 서 있잖아요."라고 말했다. 나는 예수님의 얼굴은 죽을 때나 본다고 믿었기에 겁이 덜컥 났다. 마음속으로 정말 열렬히 기도하기 시작했다. "예수님, 부디 아직은 이 아이를 데려가지 마십시오. 이 아이가 제 것이 아님을 알고 있으니 당신께 되돌려 보내겠다고 약속합니다. 하지만 이 아이에게 자신이 우리에게 얼마나 소중한 사람인지를 알려 주어야 합니다. 아이가 당신께 가는 것을 두려워하지 않게 해 주시기를 바랍니다. 부디 제 기도를 들어주십시오. 이렇게 간청합니다." 그런 다음 나는 제이슨에게 천사와 함께 계시는 분이 예수님이 확실하냐고 물었다. 아이가 대답했다. "네, 십자가에 달리신 그분이 맞아요. 머리 위에 하느님이라는 말이 적혀 있어서 그분인 줄 알았어요. 그런데 그분들이 이제는 안 계시네요."

나는 앉아서 지켜보며 예수님께서 내 기도를 들으셨기를 희망했다. 제이슨은 잠들었다가 깨어나서는 좀 전에 방에 있던 천사가 자기에게 미소 지으며 이마에 뽀뽀해 주었다고 말했다. 예수님이 천사 곁에 계시더냐고 물었더니, 아이는 아니요, 하지만 천사가 참 예뻤어요, 라고 말했다. 제이슨은 그 천사를 예전에 본 적이 있다고 말했지만, 어디서 보았는지는 기억하지 못했다.

제이슨은 서서히 호전되어 중환자실에서 일반 병실로 옮겨졌다. 병실에 있을 때 아이에게 천사도 같이 왔냐고 물었다. 아이는, "네, 정말 친절한 천사예요. 그런데 전에 어디서 보았는지는 생각나지 않아요."라고 대답했다. 나는 아이에게 걱정하지 말라고, 곧 생각날 거라고 말했다. 두어 주가 지난 후, 아이는 누운 채 텔레비전을 보고 나는 아이 곁에 앉아 천사에 대한 책을 훑어보고 있는데, 제이슨이 나에게 무슨 책을 보냐고 물었다. 내가 일러 주자, 아이는 내가 책장을 넘길 때 그림을 보았다. 그러다가 어떤 쪽에 이르자 아이가 말했다. "제 천사한테 저런 후광이 있어요." 그것은 진주 가닥을 엮은 후광을 지닌 천사의 그림이었다. 나는 늘 머리 둘레에 빛줄기가 있는 천사를 상상했기 때문에 깜짝 놀랐다. "그 천사의 후광이 저렇게 생겼니?" 제이슨이 대답했다. "네, 그 천사의 후광은 보석이에요." 나는 그게 진주라고 알려 준 다음, 그 천사가 이 책에 있는 천사와 같은 천사냐고 물었다. "아니요, 후광만 똑같아요." 내가 계속 책장을 넘기려니까 어느 순간 아이가 말했다. "잠깐만요, 뒤로 넘겨보세요." 그래서 내가 몇 장을 뒤로 넘겼더니, 아이가 특정한 쪽에서 멈추라고 하고는 말했다. "저 그림을 가까이 보게 해 주세요." 내가 책을 들어 가까이 대어 주자 아이가 말했다. "저 천사가 내 천사와 많이 닮았어요." 그것은 양 어깨에 두 아기 천사를 거느린 어떤 여성의 그림이었다. "하지만 이 사람은 날개가 없는 걸."이라고 내가 말했다. 그 여성은 짙은 색의 짧은 머리카락에 가녀린 이목구비를 지녔다. 수호천사에게 날개가 있었는지 물었더니 제이슨이 대답했다. "네, 그런데 이 그림의 얼굴은 내 천사의 얼굴과 많이 닮기는 했지만 똑같지는 않아요." 우리는 그 천사의 날개와 비슷한 날개를 찾을 수 있나 해서 그림을 더 살펴보았지만, 아무것도 찾지 못했다. 제이슨은 이 책의 날개들은 모두 뾰족한 모양이지만 자기 천사의 날개는 둥글다고 말했다.

나중에 제이슨은 낮잠을 자고 일어나더니, 이리Erie에 사는 외삼촌이 올 때 외삼촌 집의 책장에 있던 외할머니 사진을 가져다 줄 수 있는지 물었다. 아이가 드디어 그 천사를 전에 어디서 봤는지 생각해 냈던 것이다. "그 사진이었어요. 내 천사는 외할머니예요." 아이는 다음번에 그 천사를 보면 물어봐야겠다고 말했다. 내가, "외할머니가 네 수호천사일지도 모른다니, 정말 굉장하구나."라고 했더니 제이슨이 말했다. "네, 저를 만드신 예수님이 제가 혼자서는 아무 데도 가고 싶어하지 않는다는 것을 아셔요. 외할머니는 내 손을 잡고 하늘나라로 데려가 주시려는 거예요." 전혀 예상하지 못한 말이었다. 그때 제이슨은 서서히 호전되고 있었기에 나는 아이가 점점 더 좋아질 것이라 믿었다. 그래서 아이에게 말했다. "제이스, 너는 점점 좋아지고 있으니, 죽지 않을 거야." 아이는 그저 어깨를 으쓱할 뿐, 아무 말도 하지 않았다.

우리처럼 병원에 몇 주씩 있다 보면 날짜 감각을 잃기 때문에, 바로 그날이었는지 이삼일 뒤였는지 확실하지 않지만 제이슨이 나를 보고 말했다. "제가 천사께 혹시 엄마를 낳은 분이냐고 물었더니, 예전에는 그랬다고 대답했어요. 그래서 제가 제 외할머니시냐고 물었더니, 천사는 그런 셈이라고 말했어요." 그때 아이는 평화로운 느낌에 휩싸였다. 나는 그 천사를 한 번도 못 보았지만, 아이는 그 천사가 꿈속에서 자기에게 찾아온 얘기나 방 안에서 자기 곁에 있다는 얘기를 계속했다. 어느 날 아이에게 천사가 말도 하느냐고 물었더니 아이는 "가끔요."라고 했다. 서로 무슨 말을 했냐고 물었더니, 아이는 나는 알면 안 된다고 말했다. 왜 내가 알면 안 되냐고 물었더니, 아이는 이렇게 말했다. "왜냐하면 엄마는 계속 살아계실 테니까요." 제이슨이 의사들이 만족할 만큼 빠르게 호전되고 있지는 않았지만 더 악화되고 있지도 않았기에, 나는 그 말을 받아들일 수 없었다. 나는 여전히 아이가 좋아질 것이라고 믿고 있었다.

6월 22일 새벽 3시경, 내가 결코 잊을 수도, 머릿속에서 지워 버릴 수도 없는 일이 일어났다. 다들 자고 있었는데 제이슨이 나를 불렀다. 잠이 깬 나는 빌이 왜 일어나지 않는지 알 수 없었다. 제이슨이 우리 둘 중 아무나 한 사람을 부르면 언제든지 우리는 둘 다 깼던 것이다. 나는 주님께서 이때 빌이 그 경험에 동참하지 못하게 하실 의도였던 것으로 믿고 있다. 제이슨에게 건너가 뭐가 필요한지 알아보았더니, 아이는 변을 보고 싶다고 말했다. 제이슨은 장에 문제가 있는 탓에 변을 볼 때 이따금 아팠고, 그래서 내 손을 꼭 잡아야 하곤 했다. 내 손을 잡겠냐고 물었더니 아이가 아니라고 했다. 나는 금방 돌아오겠다고 말하고는 아이가 볼일을 다 보면 씻길 비누와 물을 가지러 욕실로 갔다. 제이슨은 약을 맞고 있어서 침대를 벗어날 수가 없었다. 아이는 일어설 수도 없어서 행동 반경이 몹시 제한되어 있었다. 아이가 바지를 입은 채 욕실로 가면 우리가 아이를 씻기곤 했는데, 그편이 아이에게 덜 고통스러웠기 때문이었다. 나는 돌아와서 아이가 볼일을 다 볼 때까지 침대에 앉아 있었다. 기저귀를 갈려고 바지를 벗기자 가슴이 철렁 내려앉았다. 온통 피범벅이었던 것이다. 아이 위로 몸을 굽혀 온통 피가 묻은 것을 보면서 가장 먼저 든 생각은 이것이었다. "나의 하느님, 당신은 이 아이를 데려가시려고 하는 거지요, 그렇지요? 아이는 좋아지고 있는 게 아니었어요. 아이가 중환자실에서 나와서 저와 얘기를 나누게 해 주시면 당신께 이 아이를 돌려보내겠다고 제가 약속했지요. 그래서 당신은 그렇게 해 주셨습니다, 그렇지요? 의사들은 아이의 상태가 좋아지게 하지 못하고 있습니다. 부탁입니다! 제발 제 얼굴에 나타난 이 두려움을 없애 주십시오! 아무것도 모르는 제이슨에게 제가 얼마나 두려워하는지 알리고 싶지 않습니다." 그런 다음 제이슨을 쳐다보았더니 아이는 지금까지도 내가 뭐라 설명할 수 없는 아주 오묘한 표정을 하고 있었다. 하지만 나는 그때 무슨 일이 벌어지는지 제이슨은 알고 있다는 것을 내심 알 수 있었다. 우리는 서로 아무 말도 하지 않았다. 나는 기저귀를 갈고 난 다음 곁에 앉아서 손을 잡고 머리를 쓰다듬어 주었다. 그저 아이를 듬뿍 사랑해 주는 수밖에 없었다. 무슨 일이 생길지 몹시 두려웠다.

그 다음 주는 끔찍했다. 제이슨의 상태가 악화되었다. 아이는 심한 통증으로 고통스러워했다. 의사들은 출혈을 일으키는 원인을 알아내려고 자꾸 검사를 했다. 그들은 아이의 진통제를 조절하느라 분주했다. 나는 내심 너무나 두렵고 넌더리났으며, 무력감에 견딜 수 없었다. 의사들은 줄곧 "괜찮아질 거예요. 아이는 좋아질 거예요." 하고 말했다. 하지만 내 마음속 메스꺼운 느낌은 아이를 잃게 될 것이라고 줄곧 말하고 있었다. 언제가 될지는 몰랐지만 나는 알고 있었다. 아이가 하늘나라에 가고 말 것이라는 것을 분명히 알았다.

우리는 아이를 집에 데려오기를 원했고, 그래서 7월 8일 집에 데려왔다. 아이는 간이 제 기능을 하지 못했고 여전히 출혈이 있었지만, 아이를 살리기 위해 의사들이 할 수 있는 일은 아무것도 없었다. 우리는 집에서 아이에게 진통제와 유동식을 주었다. 아이는 하루걸러 한 번 꼴로 혈소판을 수혈받았고 대체로 편안했다. 무엇보다도 중요한 것은, 아이가 가족의 사랑에 늘 둘러싸여 있었다는 점이었다. 더 이상 병원이나 각종 검사, 의사에 시달리지 않아도 되었다.

집에 와서 이틀가량 지났을 때 제이슨이 사진첩을 몽땅 보여달라고 했다. 나는 이 말에 마음이 불편했다. 어쨌거나 그 사진들은 보다 행복했던 때의 추억이 가득 담긴 것이었으니까. 하지만 내가 소파에 앉아 있으려니까 아이는 거기 누워 사진첩의 책장들을 죄다 휙휙 넘겼다. 몇몇 쪽에서는 좀 멈칫했지만 그밖에는 그저 후딱후딱 넘기기만 했다. BJ가 사진 한두 장을 보고 알은 체를 하자 제이슨이 형을 보고 "쉿!" 하던 게 기억난다. 아이는 이 사진첩을 보고 있는 동안 아무도 자기에게 말을 걸지 않기를 바랐다. 나는 아이가 무슨 생각을 하고 있는지 알 수 없었고, 그게 슬픈 생각일까 봐 물어보기가 겁났다. 제이슨은 슬퍼 보이지 않았고, 그보다는 마치 그 사진들을 외우고 있는 것 같았다. 하던 일을 마치자 아이는, "됐어요, 이제 치우셔도 돼요." 하고 말했다. 그리고는 자러 갔다. 사진에 대해서는 한마디도 하지 않았다.

어느 날 아침, 제이슨은 우리더러 자기를 휠체어에 태워 밖으로 데리고 나가 달라고 했다. 밖에 나오자 아이는 뒷마당을 보고 싶어했고, 거기서 그저 가만히 쳐다보기만 하면서 두어 시간을 앉아 있었다. 빌이나 내가 무슨 말이든 할라치면 아이는 "쉿!"이라고 말하곤 했다. 내가 그러고 있으면 머리가 아프거나 하지는 않은지 다른 말을 할 때 물어보았더니 아이가 말했다. "아니요, 저는 그저 귀 기울여 듣는 중이에요." 그래서 나도 무엇이 들리건 귀 기울여 듣기 시작했다. 그러자 놀라운 소리가 들리기 시작했다. 연못의 여과 장치 소리와 새들이 지저귀는 소리, 나무 사이로 부는 산들바람 소리, 개들이 짖는 소리, 저 멀리 지나가는 자동차 소리가 들렸다. 나는 아이가 무슨 소리에 귀를 기울이는지 깨닫기 시작했다. 그것들은 우리가 당연하게 여기고서 귀담아 들은 적이 없는 소리였다. 아이는 밖에서 실컷 시간을 보낸 후에야 집 안으로 들어가려고 했다. 아이는 바깥 풍경이 훤히 보이는 창이 있는 현관문 쪽에 자기를 데려다 놓게 했다. 그곳에서도 똑같이 한 시간가량 앉아 있었다. 아이는 아무에게도 말을 걸지 못하게 했고 자기도 아무 말을 하지 않았다. 그러더니 다시 소파로 데려다 달라고 했다. 그러고는 다시는 휠체어를 타지 않았다. 당시 에어컨을 켜고 있었지만, 나는 에어컨을 끄고 창문을 열어 아이가 바깥소리를 들을 수 있게 해 주었다. 나는 이제 이따금 나 혼자 나가서 제이슨이 가르쳐 준 것처럼 세상의 경이로움에 귀를 기울일 것이다.

이런 일이 있고서 얼마 후, 제이슨이 만약 하늘나라에 갔는데 그곳이 마음에 들지 않으면 되돌아올 수 있느냐고 내게 물었다. 나는 주님께서 나를 통해 말씀하셔서 내가 이런 대답을 한 것이라고 믿고 있다. "그럼, 그래도 된단다. 예수님은 누구든 그곳에 있고 싶지 않은 사람을 억지로 있게 하지는 않으시거든." 나는 내가 이미 예수님께 얘기해 두었고, 예수님은 그분께 아주 특별한 사람들만 데려가신다고 아이에게 말했다. "네가 예수님께 아주 특별한 사람이라, 그분이 네게 당신의 집을 보여 주고 싶어하시는 거야. 그분은 네가 그곳에 머물고 싶은 건지 확신하지 못하는 것을 아시기에 그분께 가장 중요한 곳을 네게 보여 주시려는 게지. 그분이 다 보여 주시면, 너는 그분께 '감사합니다, 이곳이 아름답기는 하지만 저는 엄마 아빠께 돌아가고 싶어요.'라고 말하면 된단다. 그러면 그분이 너를 돌려보내실 테고, 너는 몸이 좋아져서 더 이상 아프지 않을 거야." 제이슨은 고개를 끄덕이며 방그레 웃더니, "제가 돌아와 보니 관 속에 있으면 어떻게 해요?" 하고 물었다. 주님이 계속 나를 통해 말씀하셨다. "하늘나라의 시간이 땅의 시간과는 다르기 때문에 그런 일은 일어나지 않을 거야. '하느님이 축복하신 시간으로 쏜살같이 달렸다.'는 말을 들어 보았지?" 제이슨이 대답했다. "네, 하지만 그게 무슨 뜻인지는 몰라요." 내가 뜻을 말해 주었다. "하늘나라의 시간은 정말 빠르단다. 네가 하늘나라를 둘러보는 동안, 우리는 여기서 네가 숨을 쉬기를 기다릴 거야. 우리는 묻겠지. 아이가 숨을 쉬었나요? 아이가 숨 쉬는 것을 봤어요? 그러다가 별안간 너는 다시 숨을 쉬기 시작할 테고 네 몸은 완전히 낫겠지. 마치 전혀 아프지 않았던 사람처럼 말이야." 제이슨이 고개를 끄덕이더니 물었다. "엄마, 다음번에는 예수님께 이것 좀 물어봐 주세요. 예수님이 내게 하늘나라를 보여 주실 때, 그분이 직접 보여 주지 않을 곳은 천사들더러 나를 데리고 가서 보여 주라고 하실 수 있는지 말이에요. 그렇게 되면 제가 돌아올 때 우리가 다 같이 하늘나라를 볼 수 있잖아요." 나는, "물론이지, 그렇게 여쭈어 보마."라고 대답했다. 다음 날 아이가 예수님께 여쭈어 보았냐고 물었다. "그럼, 여쭈어 보았더니, 예수님이 아무 문제 없다고, 그래도 된다고 하시더구나."라는 내 대답에 제이슨은 방긋 웃었다.

　제이슨은 하루가 다르게 몸이 약해졌다. 통증이 조절되고는 있었지만 아이는 매일 조금씩 죽어 가고 있었다. 이런 아이를 보는 내 마음도 찢어지는 듯했다. 나는 기도를 계속했다. 기도를 드리다 보니, 내가 예수님께 아이를 본향에 데려가 달라고 청하고 있었다. 제이슨을 너무나 사랑했기에 아이가 즐겁게 살기를 원했던 까닭이다. 나는 아이가 정말로 우리와 함께 있는 것도 아니고 예수님과 함께 있는 것도 아닌, 중간 지대에 놓여 있다는 것을 알았다. 그것은 내가 아이 곁에 앉아서 예수님께 다음과 같은 기도를 계속 바치면서 알아낸 사실이었다. "제이슨이 자기가 바라는 모습으로 이곳에 머물 수 없다면, 부디 그를 데려가 주십시오. 저는 남은 평생 이 아이를 돌보겠지만, 아이를 생각하면 그러고 싶지 않습니다. 부디 저 때문에 아이를 이곳에 두지 마십시오. 아이를 데려가 주십시오. 그곳에서 아이가 행복할 줄로 믿습니다. 뛰어놀고 장난치며 여기서는 할 수 없는 온갖 활동을 할 수 있을 테니까요. 더 이상 통증도 없겠지요. 아이가 몹시 보고 싶을 터이니, 그 아이 없이도 살아갈 힘을 제게 주십시오."

어느 날 오후, 제이슨 곁에 앉아 있던 BJ가 제이슨이 자고 있다고 생각하고는 울기 시작했다. 별안간 제이슨이 눈을 뜨더니 "왜 울어?" 하고 물었다. BJ가, "너를 보내고 싶지 않아. 네가 많이 보고 싶을 거야." 하며 울먹였다. 그러자 제이슨이 BJ를 보고 말했다. "형, 울지 마. 하늘나라에 가면 나는 이런 모습이 아닐 테고 이렇게 아프지도 않을 거야."

이와 관련해 일러둘 말이 있다. 제이슨은 자신의 외모가 어떤지 몰랐다. 아이는 예전과 같은 모습이 아니었다. 머리카락도 없고 얼굴은 부었으며, 사실 몸 전체가 부어 있었다. 간이 망가진 이후 아이는 머리부터 발끝까지 샛노랬다. 눈의 흰자위마저 노랬다. 병원에 있는 동안 아이가 자기 모습을 보고 싶어한 적이 한 번 있었다. 내가 거울을 안 가지고 있어서 병실 쟁반 아래의 서랍을 열었는데 거울이 없었다. 그러자 제이슨은 "괜찮아요, 아무래도 상관없어요."라고 하고는 두 번 다시 자기 외모에 대해 묻지 않았다.

나는 아이가 어떻게든 알았구나 싶어 가슴이 철렁 내려앉았다.

　어느 날, 내가 소파에서 제이슨 곁에 앉아 있을 때였다. 아이가 내게 더 가까이 오라는 몸짓을 했다. 내 얼굴을 아이 곁에 갖다 대었다. 아이는 큰 소리로 말하기 힘들었다. 아이는 말이 거의 없었고, 말을 하더라도 소곤거리는 듯했다. 내가 아이의 말을 들을 수 있게 얼굴을 가까이 갖다 대었더니, 제이슨은 내 뺨에 자기 뺨을 갖다 붙였다. 내가 물러서자 아이는 고개를 저으며 "그대로 계세요."라고 했다. 5초가량 지나자 아이의 뺨에서 나오는 기운이 느껴졌다. 여태껏 느낀 적 없는 몹시 좋은 느낌이었다. 나는 그게 뭔지 몰랐다. "제이슨, 뭔가 느껴지는구나." 하고 말하자 아이가 고개를 끄덕였다. "너도 내 뺨에서 뭐가 느껴지니?" 제이슨은 고개를 끄덕였지만 아무 말도 하지 않았다. 그래서 내가 물었다. "그게 뭐니? 참 좋구나. 제이슨, 그게 네 사랑이니?" 아이는 빙그레 웃으며 고개를 끄덕였다. "내 사랑도 느껴지니?" 하고 물었더니 제이슨은 또 고개를 끄덕였다. 우리가 뺨을 갖다 대는 행위로 서로의 사랑을 느낄 수 있다니 정말 놀라웠다. 그 후에 내가 아이에게 사랑한다는 말을 했는지 기억나지 않는다. 나는 그저 아이의 뺨에 내 뺨을 대었고, 그러면 그 기운이 전해져서 아이가 빙그레 웃곤 했다. 나는 그 웃음이 보고 싶고, 아이의 사랑이던 그 기운이 못내 그립다.

　또 하루는 내가 제이슨에게 그 천사가 병원에서 집으로 함께 왔는지 물었더니 아이는, "네, 천사는 바로 외할머니예요! 그분은 가끔 엄마 바로 곁에 앉아 계시기도 해요."라고 했다. 내가 옆을 보고, "그분이 지금 여기 계시니?" 하고 물었더니, 제이슨은 "아뇨, 하지만 좀 전에는 거기 계셨어요." 하고 대답했다. 그러자 내가 물었다. "왜 그분이 여기 계실 때 내게 말하지 않니? 어머니가 내 옆에 앉아 계신지, 아니면 본향에 계신지 알고 싶구나." 제이슨이 나를 빤히 보며 말했다. "왜요? 외할머니는 엄마 때문에 여기 계신 것이 아니라, 저를 기다리시는 거예요. 그분이 제 손을 잡고 하늘나라로 데리고 가실 거예요." 이런 일이 일어나다니, 나는 다시 한 번 놀랐다. 이런 일이 실제로 일어날 줄은 몰랐던 것이다. 여기 있는 아홉 살짜리 아들이 내가 전혀 몰랐던 것을 가르쳐 주고 있었다.

제이슨에게 병이 생긴 이래로 빌과 나는 매일 둘이서 묵주기도를 바치곤 했는데, 가끔은 연달아 네 차례나 다섯 차례 바치기도 했다. 돌이켜 생각해 보면, 내가 무슨 마음에서 묵주기도를 바치기 시작했는지 모르겠다. 이제 와서 생각해 보니 그건 아마 그 기도가 예수님을 향한 성모님의 기도이기 때문이었던 것 같다. 어머니이신 그분이 내 고통을 이해하시리라고 판단했다. 나는 지금도 최소한 하루에 한 번은 기도하는데, 그러면 위안이 되기 때문이다. 어쨌든, 제이슨은 가끔 우리가 기도하는 모습을 보았다. 죽기 이틀 전, 아이는 우리에게 그날 묵주기도를 바쳤는지 물었다. 우리가 그렇다고 하자, 아이는 다시 한 번 묵주기도를 바치되 이번에는 큰 소리로 해 달라고 부탁했다. 우리는 아무것도 묻지 않고 시키는 대로 기도를 바쳤고, 제이슨은 거기 누운 채 우리 기도를 들었다. 아이는 우리에게 그렇게 기도 부탁을 한 이유를 말하지 않았다.

　그날 밤, 나는 제이슨이 자는 모습을 지켜보며 바닥에 앉아 있었다. 아이가 눈을 뜨더니 나를 보았고, 나는 아이의 뺨에 내 뺨을 갖다 대어 서로 사랑의 기운을 느꼈다. 제이슨은 빙그레 웃기만 했다. 우리는 아무 말도 하지 않았다. 이때 아이의 눈은 거의 감겨 있었다. 제이슨은 오른팔을 조금 움직이는 것 외에는 몸의 어느 부분도 움직이지 못했다. 그만큼 기력이 없었다. 나는 아이의 베개를 토닥여 부풀려 주고 팔과 다리의 자세를 바꿔 주기 위해 일어났다. 다가가서 아이의 오른팔을 움직였을 때, 나는 아이가 더 이상 혼자 힘으로 그 팔을 움직일 수 없다는 것을 알았다. 아이의 얼굴을 본 나는 그 마음을 읽을 수 있을 것 같았다. 아이는, "이제 팔을 움직일 수 없어요. 하지만 아무에게도 말하지 마세요."라고 말하고 있었다. 나는 아주 낮은 소리로 말해 주었다. "이해해. 아무 말도 하지 않을게." 그런 다음 나는 한동안 내 뺨을 아이의 뺨에 갖다 대었고, 우리는 서로 사랑을 전했다. 나는 수건을 따뜻한 물에 적셔서 아이의 얼굴을 닦아 주었다. 제이슨이 꼼짝 않고 누워 있어서 나는 그 아이가 얼마나 개운해하는지 알 수 있었다. 나는 아이가 죽을 때까지 아무에게도 아이가 그쪽 팔을 쓰지 못하게 되었다는 것을 말하지 않았다. 제이슨이 누구든 자신을 안쓰럽게 여기기를 바라지 않는다는 것을 알았기 때문이다.

　제이슨은 수호천사는 계속 보았지만, 중환자실에서 예수님을 본 이후로 그분을 또 뵈었다는 말은 한 적이 없었다. 아이는 예수님께서 자기에게 하늘나라를 보여 주실 거라는 얘기를 하곤 했지만, 우리가 알고 있기로 수호천사가 그 아이의 손을 잡고 하늘나라로 데려갈 것이었다. 아이가 죽던 날 저녁, 빌과 내가 기저귀를 갈아 주고 있을 때였다. 제이슨이 우리를 보고 "예수님이 오고 계셔요."라고 말했다. "방금 예수님이 오고 계신다고 말했니?"라고 묻자 아이는 "네."라고 대답했다. 그러더니 제이슨은 "엄마 아빠가 최고예요."라고 말했다(아이는 병원에 있을 때부터 우리에게 그 말을 곧잘 했다). 내가 말해 주었다. "장한 제이슨, 그렇게 잘 견디니 네가 최고야."

나는 방금 제이슨이 예수님이 오신다고 말해서 몹시 걱정이 되었다. 그때 나는 주님께서 나를 통해 제이슨에게 말씀하셨던, 하늘나라를 둘러보고 돌아온다는 얘기가 생각났다. 그래서 나는 어쩌면, 정말 어쩌면 그런 일이 일어날지도 모른다고 생각했다.

제이슨은 죽기 약 6시간 전에 정말 심한 통증 발작을 겪었다. 진통제로 아이는 다시 안정을 찾았지만 호흡이 몹시 얕아졌다. 아이가 소파에 누워 있는 동안 나는 아이 옆 바닥에 앉아 있었다. 제이슨의 두 눈은 거의 감겨 있었다. 우리는 며칠 동안 아이가 두 눈을 크게 뜬 것을 보지 못했다. 나는 아이가 나를 바라본다는 것을, 내 얼굴을 빤히 쳐다보고 있다는 것을 알았다. 나는 아이의 팔을 어루만지고 머리를 쓰다듬으며 이 아이가 내게 온 9년 동안 우리가 함께 누린 즐거운 시간들을 떠올리고 있었다. 서로에 대한 우리의 사랑을 생각하고 있었던 것이다. 빌은 소파 위 제이슨의 발치에 앉아 있었다. 그때 내 머릿속에서 누가 말해 준 것처럼 그 생각이 떠올랐다.

그건 주님이 다시 한 번 나를 통해 말씀하신 것이었다고 나는 믿고 있다. 나는 제이슨에게 이렇게 말했다. "제이슨, 네가 지금 뭘 하는지 알 것 같구나. 너는 이런 생각에 매달려 있지. 만약 네가 하늘나라에 가보지 않겠다고 하면, 예수님이 '이런, 제이슨이 오지 않겠다고 하니 나는 다른 사람을 찾아보아야 하겠군.' 하고 말씀하시겠지, 하는 생각 말이야." 제이슨이 그렇다고 고개를 끄덕였다. 내가 말했다. "아가, 일이 그렇게 되지는 않는단다. 너는 계속 아프다가 하늘나라에 갈 거야. 그런 다음에 너는 돌아올 수 있고, 병도 나을 거야." 제이슨이 한숨을 내쉬기에 내가 말했다. "내가 너 대신 가도 되냐고 예수님께 벌써 여쭤 봤는데, 예수님이 안 된다고 하시더구나. 예수님은 나보다 네가 그분께 더 특별한 사람이니까 네가 그분의 고향을 보기를 바라신다고 말씀하셨단다." 그러자 빌이 말했다. "우리는 바로 여기서 너를 기다릴게." 제이슨은 빌을 쳐다본 다음 다시 나를 보았다. 내가 몸을 앞으로 숙여 우리는 뺨을 맞대었고, 나는 사랑의 기운을 느낄 수 있었다. 내가 아이의 귀에 속삭였다. "나를 사랑해 주어서 고맙구나, 제이슨." 제이슨이 고개를 끄덕였다. 그때 빌이 말했다. "예수님께 너를 두 팔로 안아 주시고 네 병을 낫게 해 주십사 청하자." 그 즉시 나는 "두 사람이나 세 사람이라도 내 이름으로 모인 곳에는 나도 함께 있겠다."는 말씀이 생각났다. 그때 제이슨이 숨을 내쉬더니 고개를 빌 쪽으로 돌렸다. 아이는 두 눈을 크게 뜨고 일어나 앉았다. 제이슨은 도저히 혼자 힘으로는 일어나 앉을 수 없었지만 일어나 앉았고, 아이의 푸른 눈은 아주 아름답게 반짝이고 있었다.

아이는 빌을 빤히 쳐다보더니 고개를 돌려 나를 보았다. 아이는 천천히 다시 눕더니 두 눈을 감았다. 나는 아이의 가슴 위에 머리를 대어 아이가 숨쉬기를 기다렸고 아이의 뺨에 내 뺨을 갖다 대었는데, 이번에는 그 기운이 사라지고 없었다. 그때 나는 비로소 아이가 돌아오지 않는다는 것을 깨달았다.

나는 며칠 동안 기도하면서 부디 제이슨을 보게 해 주십사 하느님께 청하곤 했다. 나는 아이가 건강하고 행복하며 즐겁게 지내는 모습을 보고 싶었다. 아이가 고통에서 벗어난 모습을 보고 싶었다. 제이슨이 죽은 지 2주 후에, 나는 환시를 보았다. 그 전에는 이런 일이 한 번도 없었다. 나는 자고 있었고 그것은 꿈같았지만 꿈은 아니었다. 나는 제이슨이 실제에서와 똑같이 다시 한 번 죽는 것을 보았다. 빌은 그 당시 자신이 있던 자리에 앉아 있었고, 나는 당시 내가 있던 자리에 있었으며, 우리가 제이슨에게 말하는 동안 제이슨이 우리를 쳐다보고 있었다. 나는 잠에서 깨려 애쓰고 있었고, "아니야, 내가 보고 싶은 건 이게 아니야." 하며 소리 질렀던 일이 기억난다. 하지만 나는 잠에서 깰 수 없었기에 입을 다물고 지켜보았다. 빌이 "예수님께 너를 두 팔로 안아 주시고 네 병을 낫게 해 주십사 청하자."고 말하자, 이번에는 완벽한 두 팔이 제이슨의 허리 아래로 들어가더니 아름다운 빛을 향해 아이를 들어 올렸다. 그 빛은 아이의 두 눈을 통해 반짝이고 있었다. 아이의 육체는 소파 위에 다시 놓이고 있었지만, 보다 가벼운 몸은 이 아름다운 빛 쪽으로 사라지고 있었다. 내가 본 것 중 가장 경이로웠던 것은 제이슨의 옆구리를 따라 있는 이 하얀 덩어리였다. 몸통은 없었지만 나는 보자마자 그것이 아이의 손을 잡고 있는 수호천사라는 것을 알았다. 천사가 손을 잡고 하늘나라로 데려갈 것이라고 제이슨이 말했던 그대로였다. 제이슨은 예수님의 두 팔 안에서 수호천사의 손을 잡고 있었다.

제이슨이 세상을 떠난 후 이 모든 일에 대해 생각을 해 보고 나서야, 나는 내가 중환자실에서 청했던 바를 예수님이 이루어 주셨다는 사실을 깨달았다. 나는 자신이 내게 얼마나 소중한지를 제이슨이 알기를 원했는데, 그렇게 되었다는 것을 안다. 나는 아이가 두려워하지 않기를 바랐는데 그렇게 되었다는 것도 안다. 이제 나는 힘과 위안을 청하는 기도를 드린다. 예수님께 내가 약속한 것을 해야 한다는 것, 즉 제이슨을 되돌려 드려야 한다는 것을 알기 때문이다.

| 수지 나우

하늘나라의 보화

여러분은 하느님께 당신의 존재를 입증하라고 요구한 적이 있는가? 바버라 파커는 그랬다. 바버라는 코카인 중독에서 회복되고 있는 여성으로, 뉴저지 애즈베리파크 빈민가의 마약중독자 갱생을 위한 중간 처우의 집인 '주님 공현의 집'에 기거한다. 매주 화요일 저녁, 나는 그곳 여성들의 북 연주 동아리와 영성 모임을 지도하는 봉사를 한다. 중독자 치료를 위한 열두 단계 과정을 교육하는 것이다. 우리는 젬베와 콩가, 아쉬코(모두 아프리카 북의 일종)를 두드리며 스트레스를 풀고, 거룩한 음악가이신 하느님의 치유의 힘을 경험한다.

3년 전 내가 처음으로 바버라를 만났을 때, 그녀는 감옥에서 나와 곧장 우리 교육 과정에 들어왔었다. 그녀는 열 살 나이에 어머니에게 술 마실 돈을 마련해 드리기 위해 자동차를 훔친 경위를 설명했다. 그녀의 청춘은 그때부터 죽 내리막길을 걸었다. 현재 바버라는 열두 살짜리 친손녀를 학대받는 생활에서 구하기 위해 장하게도 그 아이를 입양했다.

'주님 공현의 집'에 있는 동안 바버라는 동네 슈퍼마켓에 첫 일자리를 얻기까지 한 해가 넘도록 구직 면접을 보았지만 채용이 거부되었다. 슬프게도 전과가 있는 아프리카계 미국인에게 아무도 기회를 한 번 더 주려고 하지 않았던 것이다. 바버라의 상관은 곧 편견을 드러내기 시작해서, 그녀의 근무시간을 줄여 집세를 내기에도 빠듯한 임금을 주었다. 식비나 각종 고지서 대금, 교통비도 필요했는데 말이다. 그녀는 도저히 생활을 꾸려갈 수 없었다.

엄청난 장애물에도 불구하고, 바버라는 이성을 마비시키는 마약의 세계로 되돌아가지 않고 깨끗하게 살았다. 어떻게 그렇게 했을까? 왜 그랬을까? 이 모든 과정에서 그녀의 '보다 높은 힘'이신 하느님은 어디에 계셨을까? 아등바등 힘들게 사는 그녀의 삶에서 기도는 어떤 도움이 되었을까?

바버라의 기도는 하느님을 향한 절박한 외침이었다! 그녀는 일요일이면 침례교회 예배에 참석하여 회중과 함께 영원한 '피해자'

가 아닌 '승리자'가 되는 은총을 청하며 하느님께 울부짖곤 했다. 그녀는 하느님의 도우심을 청하며 노래와 시편과 공동체 기도를 바쳤다. 하지만 바버라는 무력함과 창조주께 버림받은 것 같은 기분이 계속 들었다. 그녀는 개인적으로 아침과 한낮과 밤에 손녀와 함께 도와주십사 하느님께 외치는 기도를 드리곤 했지만, 그녀의 삶은 계속 무너져 내렸다. 무엇 하나 쉬운 일이나 제대로 되는 일이 없었다. 지원을 얻기 힘들었고, 자비는 더더욱 얻기 힘들었다.

나는 '자비의 수녀회' 협력회원이고 '하느님의 격려 사절단'의 일원이다. 바버라가 '주님 공현의 집' 교육 과정을 마치고 유혹 많은 세상으로 다시 들어가던 날, 나는 내가 하느님의 도구가 되어 그녀가 곤경에 처할 때마다 도울 수 있게 해 주십사 기도했다. 토마스 키팅 신부님의 관상 지원단의 충실한 일원인 나는 매일 두 차례 앉아서 향심기도를 하곤 했다. 나는 하느님과 함께 '있는' 것과 내 안에 그분이 현존하시고 활동하심에 동의하는 것에 지향을 두었다. 그런 다음 나는 식별을 기다렸다. 오래지 않아 나는 내 마음속에서 하느님이, "너희가 내 형제들인 이 가장 작은 이들 가운데 한 사람에게 해 준 것이 바로 나에게 해 준 것이다." 하고 말씀하시는 것을 분명하게 들었다. 그 다음 주에는 이런 말씀을 들었다. "가서 너의 재산을 팔아 가난한 이들에게 주어라. 그러면 네가 하늘에서 보물을 차지하게 될 것이다."

그래서 바버라가 나를 부를 때면, 그러니까 기차역에서 돈이 없을 때나 구멍가게에서 배고프다고 할 때, 차를 얻어 타려고 길가에 서 있을 때, 새 신발이나 따뜻한 겨울 외투가 필요할 때, 아니면 진료비를 지불해야 할 때, 언제든지 나는 망설이지 않았다. 나는 예수님의 이름으로 베풀었다. 나는 그녀에게 무조건적인 사랑과 포용을 주는 그분의 은신처, 그분의 얼굴이 되어 기뻤다.

지난 주, 나는 몹시 저조한 기분이었다. 감사하는 마음을 가지려 했지만 오히려 자기연민에 빠져 허우적거리고 있었다. 그때 나를 깊은 심연에서 저 높은 곳으로 들어 올리시는 하느님의 손길을 느꼈다. 바버라의 사회복지사가 나를 알아내서, 바버라가 고마워하며 자신에게 한 말을 두 뺨 위로 눈물을 흘리며 전했다. 이 세상에서 그녀에게 '하느님이 계시다'는 것을 입증한 유일한 증거가 바로 나였다는 것이다!

내 먹구름은 순식간에 걷혔다. 나는 함박웃음을 지으며 성녀 데레사의 말씀을 인용했다. "정말이지, 그리스도께는 몸이 우리밖에 없습니다."

| 뉴저지 린크로프트에서 바버라 A. 우드젤

부디 제 기도를 들어주세요

나는 테네시주 작은 마을의 아주 가난한 집안 출신이다. 나는 몹시 부끄럼을 탔지만, 멋진 엄마 아빠와 내가 무척 사랑하는 두 남동생이 있었다. 그래도 나는 여동생을 간절히 필요로 한 아주 외롭고 어린 소녀였다. 남동생들도 좋지만, 어린 소녀는 함께 자라면서 꿈과 비밀을 공유할 수 있는 누군가를 필요로 한다. 나는 하느님께서 언제나 내 곁에 계시며 항상 내 기도에 응답하신 다는 것을 알기에 그분께 아주 충실했다.

나는 우리의 소중한 주님께서 늘 내 곁에 계신다는 것을 항상 믿도록 배웠고, 또 그렇게 믿었다. 내가 아홉 살이 되고 반년이 지났을 때, 나는 엄마가 아기를 가지신 것을 알았다. 몹시 기뻤다. 내 방으로 가서 예수님께 아주 열심히 기도하기 시작했다. 이것이 내가 매일 아침부터 하루 종일 바친 기도였다. "소중한 예수님, 제가 부탁드려서 주님이 응답해 주지 않은 것이 없는 까닭은, 주님이 온 마음을 다해 저를 사랑하시기 때문이지요. 저희 엄마가 아기를 낳으려고 하셔요. 저는 여동생이 무척 필요해요. 제발 이번에 제게 여동생을 주세요. 저는 여동생의 사랑이 그리워요. 여동생과 함께 엄마를 도와드리고, 온 마음을 다해 여동생을 보호하고 사랑하려고 늘 노력할게요. 사랑하는 예수님, 부디 제 기도를 들어주세요. 예수님, 저는 여동생이 몹시 필요해요. 주님이 이번에 제게 여동생을 주실 것을 믿습니다."

나는 이 기도를 온종일 바쳤다. 그리고 잠자리에 들 시간이 되면 꼬박꼬박 예수님께 기도했다. 내 잠자리 기도는 이랬다. "제가 어린아이에 불과하다는 것을 알아요. 하지만 가장 친한 친구에게 하듯이 늘 주님께 얘기하는 어린아이이지요. 저는 수줍음을 타서 친구가 별로 없지만, 주님은 저를 있는 그대로 사랑해 주셔요. 주님은 제가 두렵고 외로울 때 제 손을 잡아 주시는 분이잖아요. 밤에 눈을 감기 전, 어두운 밤 시간에 주님이 여기 제 곁에 계시다는 것을 늘 믿습니다. 저를 축복하셔서 제가 예뻐해 주고 사랑해 줄 여동생을 내려 주세요. 예수님, 사랑해요. 제발 제 기도를 들어주세요."

나는 하느님이 내 기도에 응답하셔서 여동생을 주시리라는 것을 한 번도 의심하지 않았다. 몇 날, 몇 주, 몇 달이 흘렀고, 그동안 하느님에 대한 내 믿음은 더욱 굳세어졌다. 일곱 달이 지나 엄마가 분만에 들어가셨고, 우리 집에 차가 없었기 때문에 아빠가 택시를 부르셨다. 두 분은 병원으로 떠났다. 나는 엄마와 아기 여동생이 무사하기를 정말 열심히 기도하기 시작했다.

나는 기다렸다. 일 분 일 분이, 그 다음에는 한 시간 한 시간이 너무 천천히 가서 영원히 기다리는 것 같았다. 나는 엄마가 걱정되었기에 하느님께서 부디 모두를 무사하게 해 주십사 기도했다. 마침내 아빠가 현관으로 들어오셨는데, 아빠의 얼굴이 너무 창백해서 나는 덜컥 겁이 났다. 나는 여동생을 달라고 예수님께 그렇게 자주 청하지 말았어야 했나 보다 하는 두려움에 울음을 터뜨렸다. 어쩌면 그분은 그걸 바라지 않았을지도 모르는데. 눈물을 흘리고 있는데 아빠가 말씀하셨다. "애야, 여동생이 하나가 아니란다. 하느님이 네게 여동생을 두 명 주셨어! 쌍둥이란다!"

정말 기뻤다. 아빠에게 엄마가 무사하신지 여쭈었던 일이 기억난다. 아빠가 엄마는 무사하시고 여동생들도 아주 작긴 하지만 무사할 거라고 말씀하셨다. 아빠는 아기들이 너무 일찍 태어나 몸이 아주 작고 약하니, 내가 동생들을 위해 기도해야 한다고 말씀하셨다. 나는 내 방으로 쏜살같이 달려가 무릎을 꿇고 예수님께 이 멋진 기적을 주셔서 감사하다는 기도를 드리기 시작했다. 나는 그분이 여동생들을 튼튼하게 자라게 하고 동생들을 내 곁에 두시리라는 것을 알았다.

쌍둥이들은 몇 주간 병원에 있다가 우리 모두가 있는 집으로 왔다. 동생들은 아주 작고 아주 예뻤다. 쌍둥이들이 서로 닮지 않은 것 같아 나는 더 행복했다. 쌍둥이들이 서로 다르게 자라면 내가 동생들을 구별해서 알아볼 테니 말이다. 동생들은 자기 나름의 개성을 지닐 터였다.

나는 이 일이 하느님이 내 평생 내려 주실 기적들 중의 하나에 불과하다는 것을 알았다. 이제 나는 쉰두 살이다. 여동생들과 나는 300km 남짓 떨어진 곳에 살고 있지만, 늘 서로의 생각과 기도 안에 있다. 우리는 아주 가깝다. 일 년에 서너 차례는 만난다. 자매들 사이에는 아주 특별한 유대가 있다는 내 생각은 옳았다.

예수님, 여동생들과 남동생들을 주셔서 고맙습니다. 예수님, 언제나 제 기도를 들어주셔서 감사합니다.

| 테네시 해밀턴에서 재니타 R. 윌뱅크스

기도의 힘 이야기

엮은이 : 파트리시아 프락터 수녀
옮긴이 : 강순구
펴낸이 : 서영주
펴낸곳 : 성바오로
주소 : 서울특별시 강북구 오현로7길 20(미아동)
등록 : 7-93호 1992. 10. 6
교회인가 : 2009. 8. 4
초판 발행일 : 2010. 2. 26
1판 6쇄 : 2021. 1. 26
SSP 896

취급처 : 성바오로보급소
전화 : 944--8300, 986--1361
팩스 : 986--1365
통신판매 : 945--2972
E-mail : bookclub@paolo.net
인터넷 서점 : www.paolo.kr
www.facebook.com/stpaulskr

값 13,000원
ISBN 978-89-8015-736-5